Octopus

Pulpo

Citrus

SHIMABUKU

Cítrico

Human

Humano

CENTRO BOTÍN CENTRE

LA FABRICA

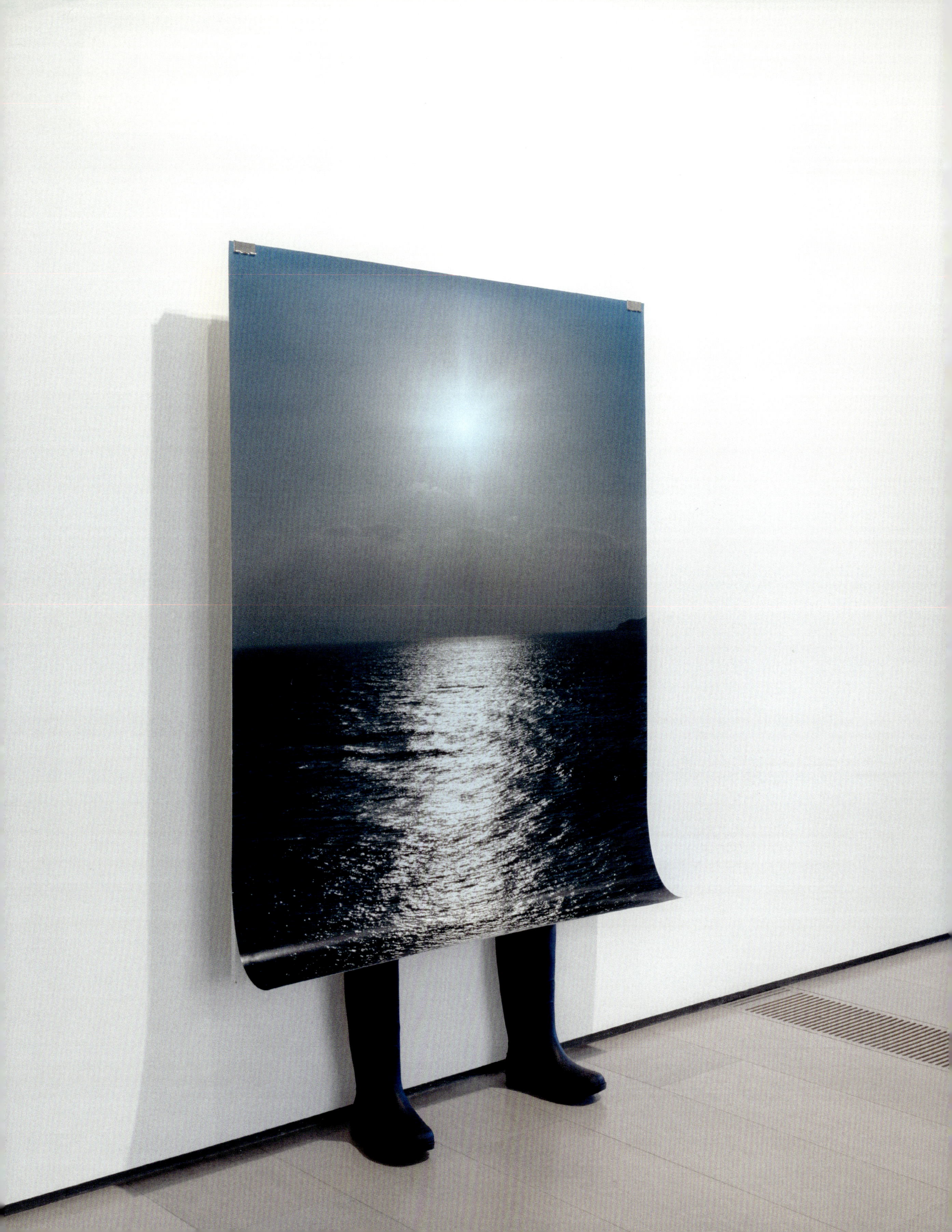

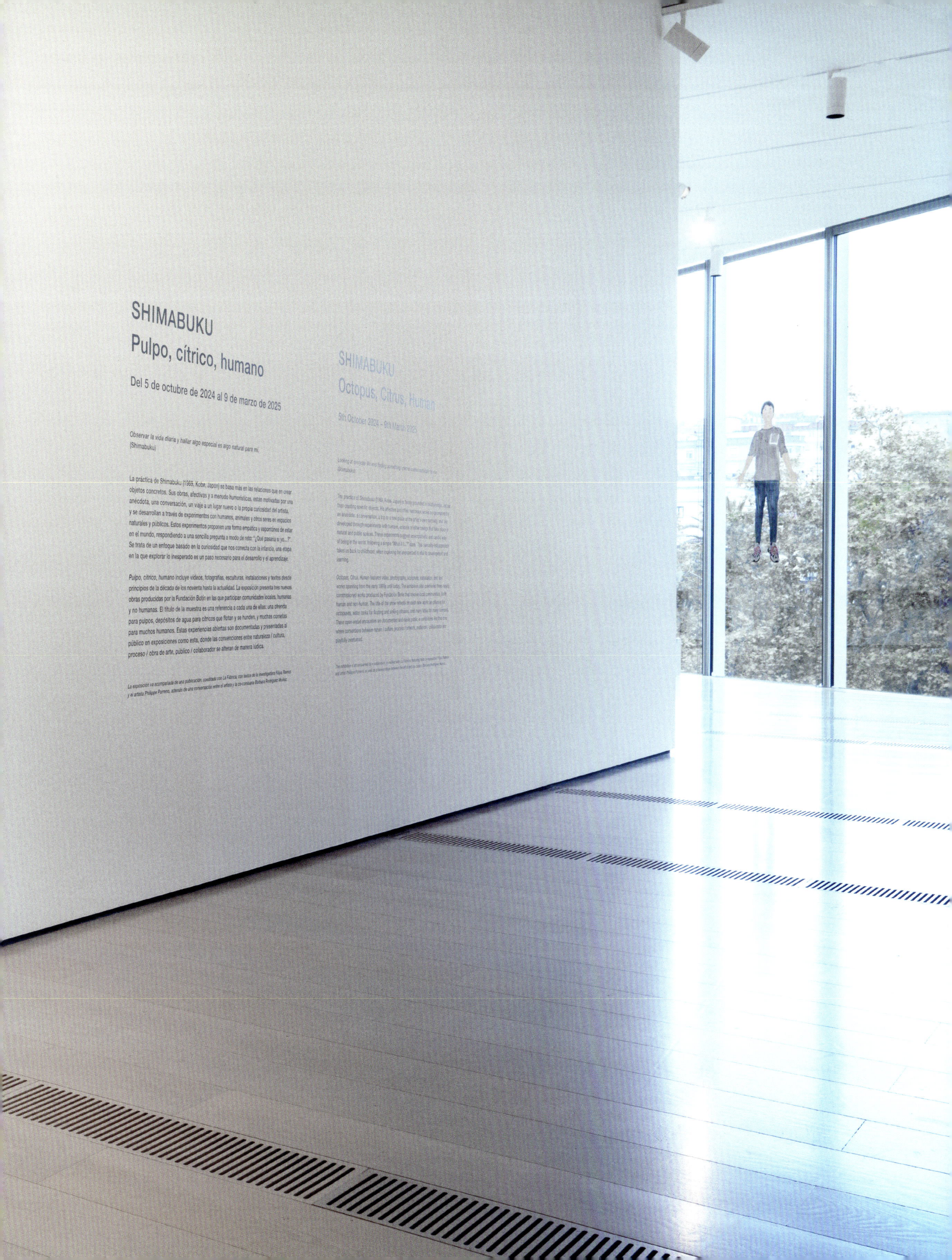

SHIMABUKU
Pulpo, cítrico, humano
Del 5 de octubre de 2024 al 9 de marzo de 2025

Observar la vida diaria y hallar algo especial es algo natural para mí.
(Shimabuku)

SHIMABUKU
Octopus, Citrus, Human
5th October 2024 – 9th March 2025

Gente volando (Santander)

2024

Cuando vuelo una cometa con mi forma, noto una extraña sensación de proyección astral.
Y al verme volando en el cielo, tengo una sensación de euforia, casi como de coraje.
Decidí dejar que la gente de Santander experimentara esa sensación especial. Pedí a cada
una de las personas que se habían reunido allí que hicieran una cometa de sí mismas.

Producido por la Fundación Botín

Flying People (Santander)

2024

When I fly a kite in my own shape, I feel a strange feeling of astral projection. And when I
see myself flying in the sky, I feel a sense of elation, almost like courage.
I decided to let the people of Santander experience this special feeling. I asked each of the
gathered people to make a kite of their own.

Produced by Fundación Botín

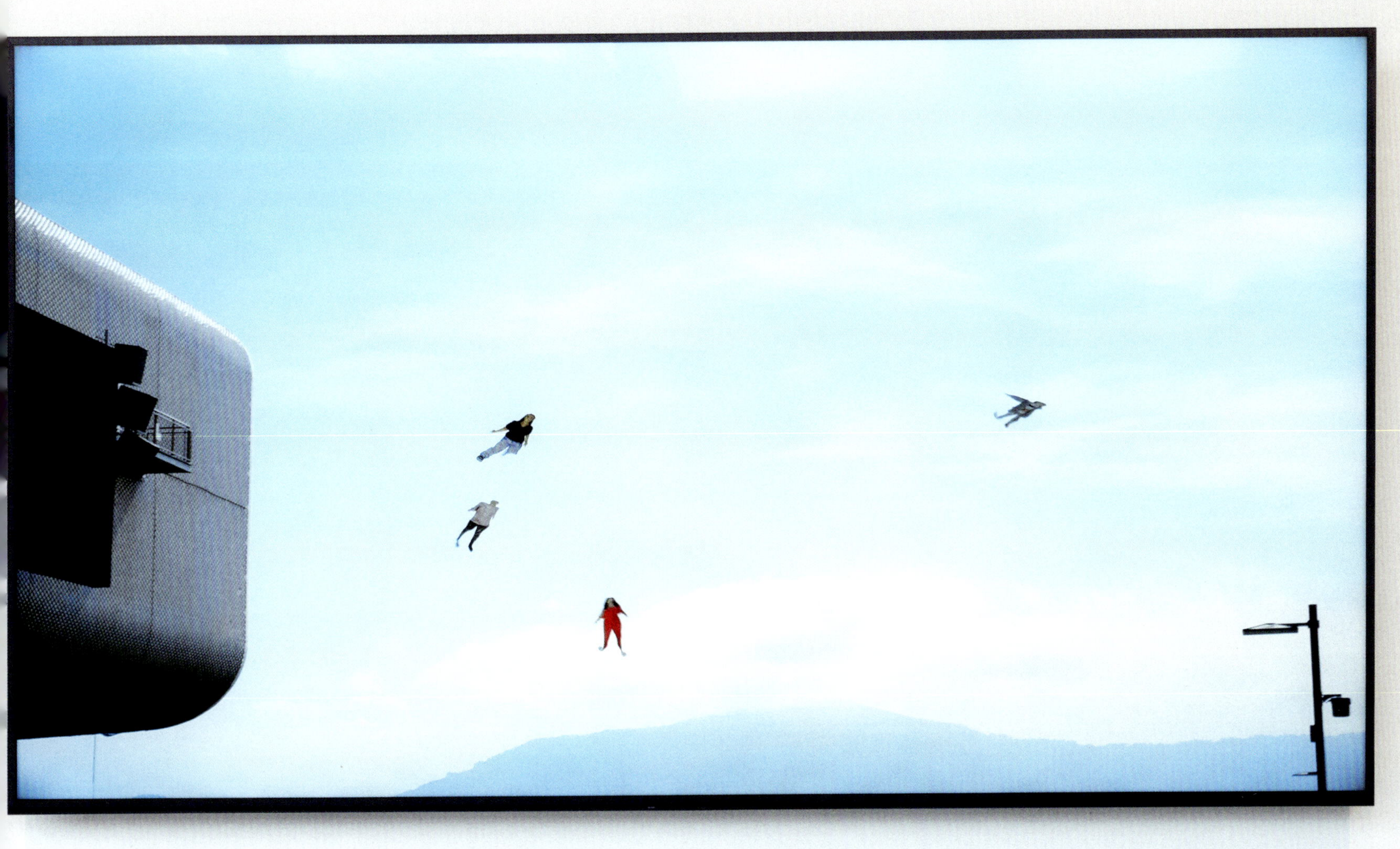

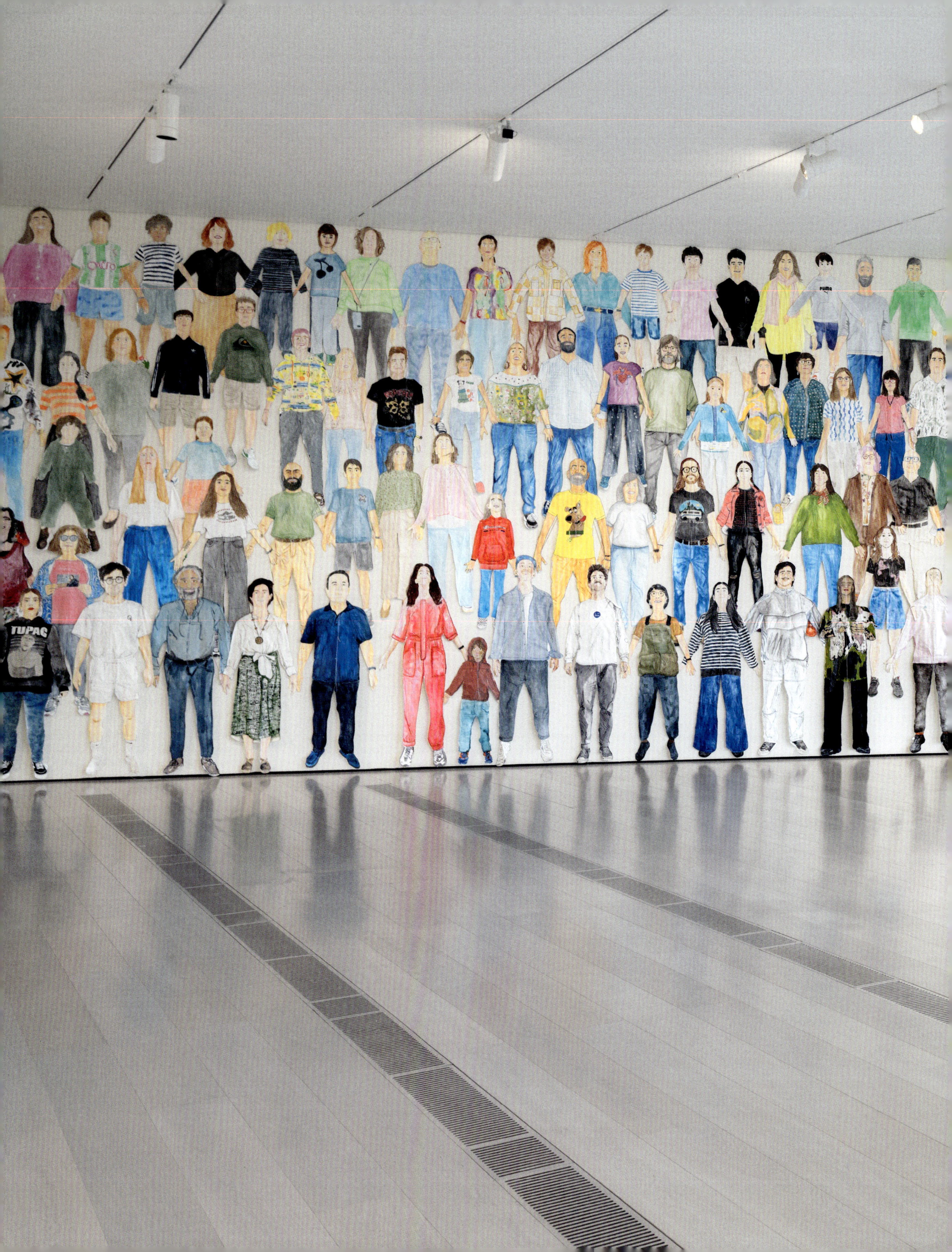

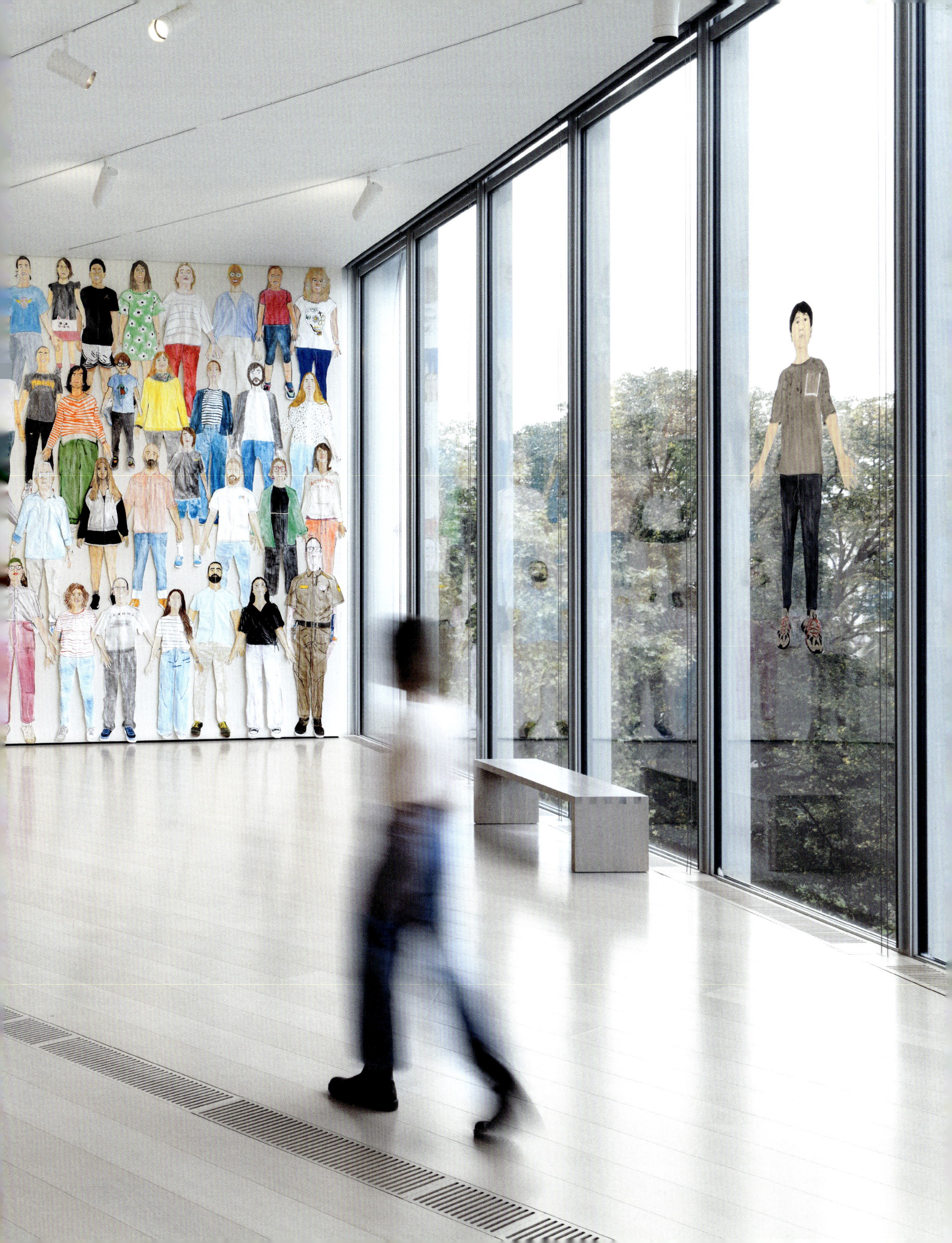

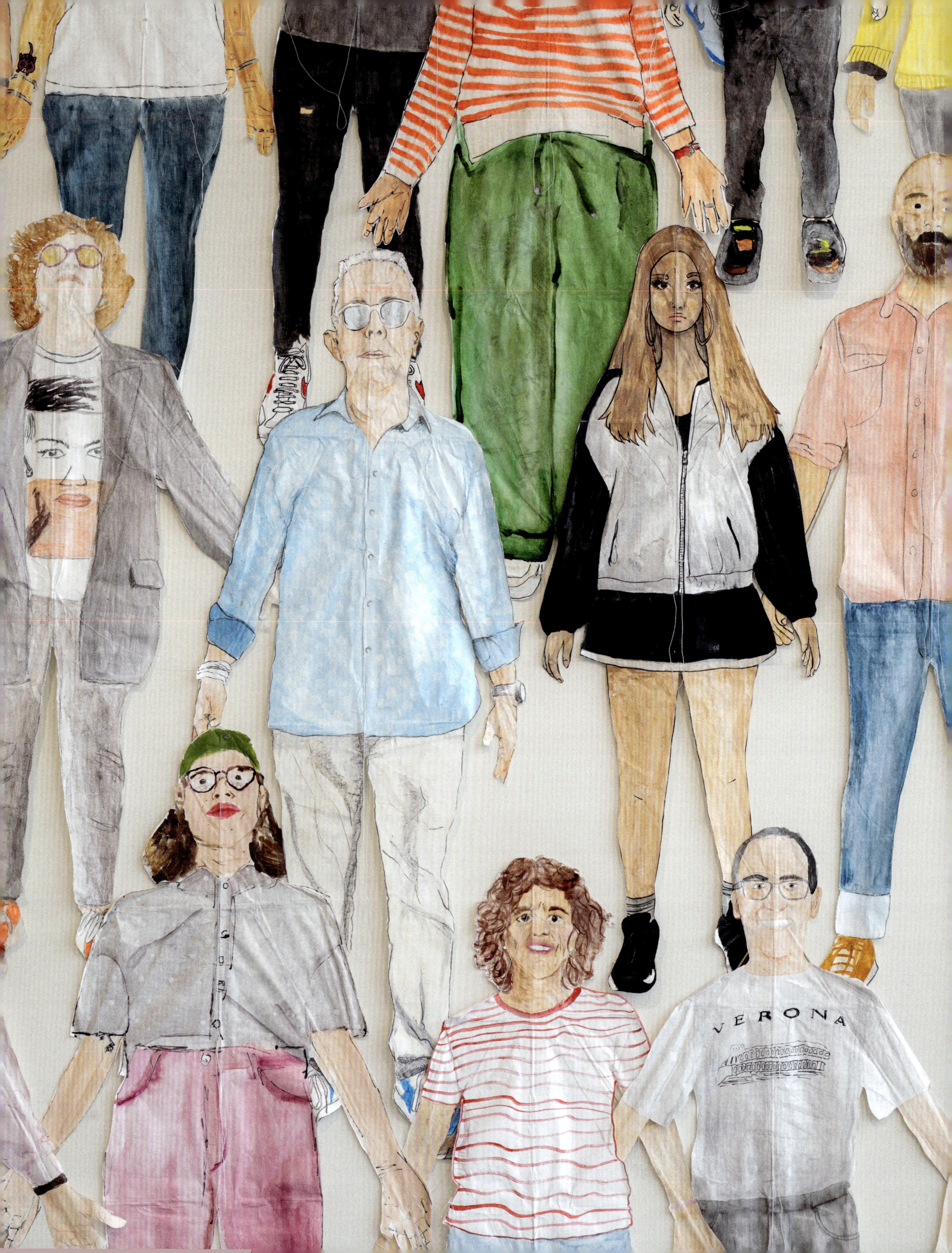
VERONA

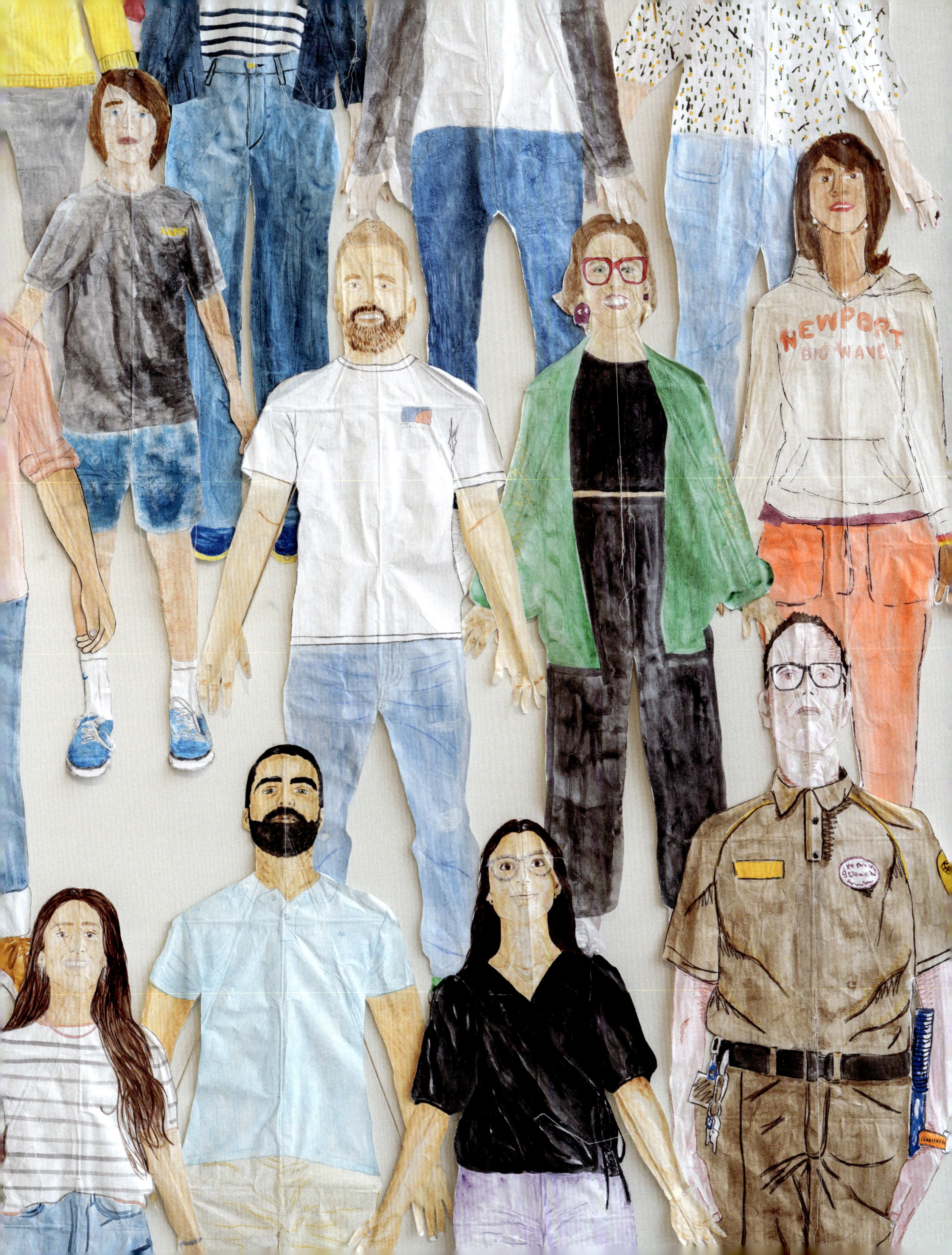

Navidad en el hemisferio sur

1994

Un día, se me ocurrió que, si me convertía en Santa Claus durante la estación cálida, sería como estar en un país del hemisferio sur, donde la Navidad es en época estival.

Era primavera, y me vestí de Santa Claus en un terreno baldío cerca del mar, por donde pasaban trenes. Era un Santa Claus que podías ver de un vistazo desde la ventana del tren, pero que no podías mirar atrás para contemplarlo. La imagen permanecería en tu mente, porque era un instante fugaz.

Pensé que sería maravilloso que hubiera alguien de Latinoamérica o Australia en el tren, y que, si alcanzaba a verme vestido de Santa Claus, le evocara la Navidad en su país en verano.

Recogí la basura del suelo; ese Santa Claus primaveral sostenía unas bolsas azules llenas de objetos desechados.

A veces, pienso en Colón, que en su intento de llegar hasta la India encontró América. ¿Cuál puede ser el descubrimiento de mi "Navidad en el hemisferio sur"?

Christmas in the Southern Hemisphere

1994

One day, I thought that if I became Santa Claus in the warm season, I would feel like I was in some southern hemisphere country with Christmas in the warm season.

It was spring, and I became Santa Claus in the vacant lot near the ocean, through which trains passed. I was a Santa Claus whom you could glimpse from the train window, but could not look back and gaze at. The image would linger in your mind, because it was such a fleeting moment.

I thought it would be wonderful if someone from Latin America or Australia was on the train, and, catching a glimpse of me as Santa Claus, remembered Christmas at home in the warm season.

I picked up the garbage in the vacant lot. This Spring Santa Claus held blue bags that were filled with discarded things.

Sometimes, I think about Columbus. He tried to reach India, but he discovered America. Where can my "Christmas in the Southern Hemisphere" discover?

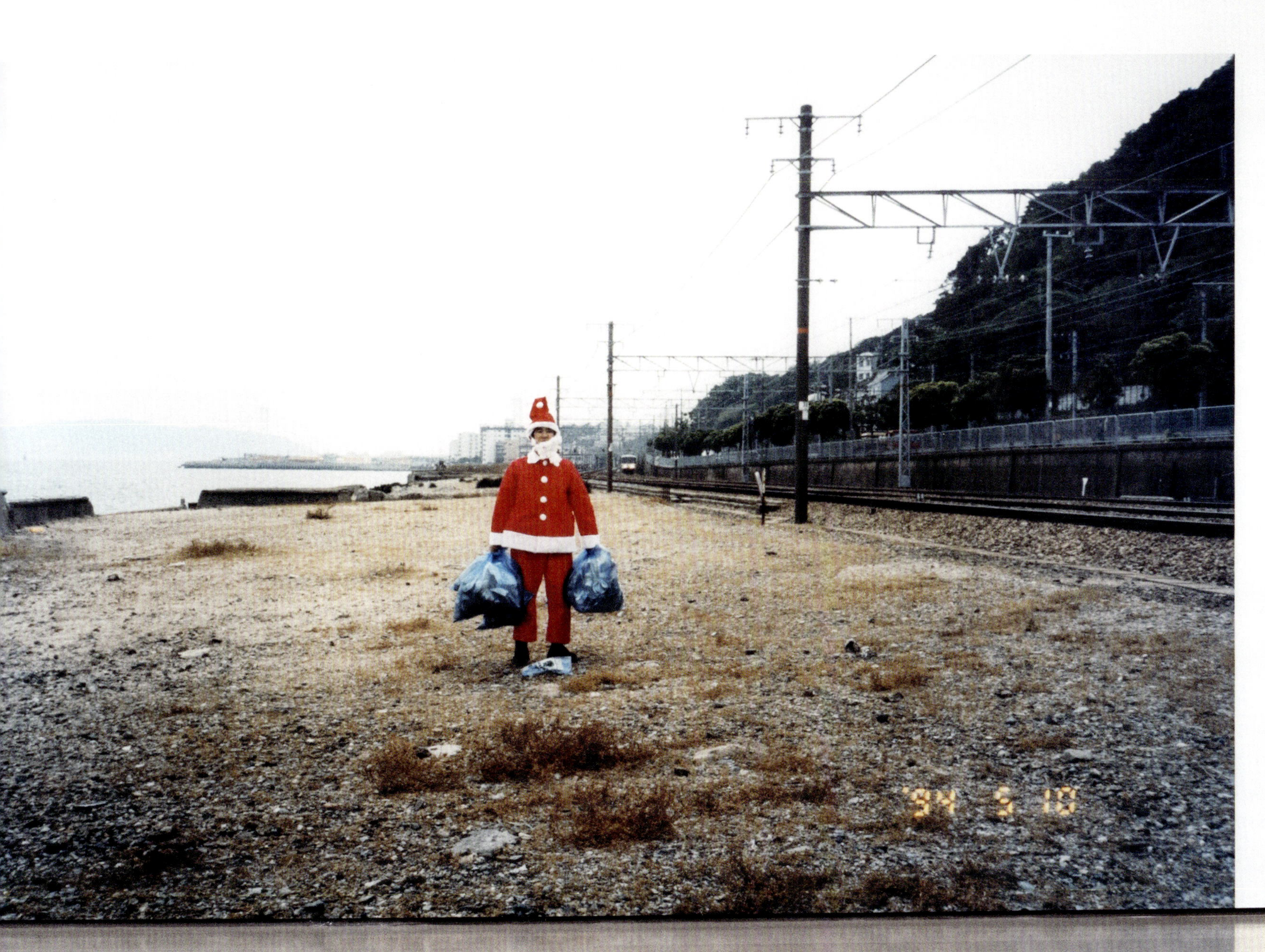

'94 5 10

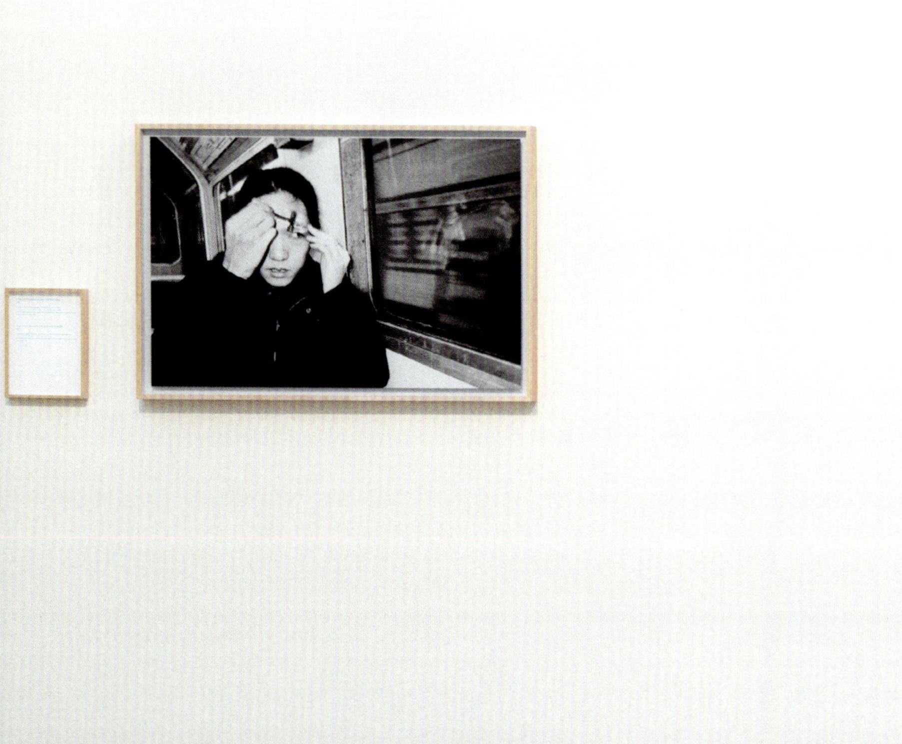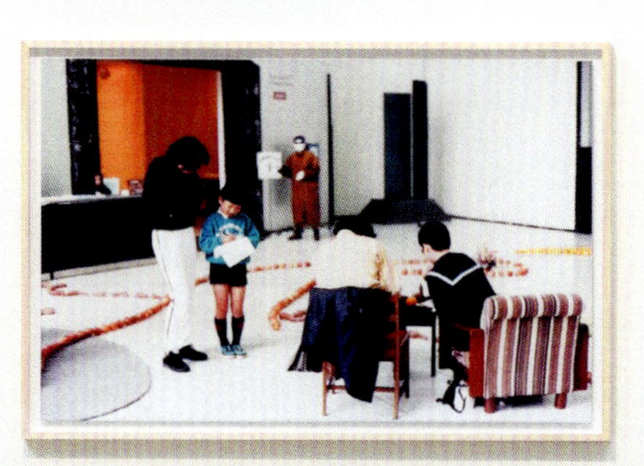

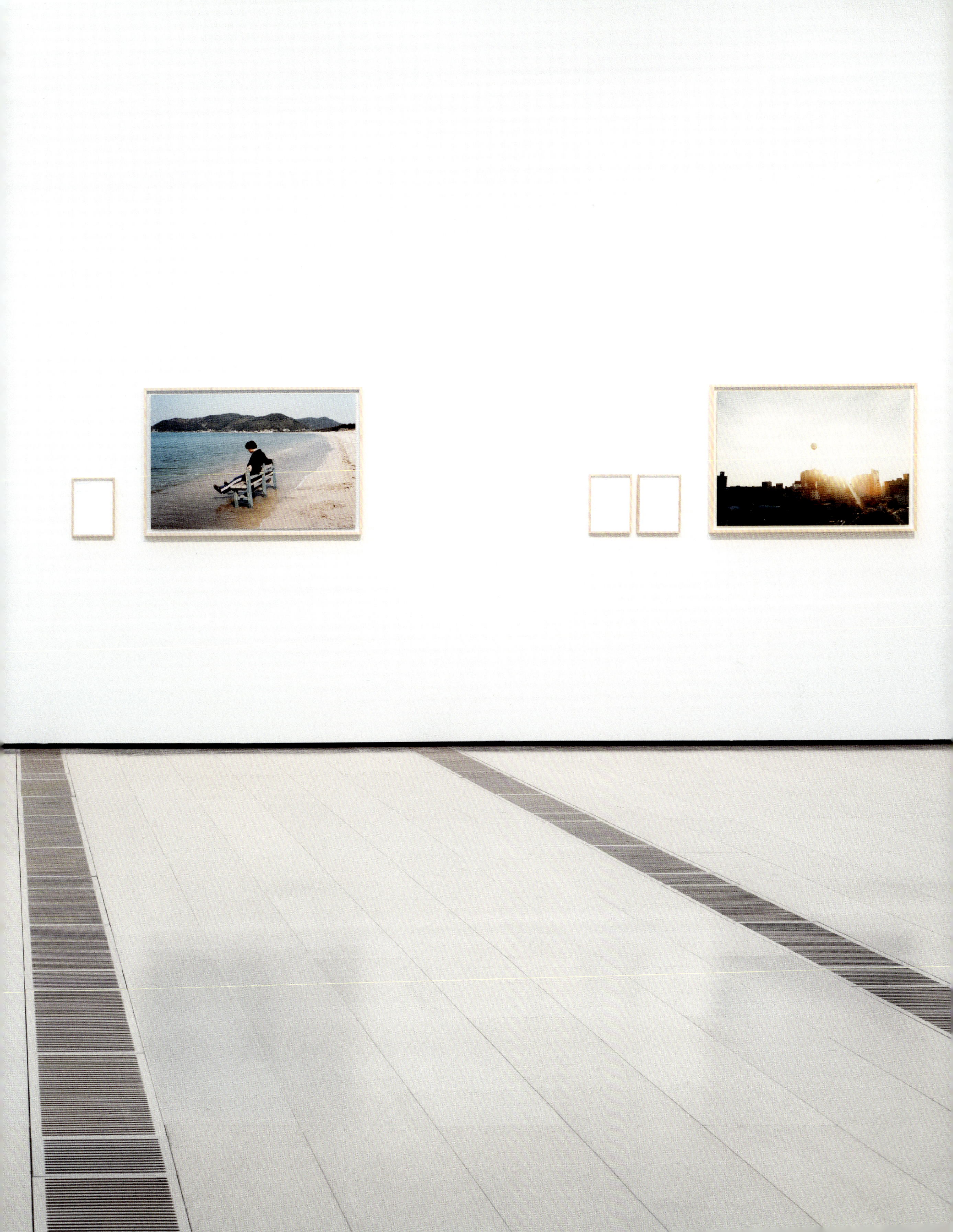

El viaje del pepino

2000

El viaje en tren de Londres a Birmingham dura dos horas, pero yo hice el viaje en barco en dos semanas, por un canal construido en el siglo XVIII. Durante ese viaje, preparé hortalizas encurtidas.
Al llegar a Birmingham, las hortalizas y los pepinos que acababa de comprar frescos en Londres se habían avinagrado.
Cuando concebí el proyecto, no sabía preparar encurtidos, pero al final del viaje, había aprendido ya un poco, y los tomates encurtidos me quedaron bastante bien.
Durante el trayecto de Londres a Birmingham, recopilé recetas para preparar encurtidos de gente que conocí en el viaje, contemplé ovejas y aves acuáticas que aparecían a nuestro paso, me fijé en las hojas que flotaban en el agua. Y vi como los pepinos se iban convirtiendo lentamente en pepinillos.

Geoff y Jean, una pareja de ingleses que viajaban conmigo, me explicaron el funcionamiento del barco. Charlando cada día con ellos, aprendí también unas cuantas cosas sobre Inglaterra. Geoff y Jean empezaron preguntándome: "¿por qué es arte preparar encurtidos en un barco?". Pero acabaron admitiendo: "tal vez lo sea. ¿Por qué no puede ser arte?".
Geoff y Jean me animaron a comer platos ingleses cada día, y me prepararon cosas como salchichas y roast beef para desayunar, almorzar y cenar. Al engullir esa comida, engordé más que nunca.

Viaje en barco y encurtidos: viaje lento y comida lenta. Hay lugares a los que solo se puede viajar lento, y hay cosas que solo pueden hacerse lentamente.
Al llegar a Birmingham, regalé los encurtidos a mis amigos. Esos encurtidos emprenderán un nuevo viaje en sus cuerpos.

Cucumber Journey

2000

The train from London to Birmingham takes two hours, but I made the trip by boat in two weeks, on a canal built in the eighteenth century. During this trip, I made pickled vegetables.
The vegetables and cucumbers that I bought fresh in London were pickled by the time I reached Birmingham.
When I conceived of this project I didn't know how to make pickles, but by the end of my trip I had learned something about it and my pickled tomatoes were quite good.
While traveling from London to Birmingham, I gathered recipes for pickles from people I met, and gazed at sheep and water birds as we passed them, and stared at leaves floating in the water. And I watched the cucumbers slowly turn into pickles.

An English couple, Geoff and Jean who were traveling with me taught me about the operation of the boat. I learned quite a bit about England while talking to them every day. Geoff and Jean began by saying, "Why is making pickles while traveling on a boat art?" But by the end they said, "Maybe it is art. Why not call it art?" Geoff and Jean encouraged me to eat English cooking every day, and made me things like sausages and roast beef for breakfast, lunch and dinner. Gobbling down this food, I got fatter than I had ever been before.

A boat trip and pickles: a slow trip and a slow food. There are places to which you can only travel slowly, and there are things that can only be made slowly.
Arriving in Birmingham, I gave away the pickles to my friends. The pickles will begin a new journey in people's bodies.

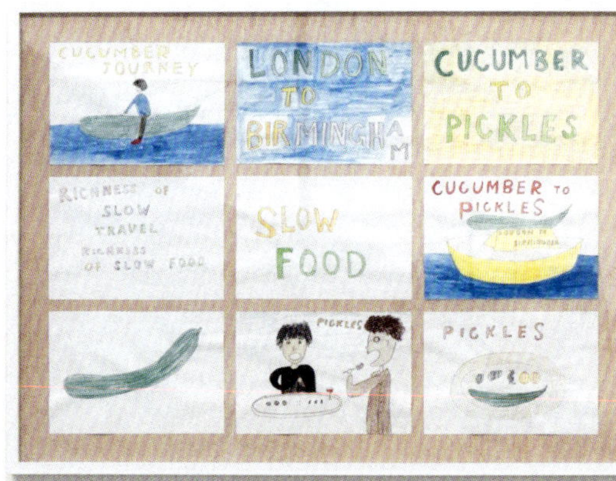

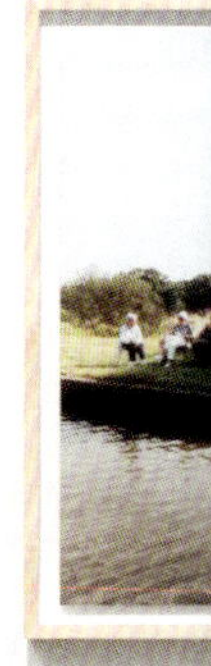

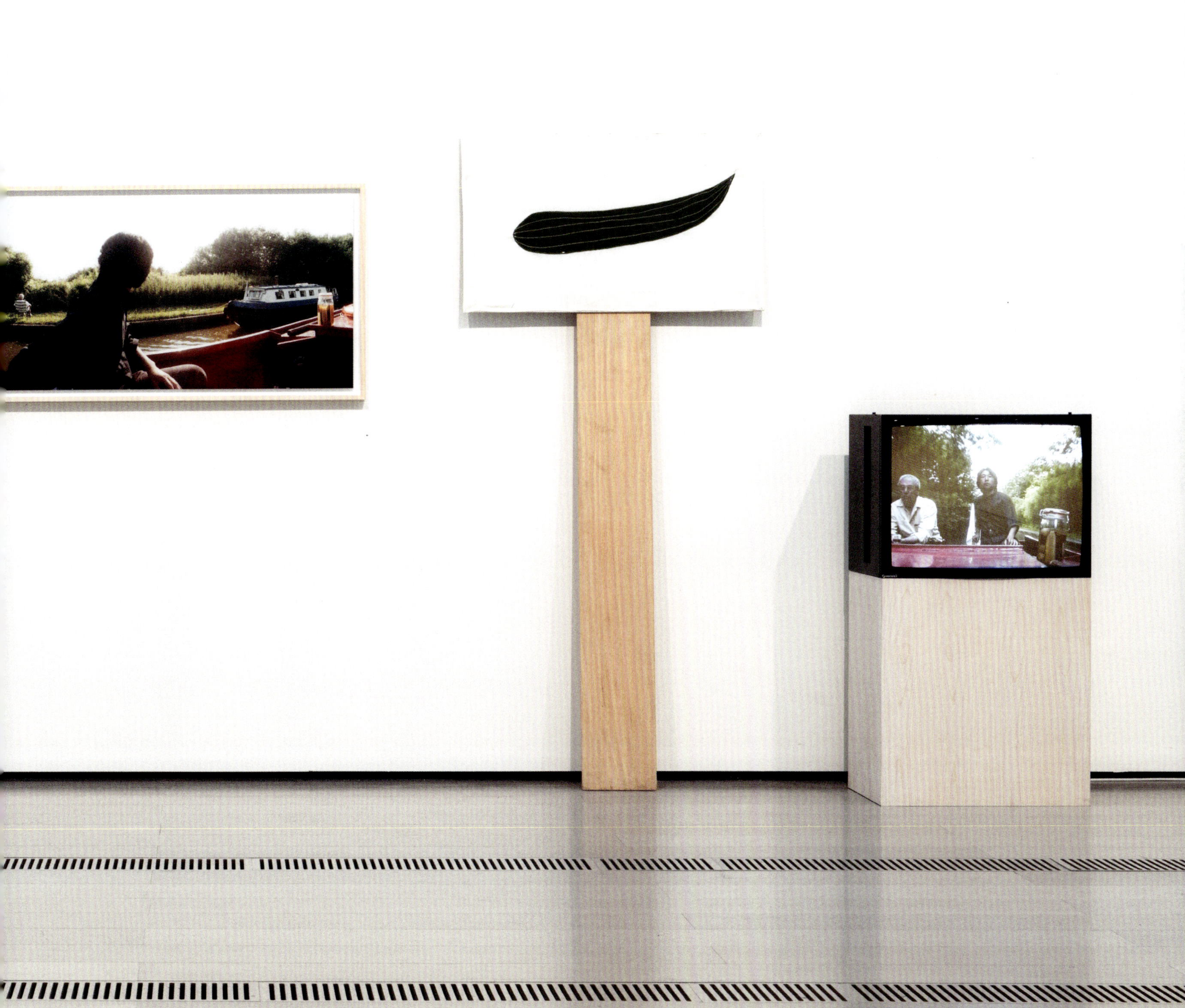

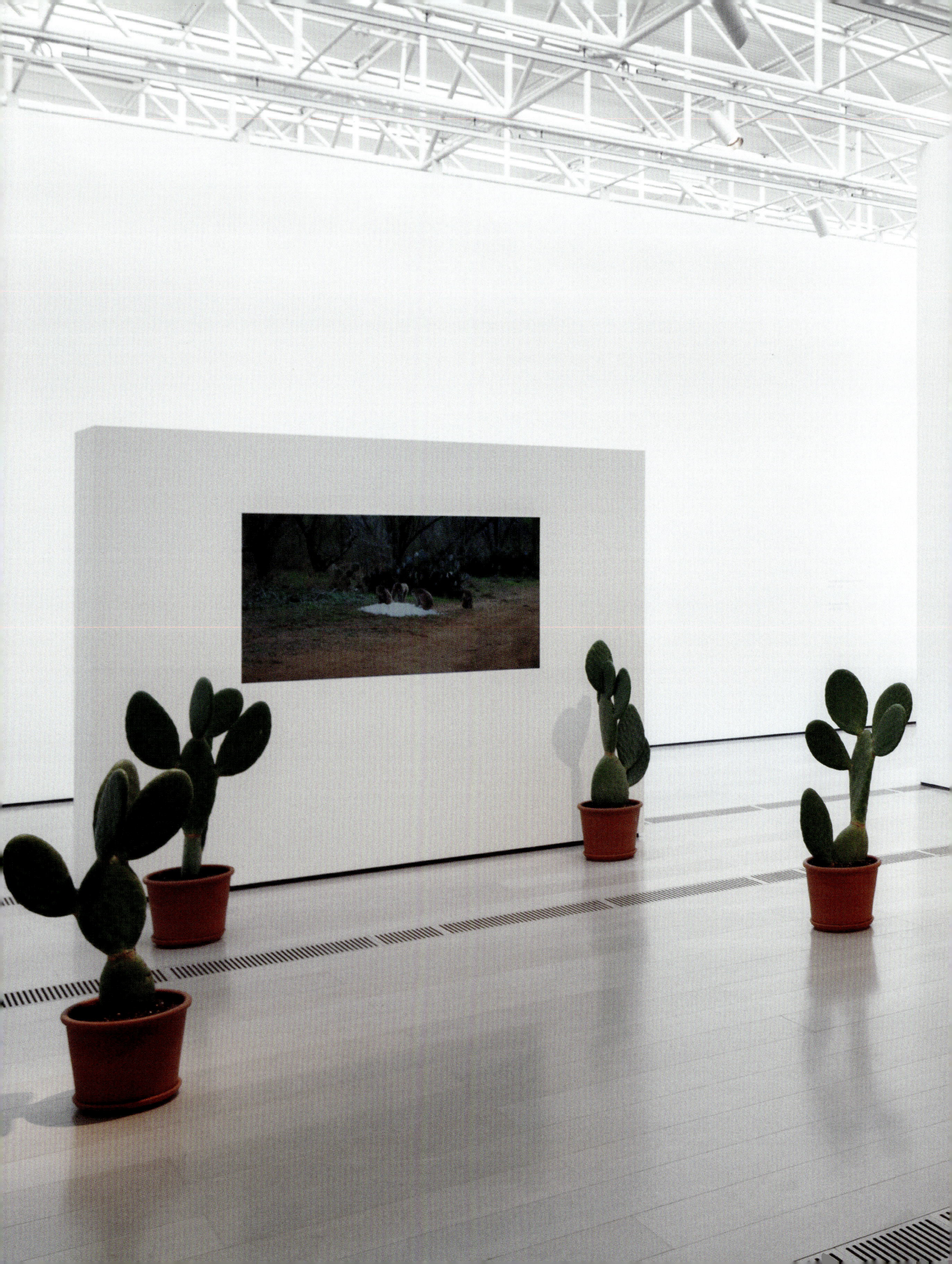

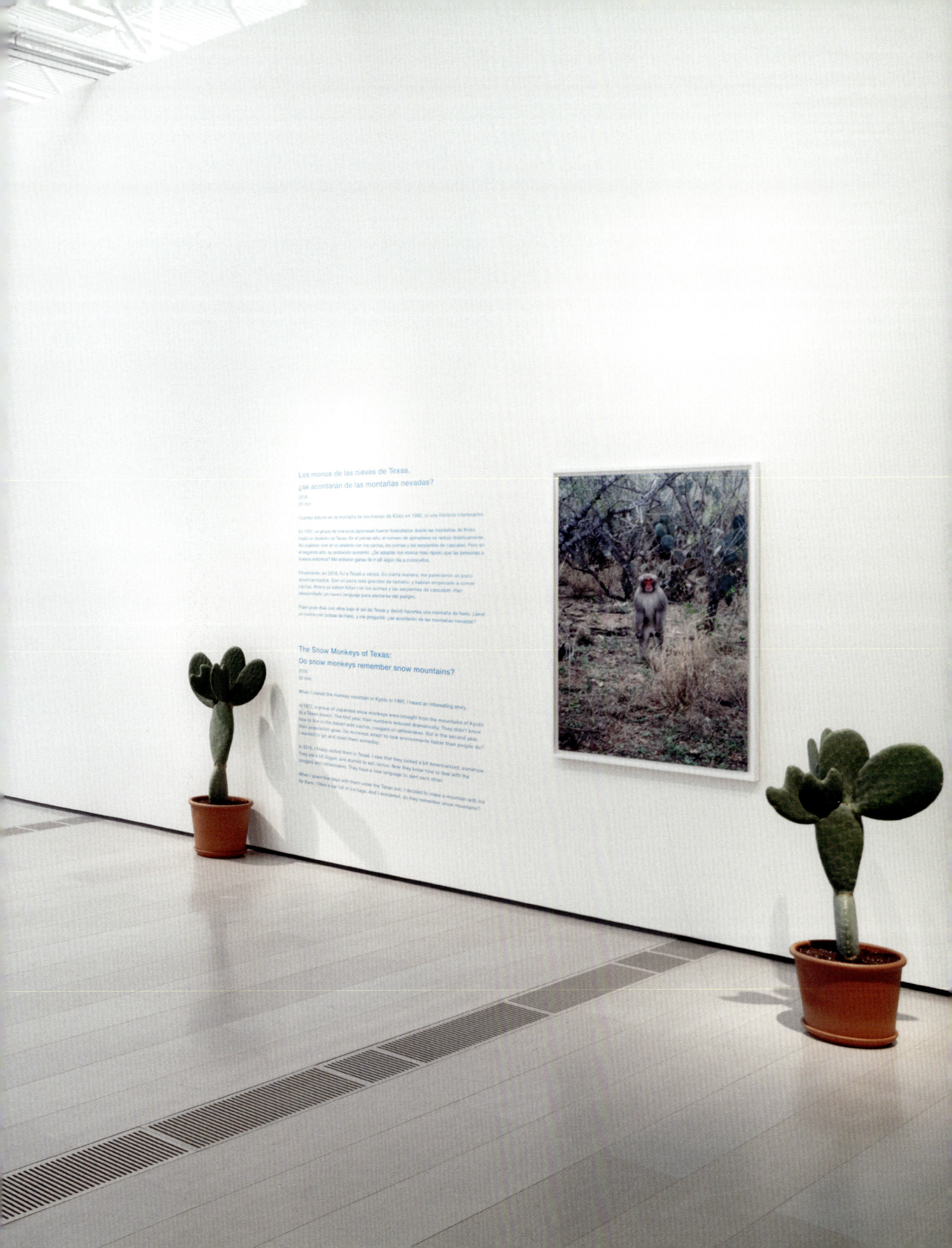

Los monos de las nieves de Texas,
¿se acordarán de las montañas nevadas?
2016
20 min

Cuando estuve en la montaña de los monos de Kioto en 1992, oí una historia interesante.

En 1972, un grupo de macacos japoneses fueron trasladados desde las montañas de Kioto hasta un desierto de Texas. En el primer año, el número de ejemplares se redujo drásticamente. No supieron vivir en el desierto con los cactus, los pumas y las serpientes de cascabel. Pero en el segundo año, su población aumentó. ¿Se adaptan los monos más rápido que las personas a nuevos entornos? Me entraron ganas de ir allí algún día a conocerlos.

Finalmente, en 2016, fui a Texas a verlos. En cierta manera, me parecieron un poco americanizados. Son un poco más grandes de tamaño, y habían empezado a comer cactus. Ahora ya saben lidiar con los pumas y las serpientes de cascabel. Han desarrollado un nuevo lenguaje para alertarse del peligro.

Pasé unos días con ellos bajo el sol de Texas y decidí hacerles una montaña de hielo. Llené un coche con bolsas de hielo, y me pregunté: ¿se acordarán de las montañas nevadas?

The Snow Monkeys of Texas:
Do snow monkeys remember snow mountains?
2016
20 min.

When I visited the monkey mountain in Kyoto in 1992, I heard an interesting story.

In 1972, a group of Japanese snow monkeys were brought from the mountains of Kyoto to a Texan desert. The first year, their numbers reduced dramatically. They didn't know how to live in the desert with cactus, cougars or rattlesnakes. But in the second year, their population grew. Do monkeys adapt to new environments faster than people do? I wanted to go and meet them someday.

In 2016, I finally visited them in Texas. I saw that they looked a bit Americanized, somehow. They are a bit bigger, and started to eat cactus. Now they know how to deal with the cougars and rattlesnakes. They have a new language to alert each other.

When I spent few days with them under the Texan sun, I decided to make a mountain with ice for them. I filled a car full of ice bags. And I wondered, do they remember snow mountains?

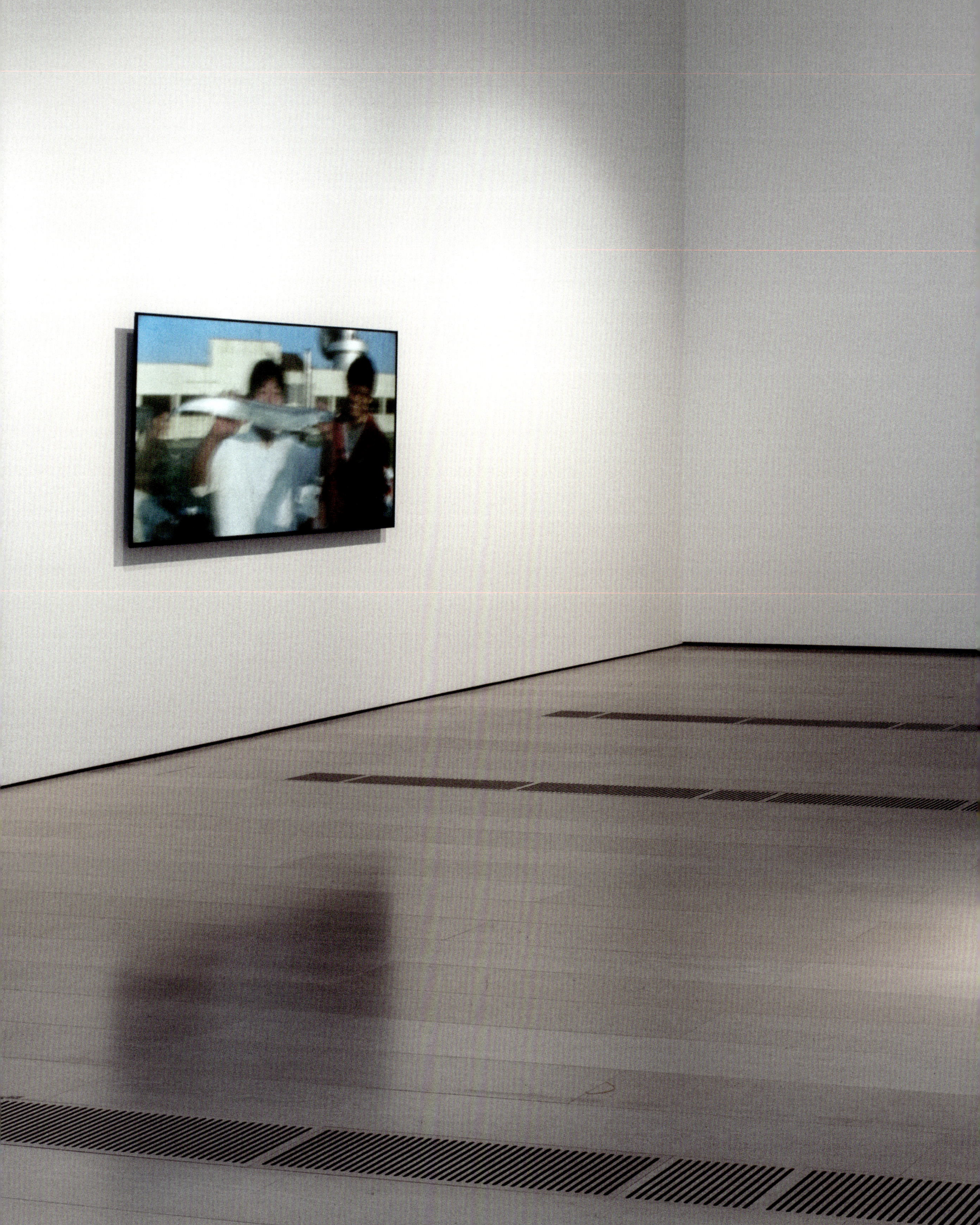

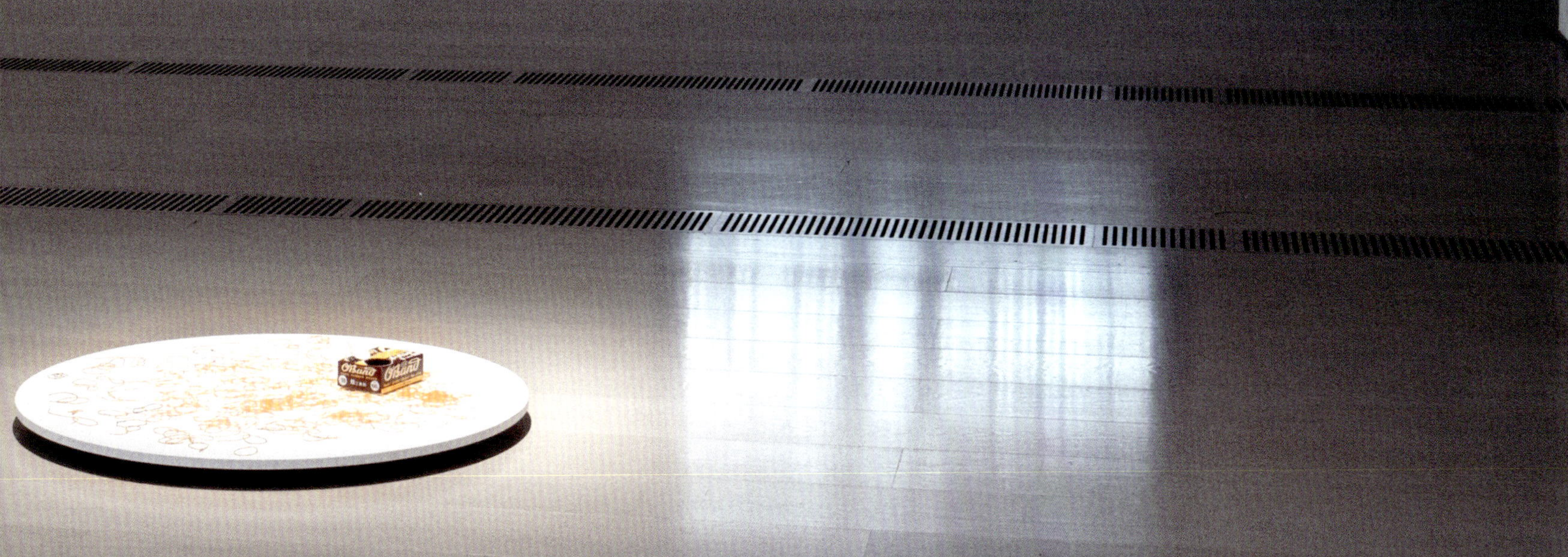
Shimabuku's
Fish & Chips

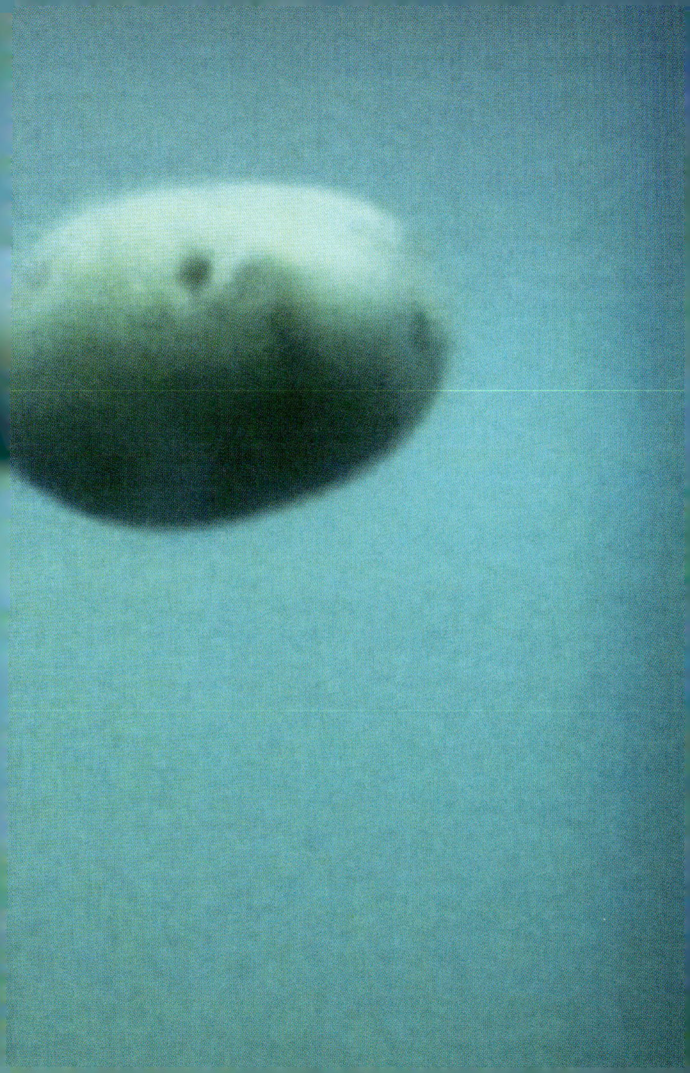

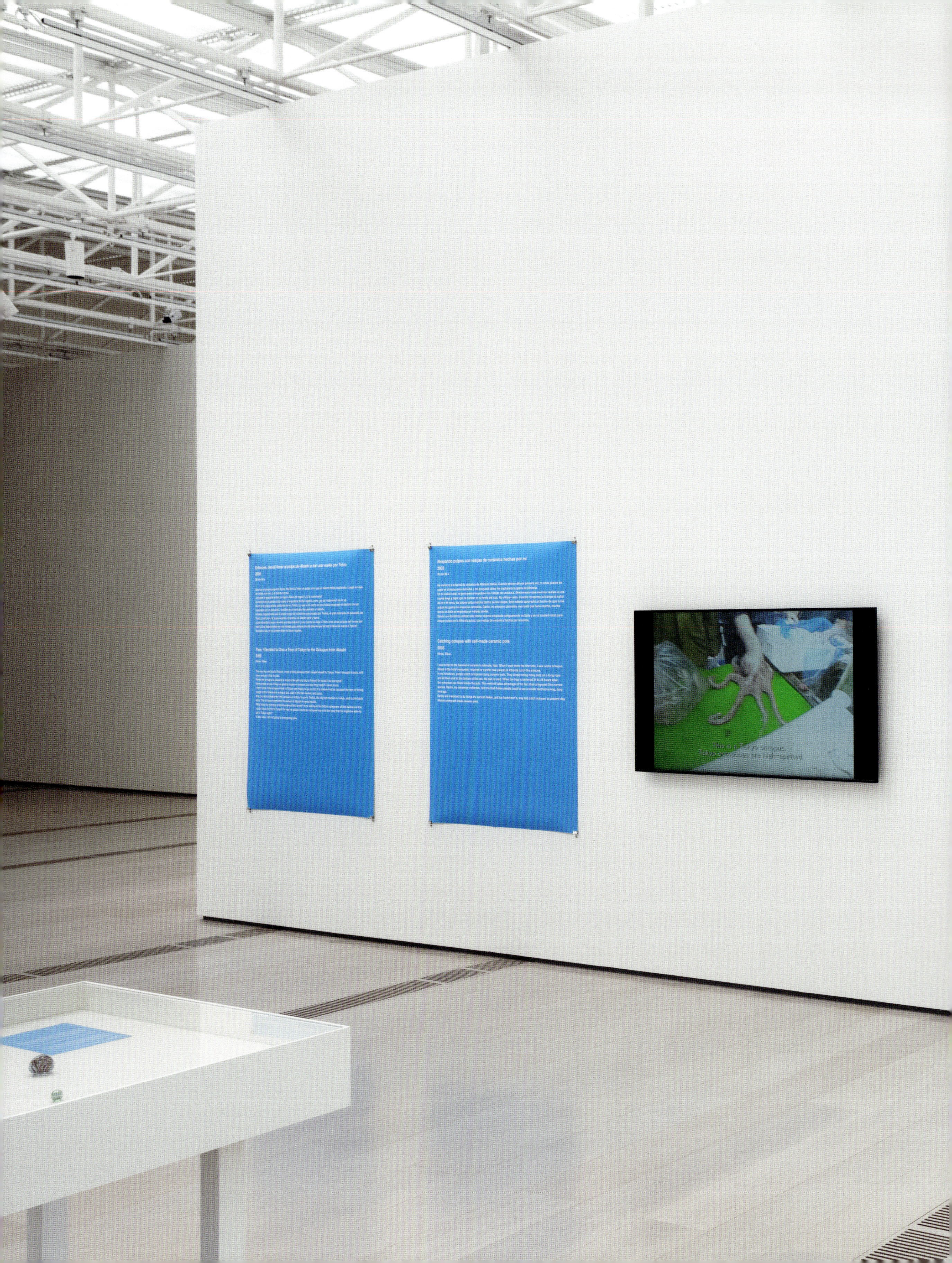
Entonces, decidí llevar al pulpo de Akashi a dar una vuelta por Tokio
2005

Then, I Decided to Give a Tour of Tokyo to the Octopus from Akashi
2005

Atrapando pulpos con vasijas de cerámica hechas por mí
2003

Catching octopus with self-made ceramic pots
2003

This is a Tokyo octopus.
Tokyo octopuses are high-spirited.

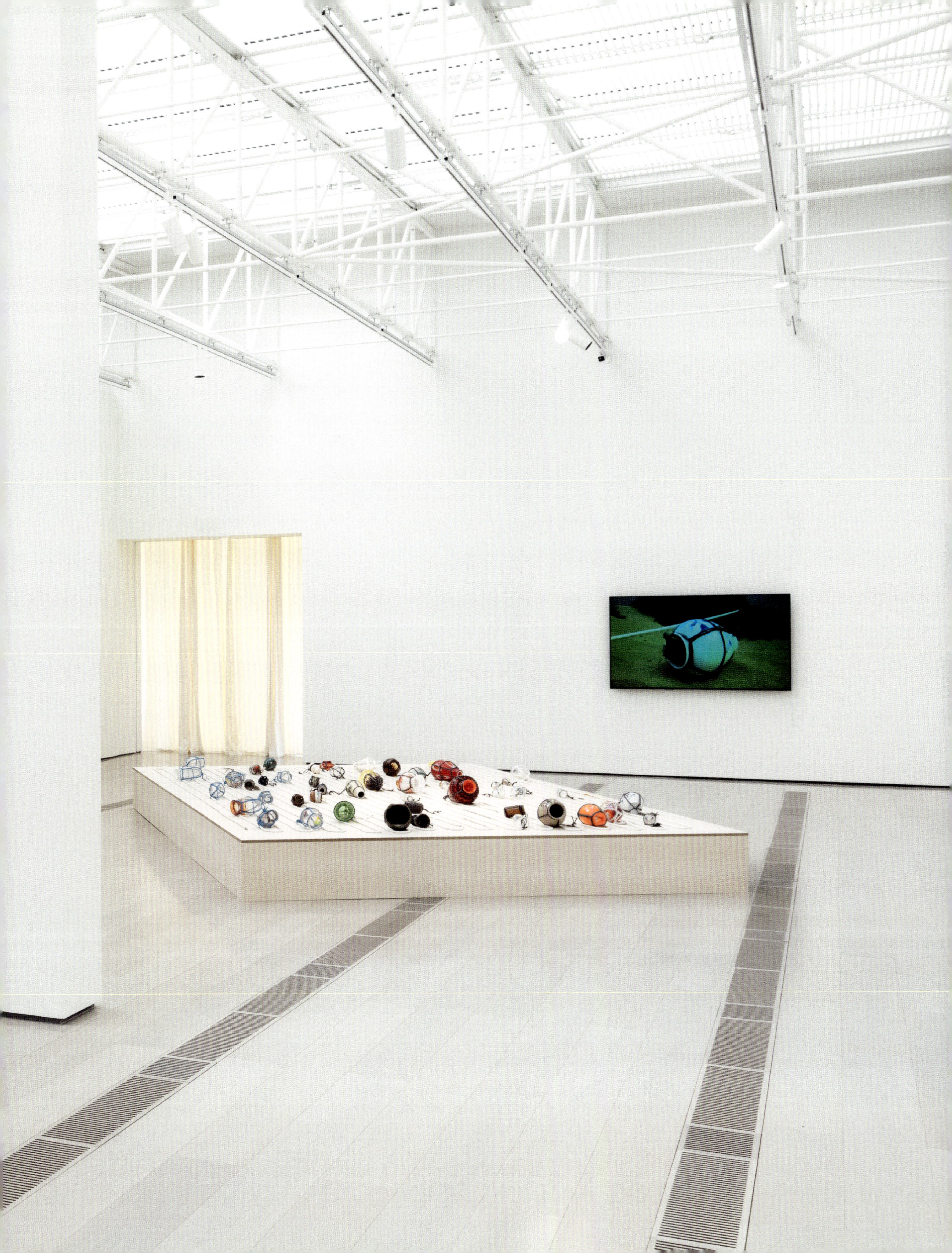

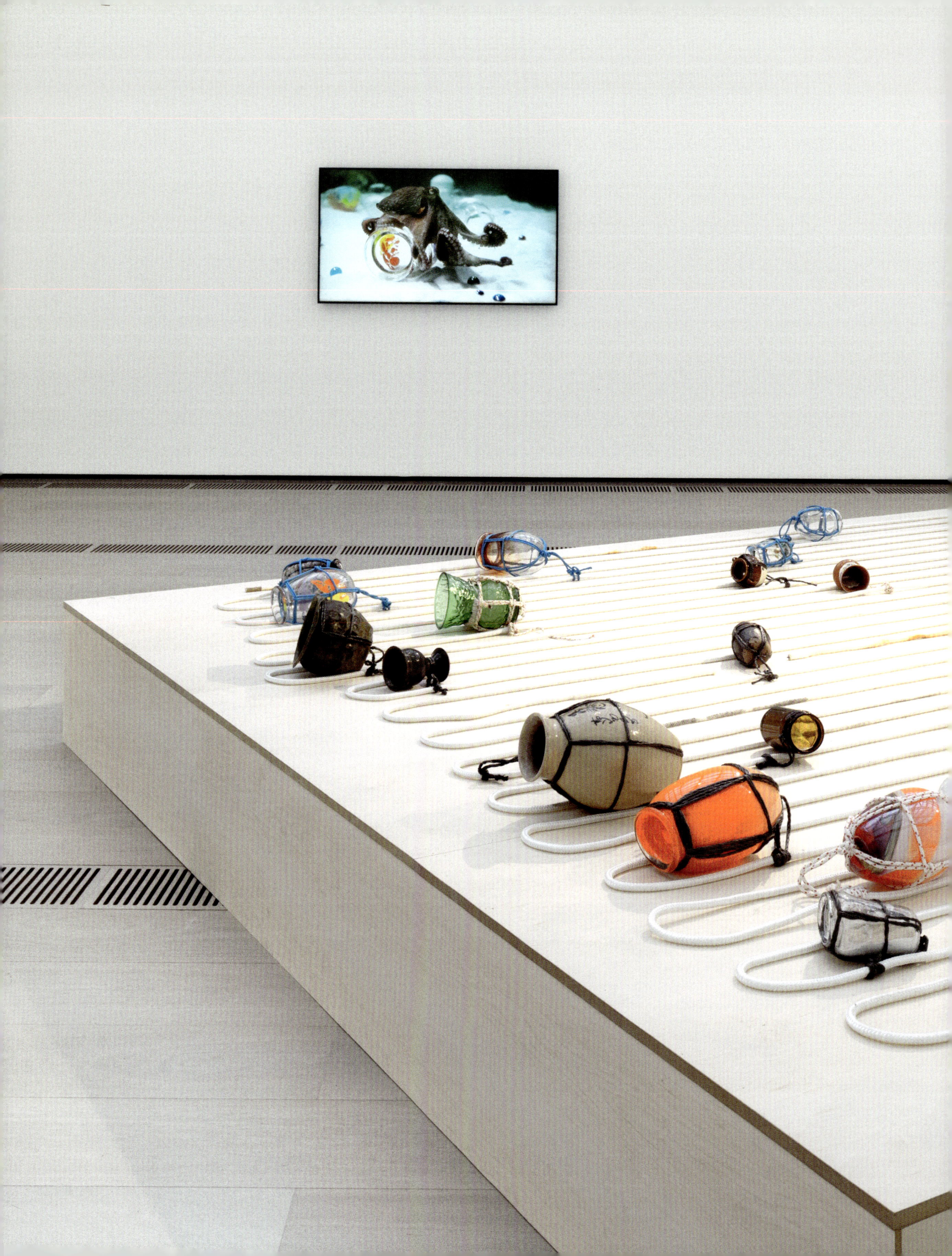

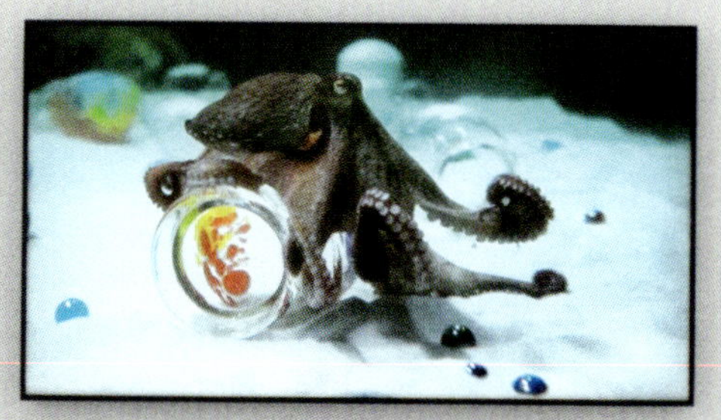

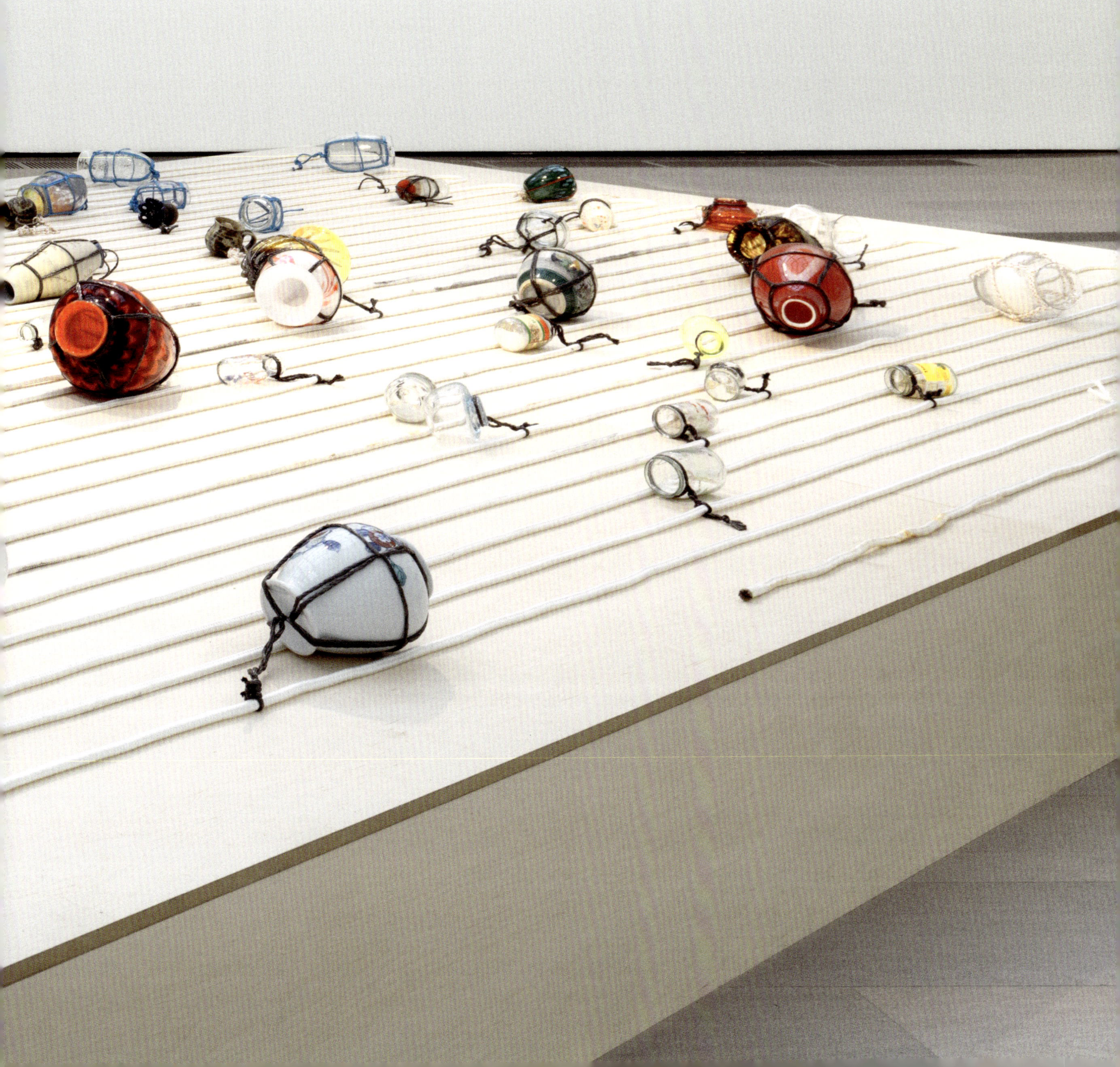

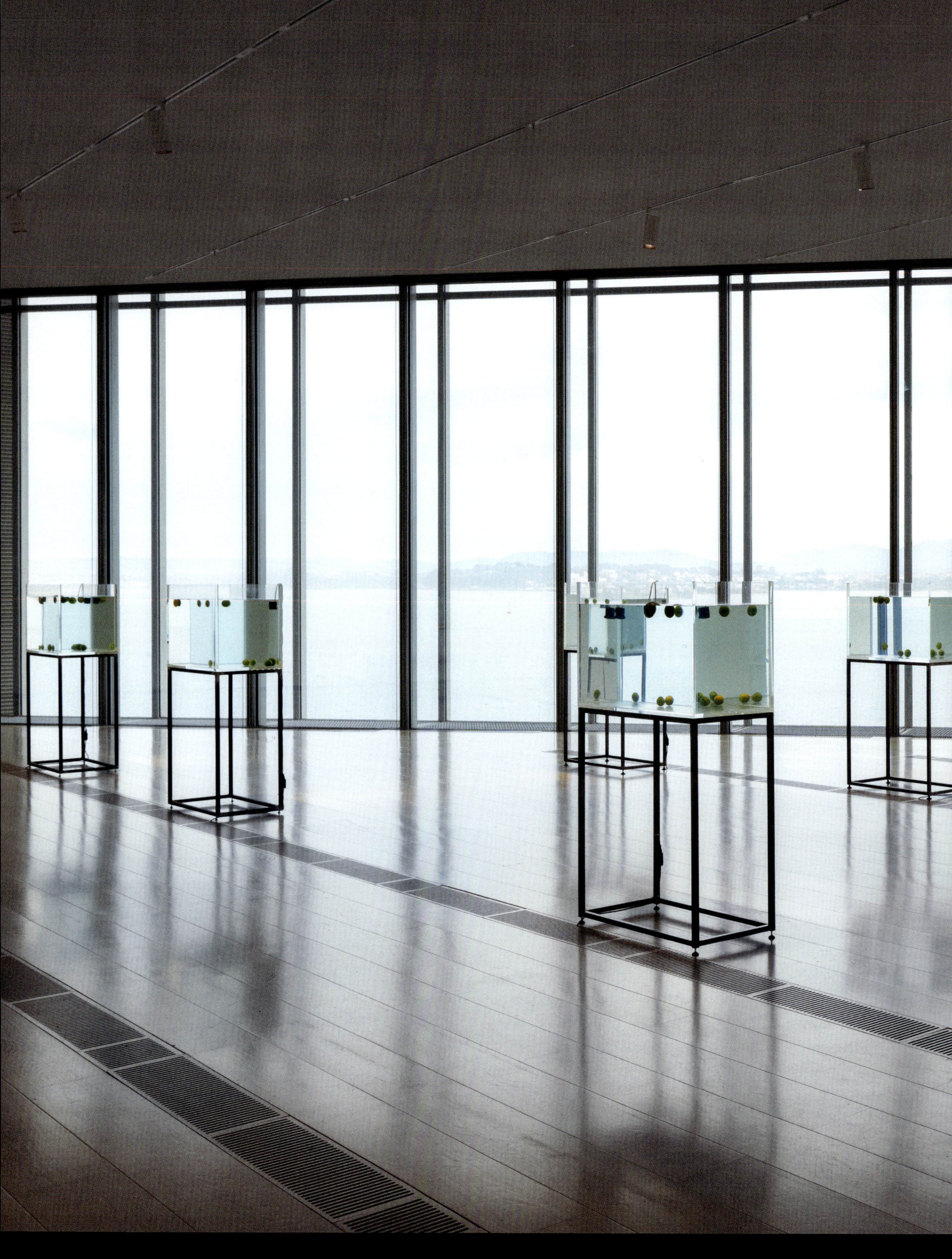

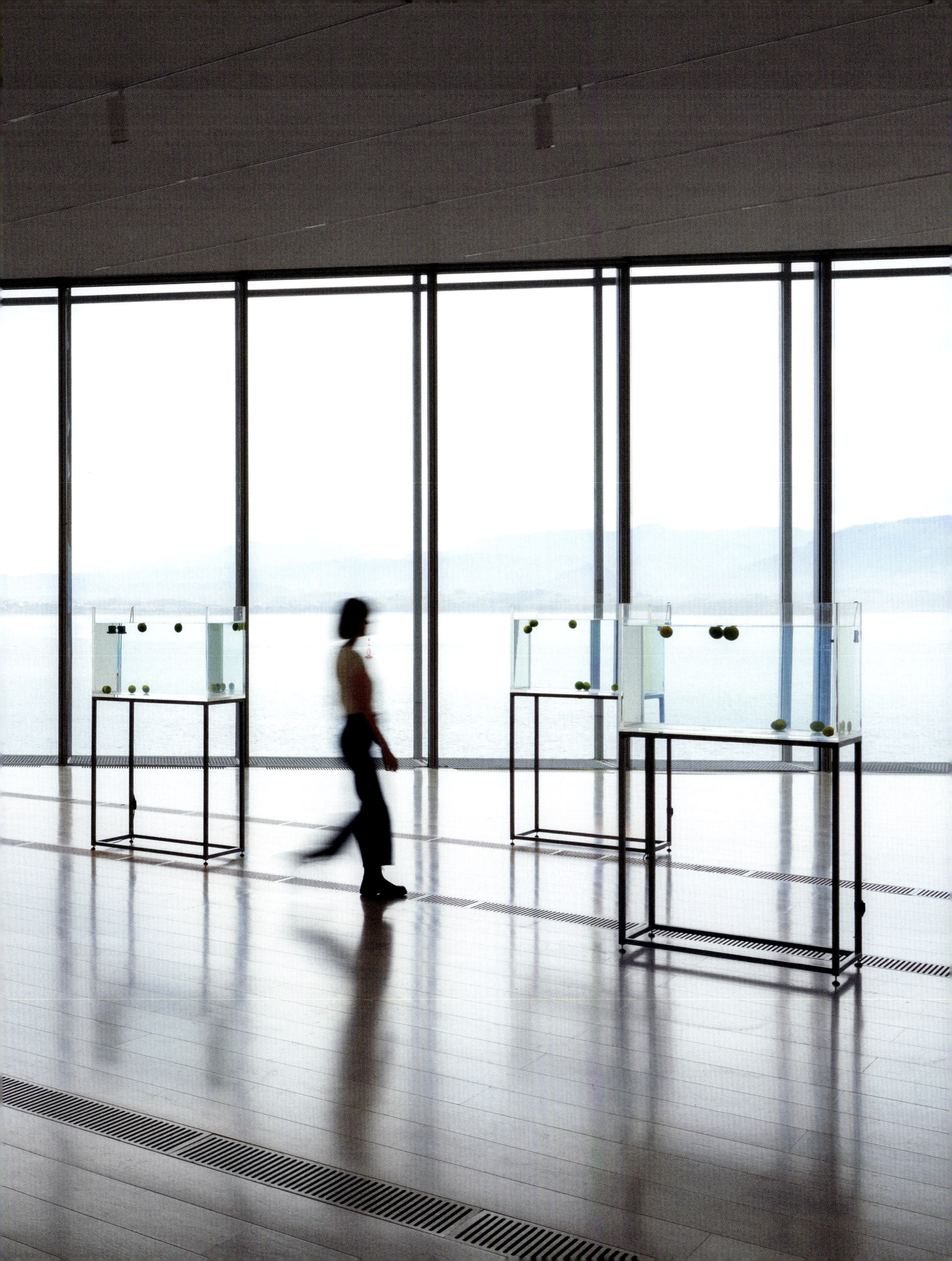

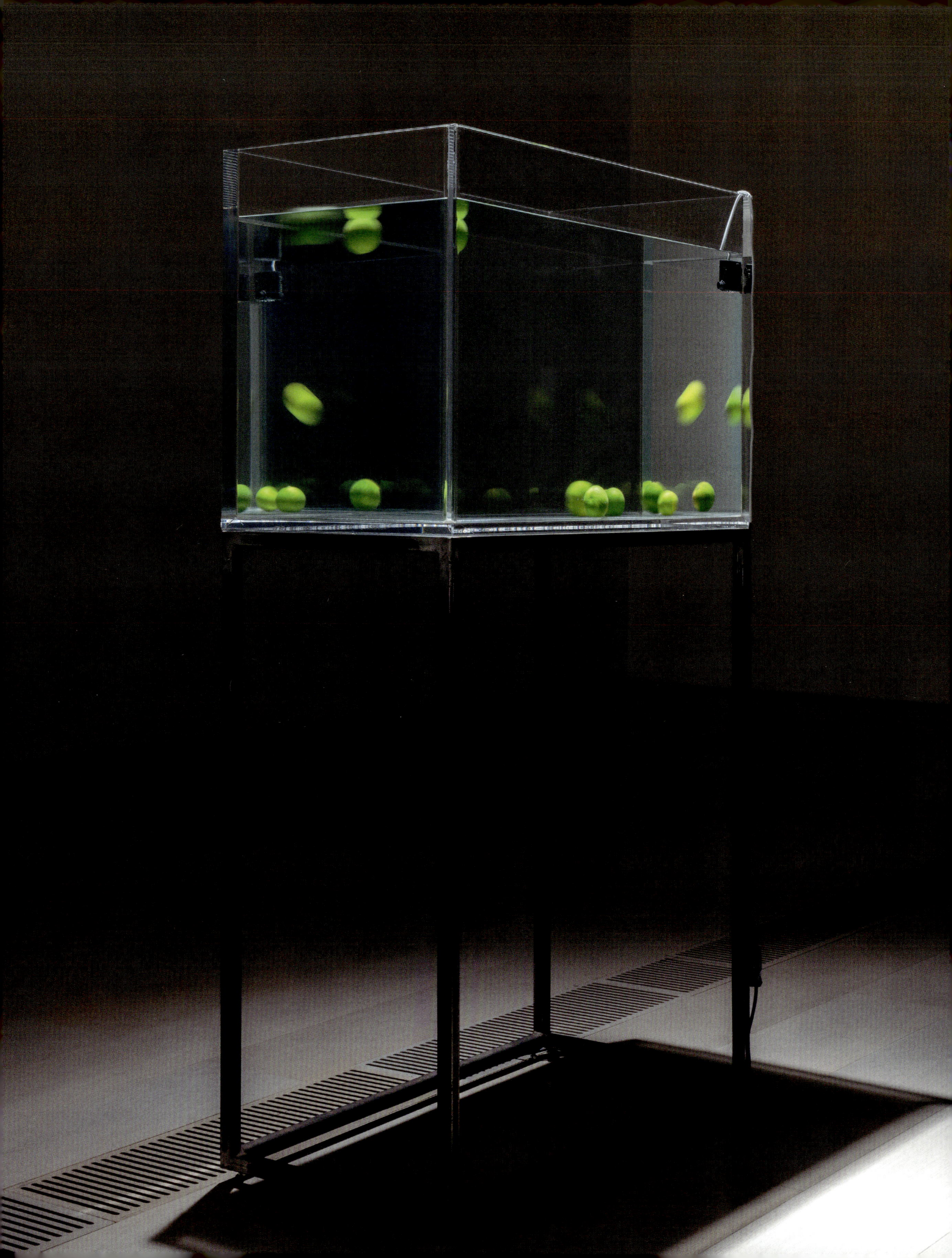

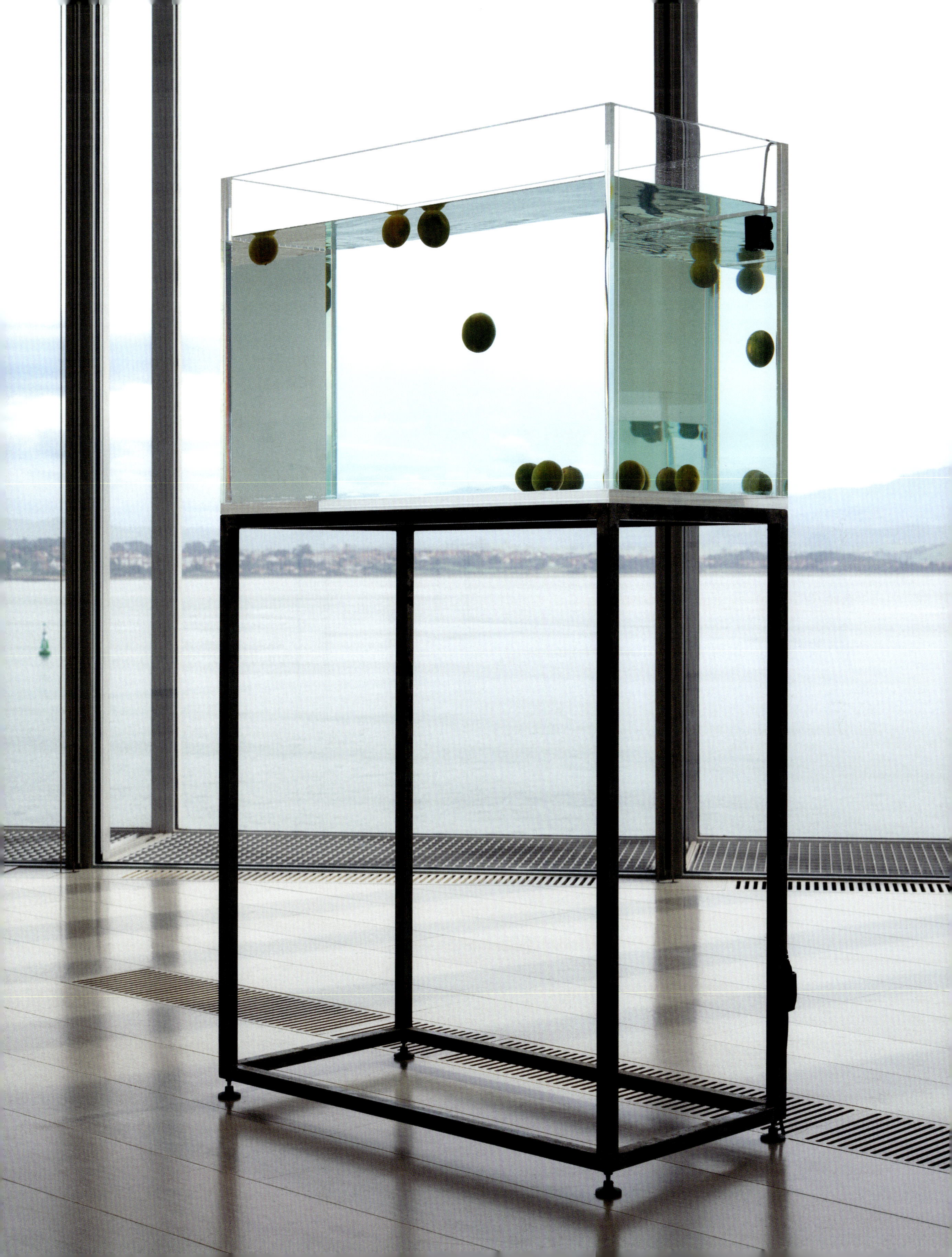

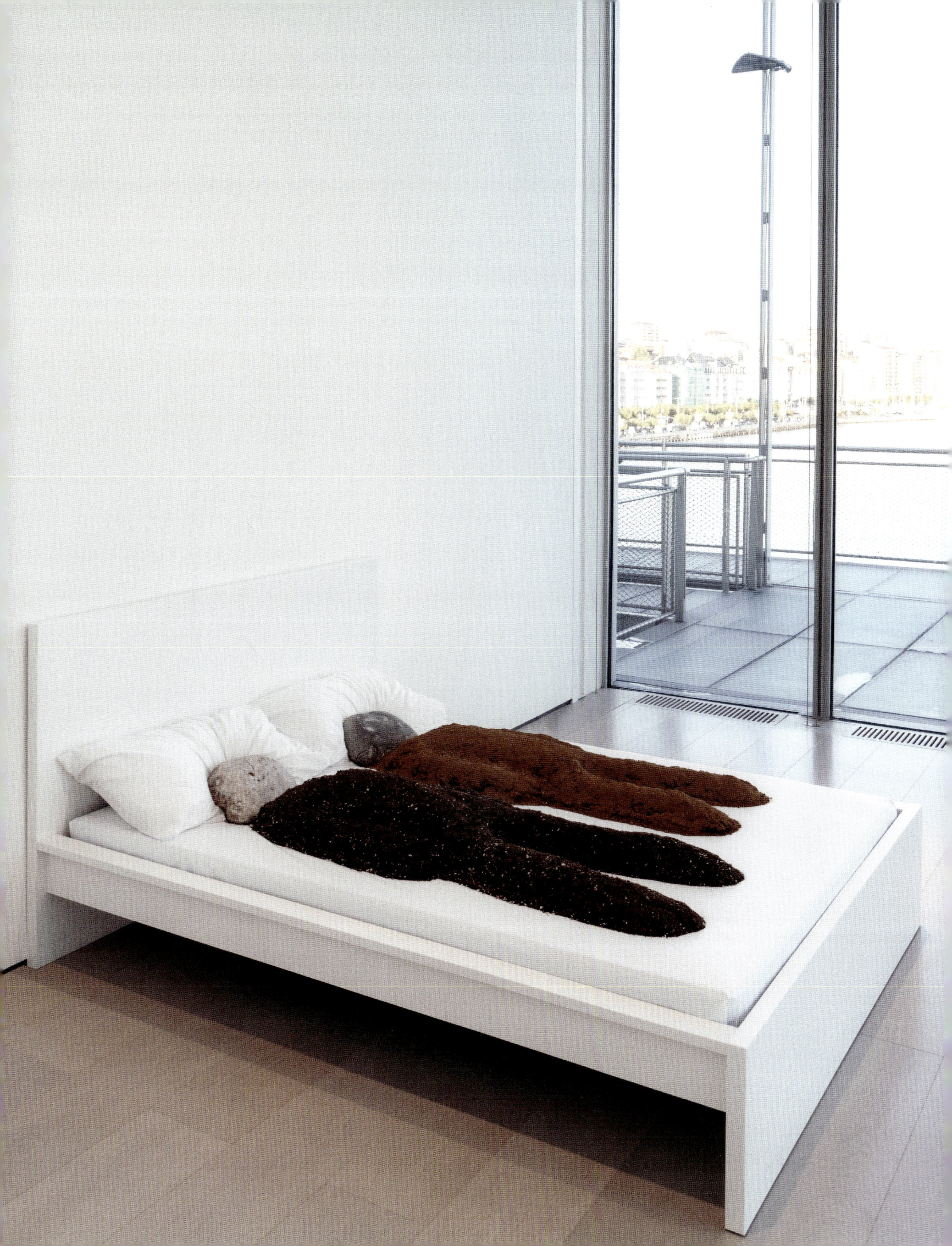

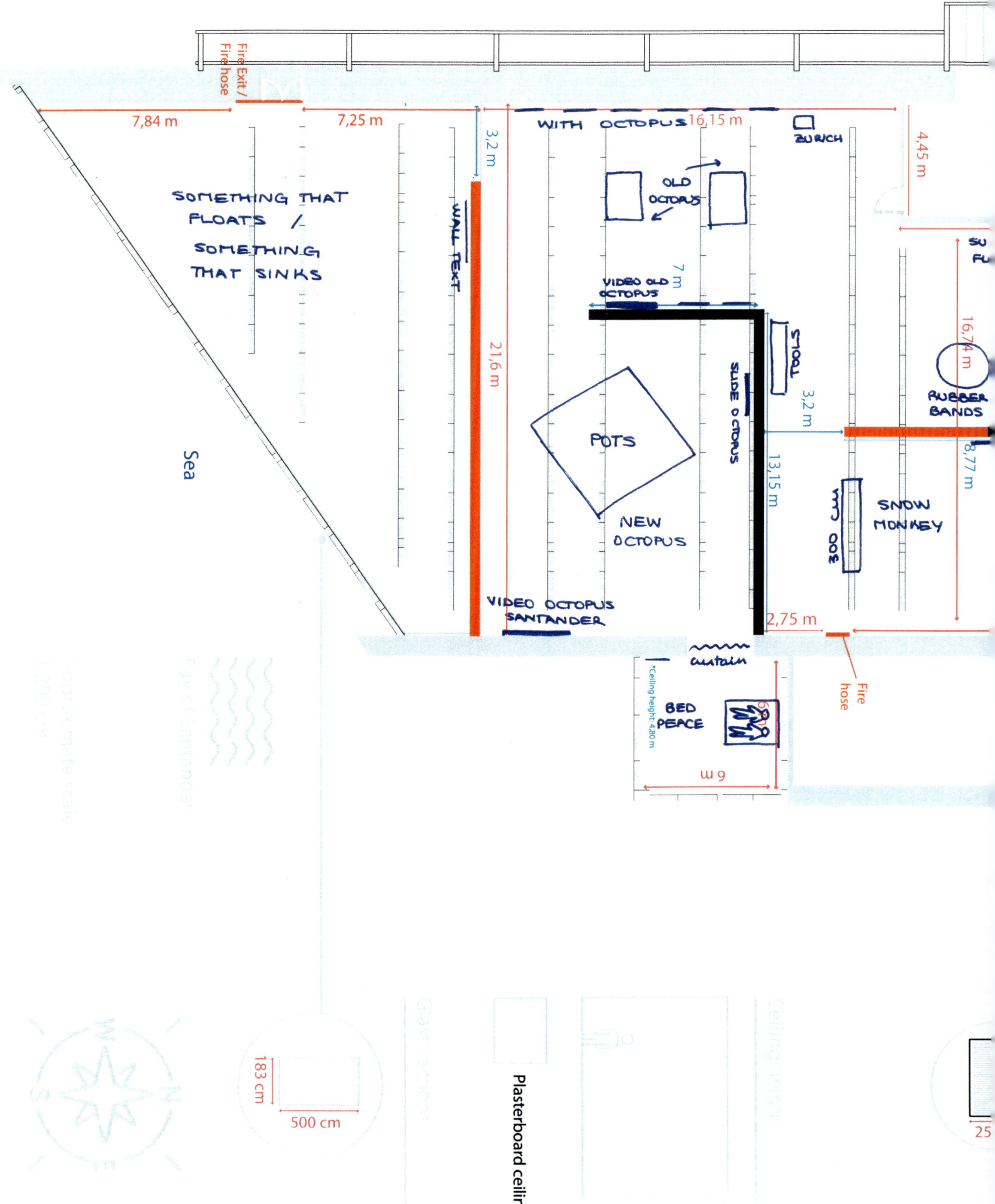

Fire Exit / Fire hose
7,84 m
7,25 m
3.2 m
WITH OCTOPUS 16,15 m
4,45 m
ZURICH
SOMETHING THAT FLOATS / SOMETHING THAT SINKS
WALL TEXT
OLD OCTOPUS
7 m
VIDEO OLD OCTOPUS
21,6 m
STOOL
SLIDE OCTOPUS
3.2 m
RUBBER BANDS
16,74 m
POTS
13,15 m
NEW OCTOPUS
300 cm
SNOW MONKEY
8,77 m
Sea
VIDEO OCTOPUS SANTANDER
2,75 m
Fire hose
curtain
Ceiling height 4.80 m
BED PEACE
6 m
183 cm
500 cm
Plasterboard ceiling
500 cm

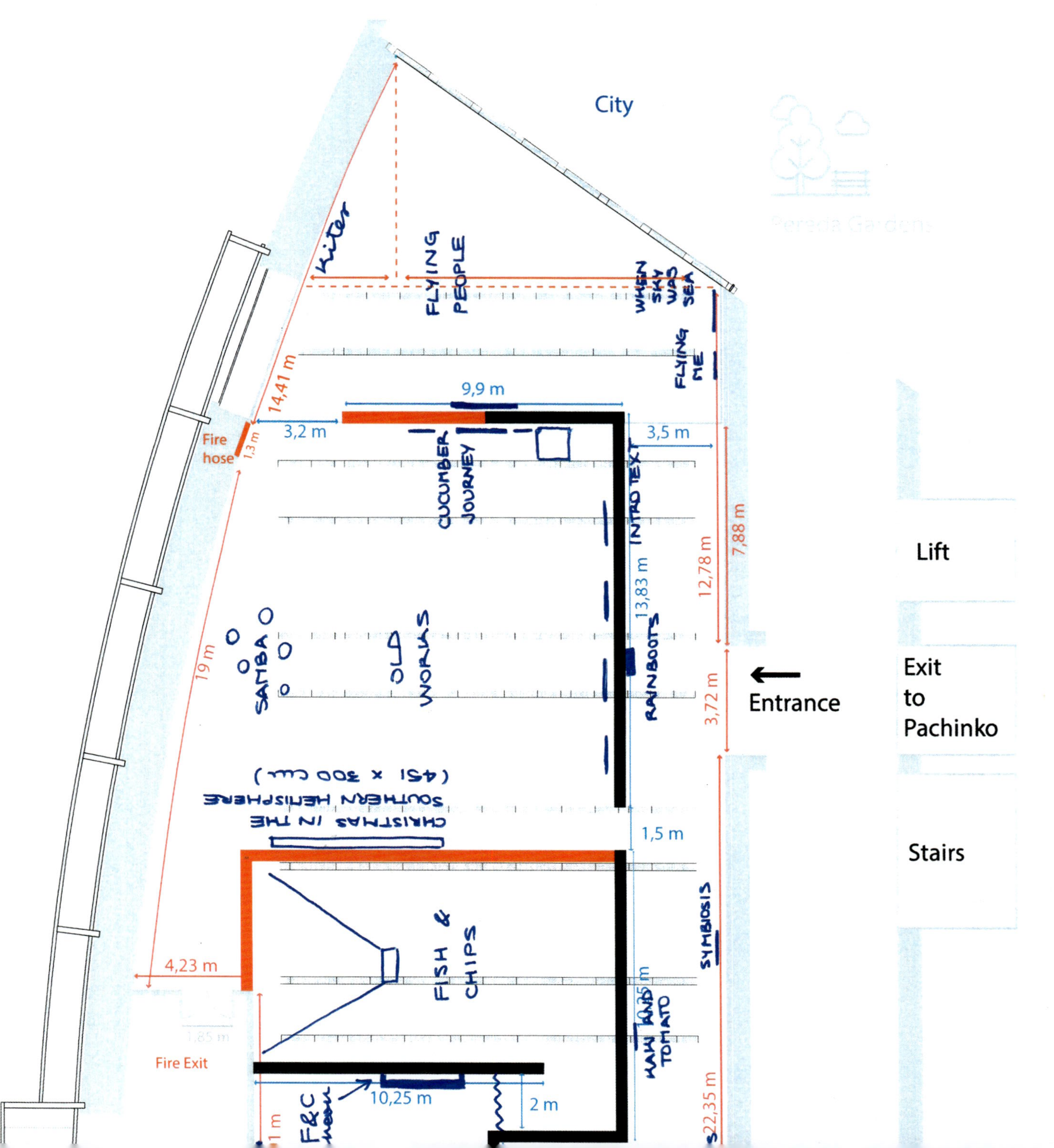

City
Kiter
FLYING PEOPLE
WHEN SKY WAS SEA
FLYING ME
Fire hose
14,41 m
1,3 m
3,2 m
9,9 m
3,5 m
7,88 m
CUCUMBER JOURNEY
INTRO TEXT
12,78 m
13,83 m
19 m
SAMBA
OLD WORKS
RAINBOOTS
3,72 m
CHRISTMAS IN THE SOUTHERN HEMISPHERE (451 x 300 cm)
1,5 m
4,23 m
FISH & CHIPS
SYMBIOSIS
1,85 m
Fire Exit
F&C neon
10,25 m
2 m
1 m
KIWI AND TOMATO
22,35 m
CENTRO BOTÍN CENTRE
GALLERY 2
Lift
Exit to Pachinko
Stairs
Entrance

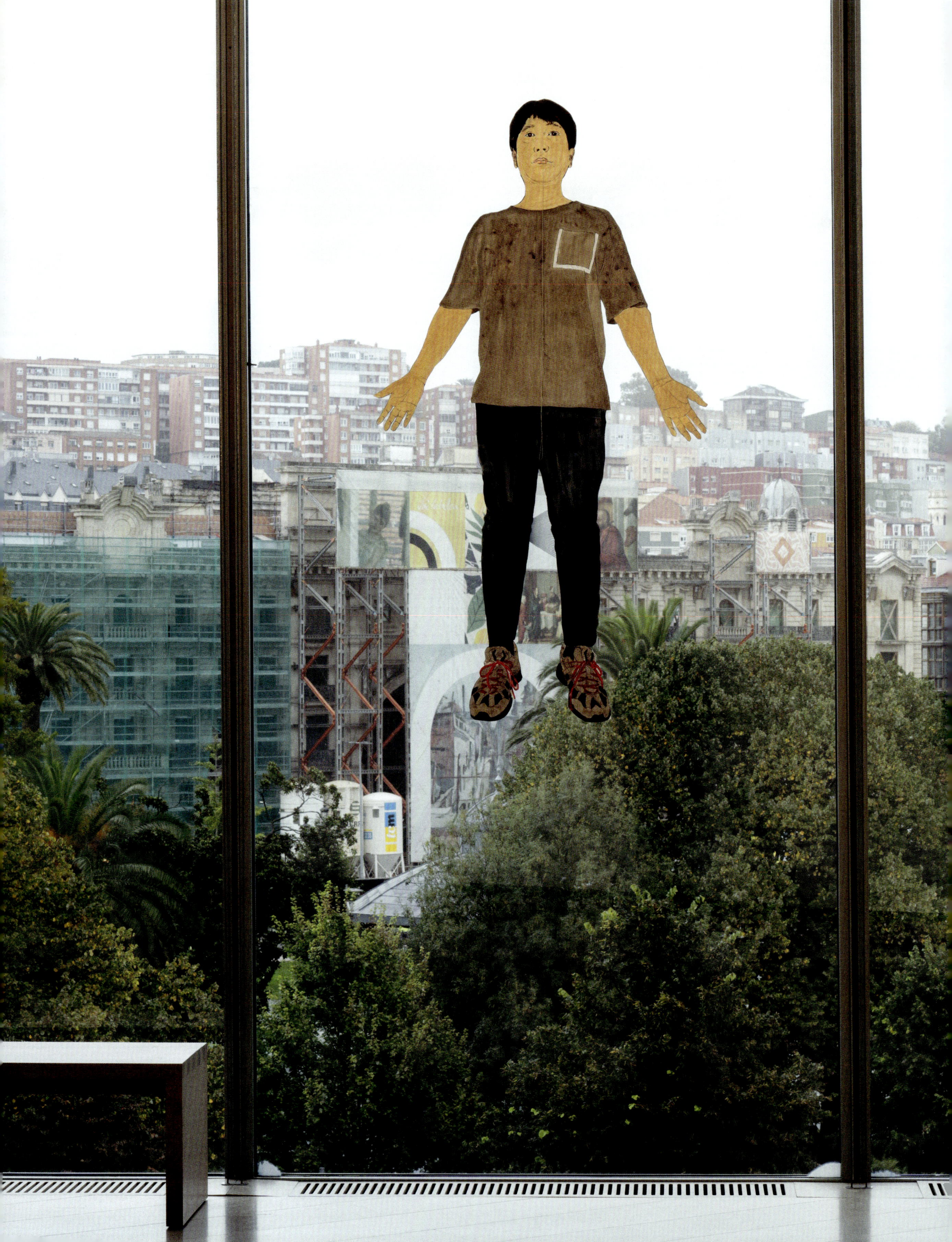

When an octopus encounters one of these different coloured glass pieces on the seabed, would he gaze into it with his catlike eyes? Would he grab it with one of his eight tentacles? Would he carry it along into an octopus pot? And what would be his favourite colour? On the wide reaches of the ocean floor, can a small glass piece connect a man and an octopus?
—Shimabuku

On the 19th of July 2024, sheathed in a neoprene diving suit, Shimabuku and a professional diver, Chote, plunged into the dark grey Cantabrian waters from a small Zodiac RIB. As Shima hesitantly submerged—Go-Pro camera in his hand, air bubbles fading—we hoped for octopuses, many of them, colourful if possible, and, overall, that they were curious and domestic enough to have occupied the custom stained glass 'homes' that Shima had made for them. An offering for Santander octopuses composed of 55 vases had been carefully arranged on the ocean floor, forming a 180m line across the sandy surface, weighed down by a heavy white rope beside cavernous rocks where families of cephalopods live. The plan was to film the animals inhabiting Shima's 'sculpture for octopuses' and continue a decades-long series of candid and eventful works that document the artist's deep engagement with octopus life. When Shima came back to the surface a big smile illuminated his face. Octopuses? 'Nah, I didn't see any, Chote found one. But I am happy.'

We can argue that failure isn't simply the opposite to success, or the inability to complete a job. It can also be productive, make us pause, look around and reflect before continuing our journey. It can be a strategy for resisting the logic of progress-driven cultural economies that focus on exponential growth and delivering bold aspirations. It can make new worlds possible. Within artistic practice and its surrounding discourses, speculation, questioning and open-endedness are intrinsic to the process. Take for example Bruce Nauman's seminal work *Failing to Levitate in the Studio (*1966) or John Baldesarri's ball series (*Throwing three balls in the air to get a straight line,* or *Throwing four balls in the air to get a square*, 1973), both document playful moments of non-achieving a self-instructed goal or Félix González-Torres's *Perfect Lovers*, 1991—a pair of low-cost battery-operated clocks that inevitably will fail to keep the same time. To be displaced from the dominant laws of the world is deeply embedded in art making.

Shimabuku's latest episode of his octopus saga is titled *Going to Meet the Octopuses in Santander*, 2024, and belongs to a body of works on film and installation that include, amongst other endeavours, *Encounter Between an Octopus and a Pigeon: If Gravity Disappeared From the Earth, an Octopus and a Pigeon Could Meet on Equal Terms. Fighting With Gravity,* 1993 and *Then, I Decided to Give a Tour of Tokyo to the Octopus from Akashi,* 2000. With these works, the artist reinforces his position: improbable goals and open-ended actions are repeatedly chosen as his preferred working method, even if they allude to the nonsensical. Shima's works emerge beautifully out of the artist's own curiosity, manifesting themselves in variations across multiple experiments, adapting to new contexts and ecologies. This curiosity-led trial-and-error approach takes us back to childhood, when we just *dared to*, when not succeeding was vital to our development and learning.

In Shimabuku's practice, relinquishing control to the natural elements becomes an empathetic way of being in the world that acknowledges the contingencies, vulnerabilities and interspecies collaborations that sustain life. The artist generates encounters between diverse entities by wandering and exploring in Japan and abroad. He prompts social and spatial experiments in nature and public spaces that are unrefined and unrestricted, allowing for the beings involved—an octopus, a citrus, a person—to engage at their own pace and with their own abilities. I often wonder who his intended public is; the experiment's participants, or the gallery goers, since the former group becomes the primary audiences of his interventions—an exhibition for monkeys, a sculpture for an octopus, a meeting between a fish and a potato. These improbable encounters are documented via photography, video, sculpture or text, which later are made public in exhibitions where conventions between nature/culture, process/artwork and audience/collaborator are overturned.

Si un pulpo se encuentra ante uno de estos trozos de cristal de diferentes colores, ¿lo mirará fijamente con sus ojos felinos? ¿Lo agarrará con uno de sus ocho tentáculos? ¿Lo llevará a una vasija para atrapar pulpos? ¿Y cuál será su color favorito? En la inmensidad del lecho marino, ¿puede un pequeño trozo de cristal conectar a un hombre y a un pulpo?
—Shimabuku

El 19 de julio de 2024, enfundados en unos trajes de neopreno, Shimabuku y Chote, buzo profesional, se zambulleron en las oscuras aguas cántabras desde una pequeña zódiac RIB. Mientras Shima se sumergía vacilante, cámara Go-Pro en mano y burbujas que se desvanecían a su alrededor, confiábamos en que hubiera un montón de pulpos, de colores a ser posible, lo suficientemente curiosos y domésticos como para ocupar los «hogares» de cristal que Shima había creado especialmente para ellos. En el fondo del mar se había colocado cuidadosamente una ofrenda para los pulpos de Santander compuesta por cincuenta y cinco vasijas —que formaban una línea de 180 metros sobre la superficie arenosa—, lastradas por una pesada cuerda blanca, que se dispuso junto a unas rocas cavernosas habitadas por familias de cefalópodos. El plan era filmar a los animales habitando la «escultura para pulpos» de Shima y continuar así la serie de obras espontáneas y azarosas que a lo largo de décadas ha documentado el profundo compromiso del artista con la existencia de los pulpos. Cuando Shima regresó a la superficie, una gran sonrisa iluminaba su cara. «¿Pulpos? No, no he visto ninguno. Chote sí encontró uno. Pero estoy contento».

Podemos argumentar que el fracaso no es simplemente lo opuesto al éxito, o la incapacidad de completar un trabajo. También puede ser productivo, hacer que nos detengamos, miremos a nuestro alrededor y reflexionemos antes de continuar nuestro camino. Puede ser una estrategia para resistir a la lógica de las economías culturales impulsadas por el progreso que se centran en el crecimiento exponencial y en la consecución de ambiciosas aspiraciones. Puede hacer posibles nuevos mundos. En la práctica artística y los discursos que la rodean, la especulación, el cuestionamiento y los finales abiertos son intrínsecos al proceso. Tomemos como ejemplo la influyente obra de Bruce Nauman *Failing to Levitate in the Studio* (Fracasar en el intento de levitar en el estudio, 1966) o la serie sobre pelotas de John Baldessari (*Lanzar tres pelotas al aire para lograr una línea recta* o *Lanzar cuatro pelotas al aire para lograr un cuadrado*, 1973), en que ambas documentan momentos lúdicos de la no consecución de un objetivo autoimpuesto, o la obra *Amantes perfectos* (1991), de Félix González-Torres, en la que un par de relojes baratos a pilas fracasan inevitablemente en el intento de mantener la misma hora. Apartarse de las leyes que dominan el mundo está profundamente arraigado en la creación artística.

El último episodio de la saga de Shimabuku en torno a los pulpos se titula *Ir a conocer a los pulpos de Santander* (2024) y forma parte de un conjunto de obras de vídeo e instalación que incluyen, entre otras, *Encuentro entre un pulpo y una paloma: si desapareciera la gravedad de la Tierra, un pulpo y una paloma podrían encontrarse en igualdad de condiciones. Luchar contra la gravedad* (1993) o *Entonces, decidí llevar al pulpo de Akashi a dar una vuelta por Tokio* (2000). Con estos trabajos, el artista refuerza su postura, eligiendo repetidamente los objetivos improbables y las acciones con final abierto como método preferido de trabajo, incluso si apelan a lo irracional. Las obras de Shima surgen bellamente de la propia curiosidad del artista, manifestándose en variaciones a través de múltiples experimentos, adaptándose a nuevos contextos y ecologías. Este enfoque de prueba-error guiado por la curiosidad nos devuelve a la infancia, cuando nos limitábamos a *atrevernos*, cuando no lograr algo era vital para nuestro desarrollo y aprendizaje.

En la práctica de Shimabuku, ceder el control a los elementos naturales se convierte en una forma empática de estar en el mundo que acepta las contingencias, las vulnerabilidades y las colaboraciones entre especies que sustentan la vida. El artista genera encuentros entre diversas entidades mientras deambula y explora Japón y otros lugares. Provoca experimentos sociales y espaciales en la naturaleza y en espacios públicos sin refinamientos ni restricciones, que permiten a los seres

For Centro Botín, Shima envisioned three participatory works involving local communities—both human and non-human—to be displayed alongside works from the 1990s to the present day. The title of the show *Octopus, Citrus, Human* reflects on each newly commissioned work*:* an offering for octopuses, water tanks for floating and sinking citruses, and many kites for many humans. This publication is an integral part of documenting these processes, exposing the continuities and gaps between intention and concretisation. The book starts with the finished works laid across our expansive galleries. It ends with the documentation of their creation alongside a conversation that dwells on the anecdotes and, yes, the failures while making these three works. In the middle sections, researcher Filipa Ramos' radiant response to Shima's long-time engagement with animals takes us from octopus pets to Tamagotchis to highlight the human-animal reciprocity that emerges in the relations set up by the artist. Philippe Parreno, a long-time friend of Shima, focuses on the idea of the 'prompt' to generously thread various art and literary references across history to finally land at Shima's work, which he envisions as 'a suspended world oscillating between what it is and what it could be'.

As I type this text over the last week of August, the glass vases have long been removed from the seabed and we are preparing for Shimabuku´s third trip to Santander with his assistant Masayo Matsuda to run, alongside a group of local artists, a kite-making workshop for locals. We aim to make 100 human-shaped kites, beautifully crafted with Tyvek paper and held together by bamboo sticks, which will travel in his hand luggage from Naha. We have scheduled a precise day to fly them together by the bay—an astral projection of us all—to make a new film before the kites are polished and prepped for installation in the exhibition in early October. We hope the wind—which can be fierce in this terrain—will blow them gently and that they arrive undamaged to the exhibition space. But I know we should treat it all as a rehearsal: something will fail, something will remain unresolved, something will be reconfigured, as we embrace the extraordinary.

We are deeply grateful to all the lenders for this exhibition with whom the exhibition would not be possible, as well as the artist's galleries Air de Paris, Prats Nogueras Blanchard, Amanda Wilkinson, Barbara Wien and Galleria Zero... for their invaluable help in securing loans. Heartfelt thanks for the publication authors, Philippe Parreno and Filipa Ramos for their enlightening texts. We would also like to extend our gratitude to La Fábrica for their commitment and flexibility as we developed the book in close collaboration with the artist. Special thanks to Shima's assistant, Masayo Matsuda, who alongside a team of local artists—Mina K., Asier Puntiverio, Juan Carlos Rodríguez and Marta Valledor—have handcrafted the kites, as well as Javier Palazuelos (Chote) for all his work to make the octopus project possible. Finally, our deepest gratitude is due to Shimabuku for his commitment and generosity during our lively collaborative process, as well as for the insatiable curiosity and wonder that characterises his practice.

Bárbara Rodríguez Muñoz
Director of Exhibitions and the Collection, Centro Botín

implicados —un pulpo, un cítrico, una persona— participar en ellos a su propio ritmo y con sus propias capacidades. A menudo me pregunto cuál es su público objetivo, si los participantes del experimento o los visitantes de la exposición, pues el primer grupo se convierte en el público principal de sus intervenciones: una exposición para monos, una escultura para un pulpo o un encuentro entre un pez y una patata. Estos encuentros improbables se documentan a través de fotografías, vídeos, esculturas y textos, que posteriormente se muestran al público en exposiciones en las que se derriban las convenciones entre naturaleza / cultura, proceso / obra de arte y público / colaboradores.

Para el Centro Botín, Shima ha concebido tres obras participativas en las que intervienen las comunidades locales, humanas y no humanas, que se exponen junto a obras creadas desde los noventa hasta la actualidad. El título de la muestra, *Pulpo, cítrico, humano*, reflexiona sobre cada nuevo encargo: una ofrenda para pulpos, depósitos de agua para cítricos que flotan y se hunden, y muchas cometas para muchos seres humanos. Esta publicación, como parte integrante de la documentación de estos procesos, expone las continuidades y las lagunas entre la intención y la concreción. El libro empieza con las obras acabadas dispuestas en nuestras amplias galerías y termina con la documentación en torno a su creación, junto con una conversación que se detiene en las anécdotas y, sí, también en los fallos de realización de estas tres obras. En la parte central, la brillante respuesta que ofrece la investigadora Filipa Ramos al largo compromiso de Shima con los animales nos lleva desde los pulpos como mascotas hasta los Tamagotchis, para subrayar la reciprocidad humano-animal que surge en las relaciones entabladas por el artista. Por su parte, Philippe Parreno, viejo amigo de Shima, se centra en la idea del «estímulo» para hilar espléndidamente varias referencias artísticas y literarias a lo largo de la historia hasta desembocar en la obra de Shima, que concibe como «un mundo suspendido que oscila entre lo que es y lo que podría ser».

Mientras escribo este texto durante la última semana de agosto, las vasijas de cristal hace tiempo que se retiraron del fondo del mar, y nos estamos preparando para el tercer viaje de Shimabuku a Santander con Masayo Matsuda, su ayudante, para organizar, junto a un grupo de artistas locales, un taller de creación de cometas para la población local. Nuestro objetivo es hacer cien cometas con forma humana, bellamente elaboradas con papel Tyvek y armadas con palos de bambú, que viajarán en su equipaje de mano desde Naha. Hemos programado un día concreto para volarlas todas juntas en la bahía —será una proyección astral de todos nosotros— y haremos una nueva película antes de limpiar las cometas y prepararlas para instalarlas en la exposición a principios de octubre. Esperamos que el viento sople suave (en esta zona puede ser muy intenso) y las cometas lleguen intactas al espacio expositivo. Pero sé que deberíamos considerarlo como un ensayo: algo fallará, algo quedará sin resolver, algo se tendrá que recomponer, mientras abrazamos lo extraordinario.

Queremos manifestar nuestro profundo agradecimiento a todos los prestadores que han contribuido a la exposición, sin los cuales esta muestra no hubiera sido posible, así como a las galerías de arte Air de Paris, Prats Nogueras Blanchard, Amanda Wilkinson, Barbara Wien y Galleria Zero... por su inestimable ayuda para obtener los préstamos. Gracias de corazón a los autores que han participado en el libro, Philippe Parreno y Filipa Ramos, por sus textos tan reveladores. Asimismo, queremos extender nuestro agradecimiento a La Fábrica, por su compromiso y flexibilidad en el proceso de elaboración del libro, en colaboración estrecha con el artista. Reservamos un agradecimiento especial a Masayo Matsuda, ayudante de Shima, quien, junto a un equipo de artistas locales (Mina K., Asier Puntiverio, Juan Carlos Rodríguez y Marta Valledor), ha realizado a mano las cometas. Y también a Javier Palazuelos (Chote), por todo su esfuerzo para que el proyecto del pulpo fuera una realidad. Finalmente, nuestro más profundo agradecimiento es para Shimabuku, por su compromiso y su generosidad a lo largo de nuestro animado proceso de colaboración, así como por la curiosidad y la capacidad de asombro insaciables que caracterizan su práctica artística.

Bárbara Rodríguez Muñoz
Directora de exposiciones y de la colección del Centro Botín

Dibujo de Shimabuku para la obra *Ir a conocer a los pulpos de Santander.*

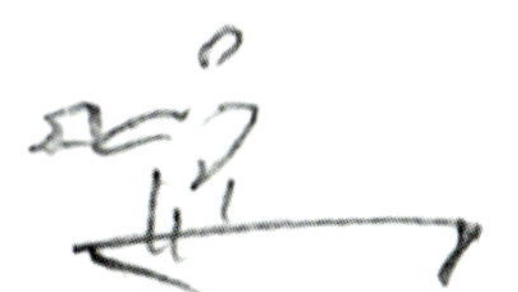
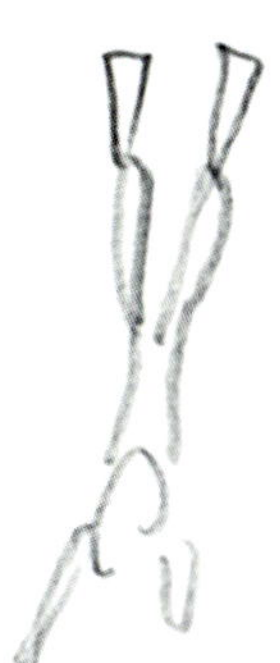
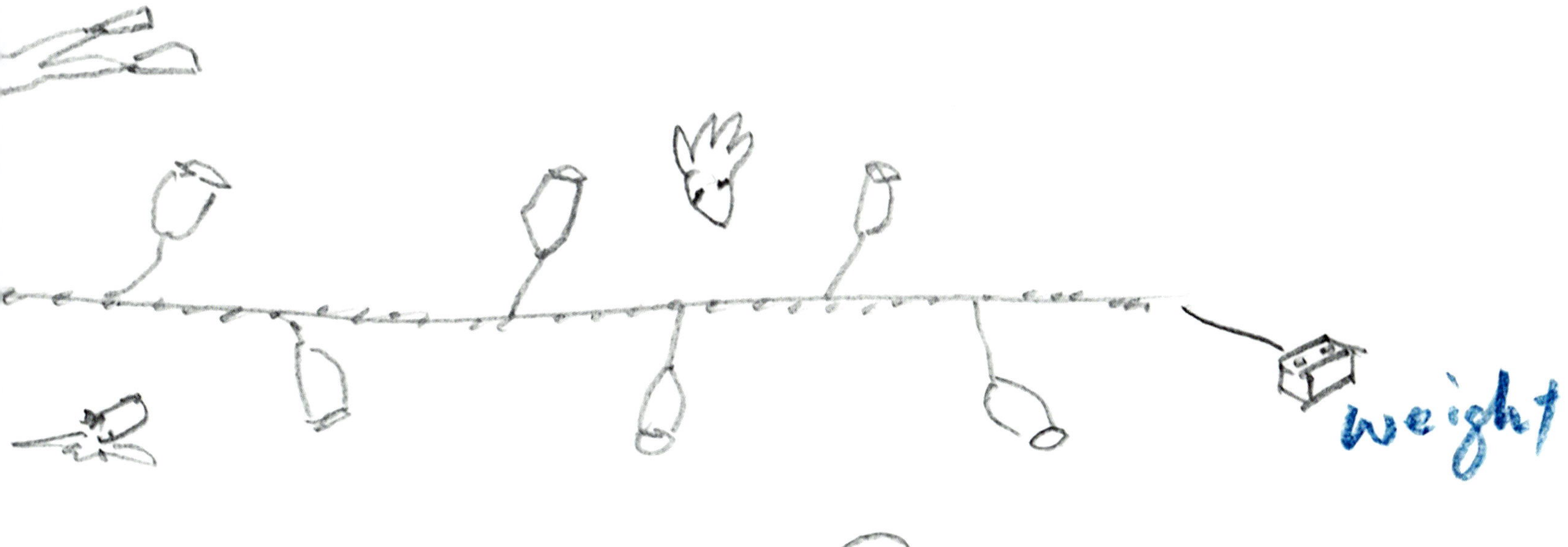
weight

Philippe Parreno

In The Moontime, The Riverrun

In 1999, a few years after publishing *Snow Crash* and *The Diamond Age*, Neal Stephenson released an essay titled *In the Beginning… Was the Command Line*, which explores the concept of the command line, harkening back to the early days of computing when interaction with computers was primarily text-based. Users would input specific commands into a command-line interface (CLI) to instruct the computer on what actions to perform.

This was before the widespread adoption of graphical user interfaces (GUIs), which are now more familiar to most users. Stephenson reflects on the history of operating systems and how the evolution from command-line interfaces to GUIs (like those in modern operating systems) has affected our relationship with technology. He argues that while GUIs have made computers more accessible, they also obscure the underlying complexity and power of computing, which the command line made more apparent. Stephenson likens using the command line to wielding a powerful tool, as it offers direct control over the machine.

The shift to GUIs, in contrast, represents a layer of abstraction, where users interact with a simplified, visual representation of what's happening beneath the surface. This shift reflects broader cultural changes in how we engage with technology and the world—moving from deep, hands-on interaction (like writing code or commands) to a more passive, user-friendly experience. We must remember, in the beginning… was the command line—or was it a prompt, a script, or a spell?

It seems that we have prepared ourselves for an encounter, a manifestation, or an upcoming event. Art has always been a way to prepare for transformation, a practice that parallels the occult. Art, like magic, possesses the power to transform consciousness through the manipulation of forms. In this sense, some kind of truth is at stake here—truth understood as 'The conquest of universality by a singular subject,' in Stephenson's words.

Art's precariousness, like magic, lies in its ability to define a form using language and to transform reality through that process. This isn't the creation of a new future, but perhaps a proposition to await the future. We stand before what fascinates us in artistic contemplation. But when we gaze at a magnificent painting or listen to a sublime piece of music, what exactly happens? First, it's an entirely localised situation in time and space—a moment of grace given to the world itself and to this specific place. And this grace makes us wish to dwell in that space, to await the appropriate future for that place.

This prophetic function of art is always localised. Art embodies the anticipation of a future displaced from the dominant laws of the world. Art, therefore, has a prophetic role.

Prompts and spells both aim to inspire creative thought and direct attention toward a specific topic or form. In the case of spells, the intention is often to bring about change or manifest a desired outcome in the world. Both prompts and spells serve as guides for action. Prompts guide the creative process, providing a framework or starting point for artistic expression. Spells, on the other hand, guide ritual actions or words intended to achieve a particular effect. At their core, both seek transformation: prompts seek to transform a blank page into a piece of writing or an idea into an artwork, while spells aim to transform reality itself, shaping it according to the caster's wishes.

Just as spells often invoke certain energies, deities, or natural forces, prompts invoke thoughts, ideas, or emotions within the mind. This invocation is crucial to the effectiveness of both spells and prompts. Both also carry elements of mystery and discovery. When responding to a prompt, the writer or artist begins with an idea but often uncovers new thoughts and pathways during the creative process. Similarly, spells involve the unknown and the magical, with outcomes that can be unpredictable and often reliant on mysterious forces.

Philippe Parreno

In The Moontime, The Riverrun

En 1999, unos años después de la publicación de *Snow Crash* y *La era del diamante*, Neal Stephenson publicó un ensayo titulado *En el principio... fue la línea de comandos* (*In the Beginning... Was the Command Line*), que explora el concepto de línea de comandos. En él se remonta a los inicios de la informática, cuando la interacción con los ordenadores se basaba principalmente en el texto. Los usuarios introducían comandos específicos en una interfaz de línea de comandos (CLI) para indicar al ordenador qué acciones debía llevar a cabo.

Esto fue antes de la adopción generalizada de las interfaces gráficas de usuario (GUI), con las que ahora la mayoría de los usuarios ya están más familiarizados. Stephenson reflexiona sobre la historia de los sistemas operativos y cómo la transición de las interfaces de línea de comandos CLI hacia las GUI (como las que se utilizan en los sistemas operativos modernos) ha afectado a nuestra relación con la tecnología. Argumenta que, aunque las GUI han hecho más accesibles los ordenadores, también ocultan la complejidad y la potencia subyacentes de la informática, que la línea de comandos hacía más evidentes. Stephenson compara el uso de la línea de comandos con el manejo de una potente herramienta, ya que ofrece un control directo sobre la máquina.

El cambio a las GUI, por el contrario, representa una capa de abstracción en la que los usuarios interactúan con una representación visual simplificada de lo que ocurre bajo la superficie. Esta transformación refleja cambios culturales más amplios en la forma de relacionarnos con la tecnología y con el mundo, al pasar de una interacción profunda y activa (como escribir códigos o comandos) a una experiencia más pasiva y fácil de usar. Recordemos que en el principio... ¿fue la línea de comandos, o fue un estímulo, un guion o un conjuro?

Parece que nos hemos estado preparando para un encuentro, una manifestación o un evento próximo. El arte ha sido siempre una forma de prepararse para una transformación, una práctica paralela a lo misterioso. El arte, como la magia, posee el poder de transformar la consciencia a través de la manipulación de las formas. En este sentido, aquí está en juego una cierta forma de verdad, entendida como «la conquista de la universalidad por un sujeto singular», en palabras de Stephenson.

La precariedad del arte, como la de la magia, reside en su capacidad para definir una forma utilizando el lenguaje y transformar la realidad a través de ese proceso. No se trata de crear un nuevo futuro, sino tal vez de una propuesta para esperar el futuro. Eso es lo que nos fascina de la contemplación artística. Pero cuando contemplamos un cuadro magnífico o escuchamos una pieza musical sublime, ¿qué sucede exactamente? En primer lugar, es una situación totalmente localizada en el tiempo y el espacio, un momento de gracia que se concede al mundo y a ese lugar concreto. Y esa gracia hace que deseemos habitar en ese espacio, esperar el futuro adecuado para ese lugar.

Esta función profética del arte siempre está localizada. El arte encarna la anticipación de un futuro que está desligado de las leyes dominantes del mundo. Por lo tanto, el arte tiene una función profética.

Tanto los estímulos como los conjuros pretenden inspirar el pensamiento creativo o dirigir la atención hacia un tema o una forma determinados. En el caso de los conjuros, la intención suele ser provocar un cambio o manifestar un resultado deseado en el mundo. Ambos sirven como guías para la acción. Los estímulos guían el proceso creativo, proporcionando un marco o un punto de partida a la expresión artística. Por otra parte, los conjuros se sirven de actos o palabras rituales para lograr un efecto concreto. En esencia, ambos buscan la transformación: los estímulos pretenden transformar una página en blanco en un escrito o una idea en una obra de arte, mientras que los conjuros aspiran a transformar la propia realidad, moldeándola según los deseos del hechicero.

Igual que los conjuros suelen invocar ciertas energías, deidades o fuerzas de la naturaleza, los estímulos desencadenan en la mente pensamientos, ideas o emociones. Esta invocación es clave

Writing or creating in response to a prompt can become a ritualistic activity, especially when done regularly. This mirrors the ritualistic nature of casting spells, which typically involves specific steps, components and conditions. While prompts are tools for creativity and spells are considered metaphysical tools for effecting change, both can be seen as methods for harnessing and directing energy—whether it's creative energy in the arts or spiritual energy in the practice of magic.

Structured forms like prompts can indeed be powerful and transformative, much like spells. Alejandro Jodorowsky, for example, a multifaceted artist known for his work as a filmmaker, playwright, author and tarot reader, has utilised a form of prompts in his artistic and therapeutic practices, most notably through his concept of 'psychomagic' or 'psychoshamanism'. These practices blend psychotherapy, art and traditional shamanistic healing, often involving assignments or actions that resemble highly personalised prompts. Jodorowsky's psychomagic acts are symbolic performances meant to operate on the unconscious mind of the performer. Tailored to individuals based on their personal histories and subconscious needs, these acts are designed to help overcome psychological and emotional obstacles. Often bizarre and emotionally charged, these prompts provoke a deep psychological release or realisation. Jodorowsky's approach highlights the profound impact that directed, intentional acts can have on the psyche, emphasising the intersection of art, healing and personal transformation.

Stéphane Mallarmé's concept of *Le Livre* ('The Book') represents one of the most ambitious and enigmatic projects in literary history. Although it was never completed, Mallarmé devoted the last several decades of his life to this idea, envisioning it as a total work that would encompass and transcend all books. *Le Livre* was not merely a book as we commonly understand it, but a universal artwork—a metaphysical object that would provide a total experience for the reader. Mallarmé imagined it as a grand, cosmic script that would reveal the fundamental principles of existence and the universe. The form and content were deeply interconnected, with the layout of the text, the use of space and even the act of turning pages all becoming part of the poetic and philosophical meaning. He envisioned *Le Livre* as an open work, free from conventional structure, where the sequence of reading could vary, allowing for multiple interpretations and experiences. This radical approach sought to break away from linear narratives and traditional book formats, reflecting Mallarmé's broader vision of poetry and art as catalysts for activating the mind and imagination in profound, almost mystical ways.

Although *Le Livre* was never realised during Mallarmé's lifetime, its conceptual framework had a significant impact on modernist and postmodernist literature and art. The idea of a work that integrates text, space, reader interaction and interpretive freedom prefigured movements such as Dadaism, Surrealism and conceptual art, which similarly sought to redefine the boundaries of artistic creation and the role of the audience. Mallarmé's extensive notes and reflections on *Le Livre* suggest that he viewed it as not just a literary project but as the philosophical and spiritual summit of his artistic journey. His vision resonates with the challenge of creating art that seeks not just to represent reality but to transform it, echoing the aspirations of many avant-garde movements that followed.

Le Livre was more than a traditional book; it was envisioned as a total work that transcended literature and art. Mallarmé saw it as a universal artwork, a metaphysical object that could encompass the entirety of human knowledge and experience. His radical rejection of conventional narrative and structure led him to imagine a book in which the layout of text, the use of space and the physical act of reading were all integral to its meaning. This nonlinear, open form prefigured later developments in modernist and postmodernist literature and art. Mallarmé's vision of language was not merely as a tool for communication but as a living force capable of evoking profound philosophical and spiritual experiences. In this sense, *Le Livre* can be seen as an early exploration of language's potential to shape reality—a theme that would become central in 20th-century philosophy and art. *The Book* remains a symbol of the ultimate artistic ambition, embodying the quest for an artwork that could encapsulate and express the complexities of human thought and the universe itself—a prompt as the code of a virtual world.

Moving forward to the mid-20th century, the rise of post-structuralist philosophy further explored the relationship between language, meaning and reality. Thinkers such as Jacques Derrida and

para la eficacia tanto de los conjuros como de los estímulos. Ambos poseen, además, elementos de misterio y de descubrimiento. Al responder a un estímulo, el escritor o el artista parte de una idea que suele destapar nuevos pensamientos y nuevas vías durante el proceso creativo. De modo similar, los conjuros involucran a lo desconocido y lo mágico, con resultados que pueden ser imprevisibles y que a menudo están sometidos a poderes misteriosos.

Escribir o crear en respuesta a un estímulo puede convertirse en una actividad ritual, especialmente si se hace con regularidad, del mismo modo que lanzar hechizos tiene a su vez una naturaleza ritual, que suele comportar unos pasos, unos elementos y unas condiciones concretos. Si bien los estímulos son herramientas para la creatividad y los conjuros se consideran herramientas metafísicas para producir un cambio, ambos pueden verse como métodos para aprovechar y dirigir la energía, tanto si se trata de energía creativa en el ámbito del arte como de energía espiritual en la práctica de la magia.

Las formas estructuradas, como los estímulos, pueden ser realmente poderosas y transformadoras, como los conjuros. Alejandro Jodorowsky, por ejemplo, artista polifacético conocido por su trabajo como realizador cinematográfico, dramaturgo, escritor y tarotista, ha utilizado un tipo de estímulos en sus prácticas artísticas y terapéuticas, sobre todo a través de su concepto de «psicomagia» o «psicochamanismo». Estas prácticas mezclan psicoterapia, arte y curación chamánica tradicional, y suelen incluir tareas o acciones que parecen estímulos altamente personalizados. Los actos psicomágicos de Jodorowsky son *performances* simbólicas destinadas a operar en el inconsciente del *perfomer*. Estos actos, adaptados a cada persona basándose en su historia personal y necesidades subconscientes, están diseñados para ayudar a superar obstáculos psicológicos y emocionales. Estos estímulos, a menudo extraños y cargados de emoción, provocan una profunda liberación o realización psicológica. El planteamiento de Jodorowsky destaca el profundo impacto que pueden tener en la psique los actos dirigidos e intencionados, subrayando la intersección entre arte, curación y transformación personal.

La concepción de *Le Livre*, de Stéphane Mallarmé, representa uno de los proyectos más ambiciosos y enigmáticos de la historia de la literatura. Aunque nunca lo completó, Mallarmé dedicó las últimas décadas de su vida a esa idea, que imaginó como una obra total que abarcara y trascendiera todos los libros. *Le Livre* no debía ser un simple libro tal y como solemos entenderlo, sino una obra de arte universal, un objeto metafísico que proporcionaría una experiencia total al lector. Mallarmé lo concibió como un guion grandioso y cósmico que revelara los principios fundamentales de la existencia y del universo. Su forma y su contenido estaban profundamente interconectados, y la distribución del texto, el uso del espacio e incluso el acto de pasar páginas formaban parte de su significado poético y filosófico. Imaginó *Le Livre* como una obra abierta, libre de la estructura convencional, en que la secuencia de la lectura podía variar, permitiendo así múltiples interpretaciones y experiencias. Este planteamiento radical pretendía alejarse de las narrativas lineales y los formatos de libro tradicionales, y reflejaba su visión más amplia de la poesía y el arte como catalizadores para activar la mente y la imaginación de una manera profunda, casi mística.

Aunque *Le Livre* nunca se materializó en vida de Mallarmé, su marco conceptual tuvo un impacto significativo en la literatura y el arte modernistas y posmodernistas. La idea de una obra que integrara texto, espacio, interacción del lector y libertad interpretativa prefiguró movimientos como el dadaísmo, el surrealismo y el arte conceptual, que de manera similar intentaron redefinir los límites de la creación artística y el papel del público. Las extensas notas y reflexiones de Mallarmé sobre *Le Livre* sugerían que para él no se trataba solo de un proyecto literario, sino de la cumbre filosófica y espiritual de su trayectoria artística. Su visión se alinea con el reto de crear arte que pretenda no solo representar la realidad, sino transformarla, haciéndose eco de las aspiraciones de muchos movimientos vanguardistas posteriores.

Le Livre era más que un libro tradicional; fue concebido como una obra total que trascendiera la literatura y el arte. Para Mallarmé era una obra de arte universal, un objeto metafísico que pudiera abarcar todo el conocimiento y la experiencia humanos. Su rechazo radical de la narrativa y la estructura convencionales lo llevó a imaginar un libro en el que la distribución del texto, el uso del espacio y el acto físico de leer fueran parte integrante de su significado. Su forma abierta y no lineal prefiguró la

Michel Foucault were pivotal in this movement, challenging traditional ideas about language as a stable, transparent medium for conveying meaning. Instead, they argued that language is inherently unstable and fluid, constantly shifting in meaning depending on its context and use. Derrida introduced the concept of 'deconstruction', emphasising that language cannot fully capture or represent reality. Instead, meaning is always deferred, always subject to reinterpretation. Foucault's work, meanwhile, focused on how language and discourse shape power relations in society. These post-structuralist ideas profoundly impacted how artists and writers approached their work, leading them to question the role of language in shaping not just art, but the world itself.

Many avant-garde artists, writers and movements used prompts, instructions and similar methods to spark creativity and challenge traditional artistic boundaries. These approaches were often integral to their practice, aiming to redefine the role of the artist and the audience. Marcel Duchamp's readymades, particularly *Fountain* (1917), are early examples of concept-driven art. The Concrete Poetry movement of the 1950s emphasised the typographical arrangement of words as being as important as their content. The Dada movement, emerging during World War I as a reaction against traditional values and aesthetics, often employed absurdity and randomness as prompts in their creative processes. Tristan Tzara, for example, famously wrote instructions for creating a Dadaist poem by cutting up words from a newspaper and arranging them randomly, an early instance of a creative prompt.

Surrealists, led by André Breton, developed techniques that functioned as prompts to unlock the subconscious mind. Their 'exquisite corpse' game, where multiple artists collaboratively create a composition in sequence without seeing the previous contributions, is one such example. Another technique, 'automatic writing', encouraged writers to write without conscious thought or control to express the workings of the subconscious.

Concept art, a term first used by Henry Flynt of the Fluxus group in 1961, emerged as a movement in the 1960s and 1970s that embraced an anything-goes approach to art, blending different media and disciplines in performances often guided by prompts and instructions. Fluxus artists like George Brecht created 'event scores', simple prompts that anyone could perform, blurring the lines between life and art. Conceptual artists often used written instructions as an essential part of their work. Sol LeWitt, for instance, created wall drawings that were executed by others based on his written instructions, with the prompts themselves serving as the artwork rather than the physical drawing.

Oulipo, short for *Ouvroir de littérature potentielle* ('Workshop of Potential Literature'), was a group of mainly French-speaking writers and mathematicians who created works using constrained writing techniques. These constraints, which included rules like the 'N+7' method (replacing every noun in a text with the seventh noun following it in a dictionary), served as prompts to generate literary texts. These approaches explored randomness, subconscious processes and collaborative creation, fundamentally changing our understanding of the artist's role and the nature of artistic creation.

While concept-driven art existed earlier, the conceptual art movement truly emerged in the late 1960s, marking a significant shift in art practice. Sol LeWitt's *Paragraphs on Conceptual Art* (1967) defined conceptual art as prioritising the idea over physical execution. Lawrence Weiner's *Statements* (1968), consisting only of written descriptions of sculptures, marked a significant shift toward text as art. John Baldessari's word paintings, exhibited in Los Angeles in 1968, further exemplified this trend. The movement gained traction throughout the late 1960s and 1970s, with Lucy Lippard's book *Six Years* (1973) documenting the early years of conceptual art from 1966 to 1972.

The idea of a poetic line or concept guiding art production has roots in various earlier movements and cultural traditions. What Fluxus and conceptual art did was elevate this approach to a central artistic strategy, often making the text itself the primary or sole component of the artwork. This conceptual shift, rooted in a long tradition of integrating text, constraints and prompts into art, has opened up new possibilities for artistic creation. Conceptual artists prioritised ideas over objects, challenging the structures and assumptions of the art world itself. Their focus on language and conceptual frameworks created a major paradigm shift, influencing contemporary

evolución posterior de la literatura y el arte modernistas y posmodernistas. Mallarmé veía el lenguaje no solo como una herramienta de comunicación, sino como una fuerza viva capaz de evocar experiencias filosóficas y espirituales profundas. En este sentido, *Le Livre* puede considerarse una primera exploración del potencial del lenguaje para moldear la realidad, un tema que sería central en la filosofía y el arte del siglo XX. *Le Livre* sigue siendo un símbolo de la máxima ambición artística, que encarna la búsqueda de una obra de arte que pudiera condensar y expresar las complejidades del pensamiento humano y del propio universo, un estímulo que funciona como código de un mundo virtual.

A mediados del siglo XX, el auge de la filosofía posestructuralista exploró la relación entre lenguaje, significado y realidad. Pensadores como Jacques Derrida y Michel Foucault fueron figuras centrales del movimiento, al cuestionar las ideas tradicionales sobre el lenguaje como un medio estable y transparente para transmitir un significado. Sostenían, por el contrario, que el lenguaje es en esencia inestable y fluido, y que cambia constantemente de significado según su contexto y uso. Derrida introdujo el concepto de *deconstrucción*, subrayando que el lenguaje no puede captar o representar completamente la realidad, sino que el significado siempre queda relegado, siempre está sujeto a reinterpretación. Por su parte, la obra de Foucault se centraba en cómo el lenguaje y el discurso moldean las relaciones sociales. Estas ideas posestructuralistas influyeron profundamente en la forma en que artistas y escritores planteaban su obra, llevándolos a cuestionarse el papel del lenguaje en la configuración no solo del arte, sino del mundo.

Muchos artistas, escritores y movimientos vanguardistas se servían de estímulos, instrucciones y métodos similares para despertar su creatividad y desafiar los límites artísticos tradicionales. A menudo, estos métodos formaban parte de su práctica y buscaban redefinir el papel del artista y del público. Los *ready-made* de Marcel Duchamp, especialmente *La fuente* (1917), son los primeros ejemplos de arte basado en conceptos. El movimiento de la poesía concreta de la década de 1950 defendía que la distribución tipográfica de las palabras era tan importante como su contenido. El dadaísmo, que surgió durante la Primera Guerra Mundial como reacción contra los valores y la estética tradicionales, solía emplear lo absurdo y lo arbitrario como estímulos para el proceso creativo. Tristan Tzara, por ejemplo, escribió unas famosas instrucciones para crear un poema dadaísta recortando palabras de un periódico y distribuyéndolas aleatoriamente, en lo que fue un primer ejemplo de impulso creativo.

Los surrealistas, con André Breton al frente, desarrollaron unas técnicas que funcionaban como estímulos para desbloquear la mente subconsciente. Un ejemplo de ello es su juego del «cadáver exquisito», en el que varios artistas crean de manera colaborativa una composición en secuencia sin ver las aportaciones anteriores. Otra técnica, la «escritura automática», animaba a los escritores a escribir sin pensamiento ni control conscientes para plasmar cómo funcionaba el subconsciente.

El arte conceptual, término utilizado por primera vez por Henry Flynt, del grupo Fluxus, en 1961, surgió como un movimiento en los años sesenta y setenta que adoptaba un enfoque del arte basado en el «todo vale», mezclando distintos medios y disciplinas en *performances* a menudo guiadas por estímulos e instrucciones. Artistas de Fluxus como George Brecht crearon «partituras-eventos», instrucciones sencillas que cualquiera podía ejecutar, difuminando así la línea entre el arte y la vida. Los artistas conceptuales normalmente utilizaban instrucciones escritas como parte esencial de su obra. Sol LeWitt, por ejemplo, creó unos dibujos murales que otros ejecutaban siguiendo sus instrucciones escritas, siendo las propias instrucciones las que servían de obra de arte y no el dibujo en sí.

Oulipo, acrónimo de *Ouvroir de littérature potentielle* (taller de literatura potencial), fue un grupo formado principalmente por escritores y matemáticos francófonos que creaban palabras utilizando técnicas de escritura restringidas. Estas restricciones, que incluían normas como el método «N+7» (que consiste en sustituir cada sustantivo de un texto por el séptimo sustantivo que le sigue en el diccionario), servían como estímulos para generar textos literarios. Estos planteamientos exploraban la arbitrariedad, los procesos subconscientes y la creación colaborativa, modificando sustancialmente nuestra consideración del papel del artista y la naturaleza de la creación artística.

Si bien el arte basado en conceptos ya existía, el movimiento del arte conceptual despuntó realmente a finales de la década de 1960, y supuso un cambio importante en la práctica artística. Los *Párrafos sobre arte conceptual*, de Sol LeWitt, definieron el arte conceptual como la priorización de

art and philosophy. Alfred Korzybski contributed to our understanding of how language not only represents but also shapes reality. Korzybski's concept that 'the map is not the territory' emphasised that language is a virus, influencing writers like William S. Burroughs, who used experimental techniques precisely to break free from linguistic control.

Burroughs' 'cut-up' method, which rearranged text to create new meanings, reflects the same concern with how language shapes reality. Both Burroughs and Korzybski were preoccupied with revealing the distortions in our linguistic maps, illustrating the enduring relationship between language, art and the quest for understanding the world around us.

I believe Shimabuku's work is somewhere here along this history.

I look at his occult work as a string puppet animated by a series of prompts.

A suspended world oscillating between what it is and what it could be.

A simple hum makes the light bulb flicker, its glow matching the rhythm of a breath, rising and falling. Do you remember? Even light has a pulse. The boundary between the ordinary and the extraordinary is thin here, barely noticeable, and nothing needs explaining. You just accept it. The flicker isn't just electricity—it's life itself, hovering between moments, pulsing quietly like something you can't quite touch. It doesn't grow like trees do. It just lingers, waiting. The air is thick with the desire to lift off the ground, whispers of flight drifting through your thoughts. The longing never really goes away, does it? It hides in the corners of your mind, even as your feet stay firmly on the ground.

Somewhere, a hyacinth and a black goldfish form an unlikely partnership. They push against the limits of their existence, bound together in ways that don't make sense but feel right, like they're performing a quiet dance of survival. Symbiosis isn't something you look for, but it's always there—in the air we breathe, in the connections between us that we can't always see, as delicate as a spider's web catching the morning light.

Can you feel it? Someone taps you on the shoulder, whispers in your ear: 'Look closer'. Santa Claus drags himself through the Southern Hemisphere, his red suit out of place in the thick, humid air, far from the snow he knows. Christmas here feels wrong, a celebration misplaced and disjointed. It's hot. It's sticky. What is snow anyway? Somewhere else, snow monkeys from Yamanouchi find themselves in Texas. No snow, no familiar trees—just dry heat and foreign landscapes. They adapt, though. They reshape themselves, reprogram their biochemistry and learn to persist in a place that will never be home. Survival has its own logic, even if it doesn't make sense at first.

Rebellion isn't always loud. It's subtle, like shaving off one eyebrow and letting the world shift how it sees you. Just a small act, but it changes everything, rewrites the unspoken rules. Strangers look at you differently, not because of who you are, but because of what you've quietly changed. In a place like this, it doesn't take much for the world to tilt, for something ordinary to become something else entirely.

Journeys don't follow straight lines. You might find yourself leaving the Seto Inland Sea with a cephalopod as your only companion. Time changes out there. It slows down. You begin to notice the small movements, the deliberate pace of life that normally slips past you. Maybe you'll watch as the octopus dances with a pigeon in a gravity-free world—a strange ballet of tentacles and feathers floating in a place where the rules don't matter anymore. At night, you look up at the sky. Is that an octopus up there, drifting through the stars? Or is it a dying planet, its light flickering out, slowly swallowed by the vastness of space?

Cephalopods aren't just playing with colours and textures—they're asking questions. They move through the water with purpose, responding to the world with instincts we can't quite understand, but feel compelled to watch. Their preferences for certain shades and surfaces are like secret codes, leading us to deeper places, places where desire and beauty weave together, where the quiet answers we seek are found just by observing.

Tools aren't always what they seem. A MacBook Air can be sharpened into something new if needed, turned into a weapon or an instrument of creation. The world isn't static. Things can be redefined, reshaped, just like those snow monkeys finding their way in a land that wasn't made for them. They change because they have to. We all do, eventually.

   Philippe Parreno   In The Moontime. The Riverrun

la idea sobre la ejecución física. *Statements* (Declaraciones, 1968), de Lawrence Weiner, que constaba únicamente de descripciones escritas de esculturas, marcó un cambio significativo hacia el texto como arte. Las pinturas de palabras de John Baldessari, expuestas en Los Ángeles en 1968, ilustraron aún más esa tendencia. El movimiento cobró fuerza entre finales de la década de los sesenta y los setenta. El libro de Lucy Lippard *Seis años* (1973) documenta los primeros momentos del arte conceptual, entre 1966 y 1972.

La idea de una línea o un concepto poéticos que guíe la producción artística tiene su origen en varios movimientos y tradiciones culturales anteriores. Lo que hicieron Fluxus y el arte conceptual fue elevar ese planteamiento a una estrategia artística central, convirtiendo a menudo el texto en el componente principal o único de la obra de arte. Este cambio conceptual, arraigado en una larga tradición de integrar texto, restricciones y estímulos en el arte, ha abierto nuevas posibilidades de creación artística. Los artistas conceptuales priorizaron las ideas por encima de los objetos, al cuestionar las estructuras y las suposiciones del propio mundo del arte. Al poner el foco en el lenguaje y en los procedimientos conceptuales, crearon un gran cambio de paradigma, que influyó en el arte contemporáneo y la filosofía. Alfred Korzybski, por su parte, contribuyó a que entendiéramos que el lenguaje no solo representa sino que moldea la realidad. La idea de Korzybski de que «el mapa no es el territorio» subrayaba que el lenguaje es un virus, e influyó sobre escritores como William S. Burroughs, que utilizó técnicas experimentales precisamente para liberarse del control lingüístico.

La técnica de recortes de Burroughs, que consistía en reordenar un texto para crear nuevos significados, reflejaba la misma inquietud por cómo el lenguaje configura la realidad. Tanto a Burroughs como a Korzybski les preocupaba revelar las distorsiones de nuestros mapas lingüísticos, lo que da fe de la relación perdurable entre el lenguaje, el arte y la misión de entender el mundo que nos rodea.

Creo que la obra de Shimabuku se inserta en algún punto de esta historia.

Contemplo su obra misteriosa como si fuera una marioneta de hilos animada por una serie de estímulos.

Un mundo suspendido que oscila entre lo que es y lo que podría ser.

Un simple zumbido hace que la bombilla parpadee, su resplandor coincide con el ritmo de la respiración, sube y baja. ¿Recuerdas? Incluso la luz tiene pulso. Aquí la línea que separa lo ordinario de lo extraordinario es fina, apenas perceptible, y nada necesita explicación. Lo aceptas y ya está. El parpadeo no es solo electricidad; es la vida misma, flotando entre momentos, palpitando en silencio como algo que no puedes tocar. No crece como crecen los árboles. Se queda ahí, esperando. El aire está cargado del deseo de despegar del suelo, susurros de vuelo flotando a la deriva en tus pensamientos. El anhelo nunca desaparece, ¿verdad? Se esconde en los rincones de tu mente, aunque tus pies permanezcan firmes en el suelo.

En algún lugar, un jacinto y un pez telescopio negro forman una pareja inverosímil. Se enfrentan a los límites de su existencia, unidos de formas que no tienen sentido pero que están bien, como si estuvieran ejecutando una silenciosa danza de supervivencia. La simbiosis no es algo que se busque, pero siempre está ahí, en el aire que respiramos, en las conexiones entre nosotros y que no siempre logramos ver, tan delicadas como una tela de araña que atrapa la primera luz del día.

¿Lo notas? Alguien te toca el hombro y te susurra al oído: «Mira más de cerca». Santa Claus se arrastra por el hemisferio sur, con su traje rojo fuera de lugar en ese aire denso y húmedo, lejos de la nieve que se supone que conoce. Aquí la Navidad desentona, es una celebración desubicada y desencajada. Hace calor. El ambiente es pegajoso. Y además, ¿qué es la nieve? Vamos a otro sitio: los monos de las nieves de Yamanouchi se encuentran en Texas. No hay nieve ni árboles que les resulten familiares, solo calor seco y paisajes extraños. Pero se adaptan. Se reconfiguran, reprograman su sistema bioquímico y aprenden a subsistir en un lugar que nunca será su casa. La supervivencia tiene su propia lógica, aunque al principio no tenga sentido.

La rebelión no siempre es ruidosa. Es sutil, como afeitarse la ceja y dejar que el mundo cambie el modo en que te ve. Un pequeño acto que lo altera todo y reescribe las normas tácitas. Los desconocidos te miran de forma diferente, no por quien eres, sino por lo que has cambiado silenciosamente. En un lugar como este, no hace falta mucho para que el mundo se incline, para que algo ordinario se convierta en algo distinto por completo.

Fish scales shimmer in the light, carrying with them something more than just colour. They carry stories, histories, fragments of lives lived across the sea, bridging the gap between Japan and Korea. These scales aren't just reflections; they're the language of connection, of tenuous threads tying people and places together across time, space and memory. You just need to let the light hit them the right way, and you'll see it.

Possibility lingers in the air like something waiting to be discovered. Everything is alive with it—every object, every living thing a part of some larger, interconnected story that blurs the edges of reality.

The extraordinary is always near, just out of sight, waiting for you to notice. You only need to listen, to look a little closer, and suddenly, it's all there, breathing quietly, waiting for you to reach out and touch it.

In this exploration of prompts, art and the nature of transformation, I remember Roland Barthes' reflections on the haiku, which he saw as the ultimate embodiment of the fragment, the brief and solitary expression of the real. The haiku encapsulates for him two key questions: the nature of the fragment and the relationship between literary texts and reality. In its simplicity and brevity, it embodies a kind of 'neutrality', a resistance to the overarching narratives and paradigms that typically structure meaning.

The fragment, the real and the relationship between writing and the world are deeply intertwined, all touched by the concept of the 'neutral'. The haiku captures a moment that is consumed immediately, yet carries within it a potential for memory, a memory that remains on the surface, resisting the proliferation of meaning and avoiding absorption into the ambient discourses that surround it.

However, unlike the barometer, which serves to ground a realist narrative, the haiku is self-contained. It does not serve a larger discourse but is instead a solitary fragment that radiates with its own presence.

The effect of the real on the real.

The haiku represents a brilliant alignment between what is said and what is;

a momentary agreement between word and world.

Here was the short history of art operating the displacement of the border between the possible and the impossible in a localised way. A work of art, maybe, always consists in proposing a localised exception to the law of the world.

Prophecies and art have this in common. They can make new worlds possible, sometimes, somewhere.

Los viajes no siguen líneas rectas. Puedes encontrarte abandonando el mar Interior de Seto con un cefalópodo como única compañía. Afuera el tiempo cambia. Se ralentiza. Empiezas a notar los pequeños movimientos, el pausado ritmo de la vida que normalmente se te escapa. Tal vez veas bailar al pulpo con una paloma en un mundo sin gravedad, una extraña danza de tentáculos y plumas flotando en un espacio donde las reglas ya no importan. Por la noche, miras al cielo. ¿Hay un pulpo vagando entre las estrellas? ¿O se trata de un planeta moribundo, cuya luz se va apagando engullida por la inmensidad del espacio?

Los cefalópodos no solo juegan con colores y texturas; también plantean preguntas. Se desplazan por el agua con determinación, respondiendo al mundo con instintos que apenas comprendemos pero que nos sentimos impelidos a observar. Sus preferencias por determinados tonos y superficies son como códigos secretos que nos conducen a lugares más profundos, lugares donde el deseo y la belleza se entretejen, donde las respuestas silenciosas que buscamos aparecen con solo observar.

Las herramientas no son siempre lo que parecen. Un MacBook Air puede transformarse en algo nuevo si es necesario, en un arma o un instrumento de creación. El mundo no es estático. Las cosas pueden redefinirse, reconfigurarse, como aquellos monos de las nieves que consiguen adaptarse a una tierra que no está hecha para ellos. Cambian porque deben hacerlo. Al final, todos lo hacemos.

Las escamas de los peces brillan con la luz y lo que traen consigo es algo más que color. Traen relatos, historias, fragmentos de vidas vividas en el mar, salvando la distancia entre Japón y Corea. Estas escamas no son solo reflejos; son el lenguaje de la conexión, de tenues hilos que unen a personas y lugares a través del tiempo, el espacio y la memoria. Solo tienes que dejar que la luz incida correctamente en ellos y lo verás.

La posibilidad flota en el aire como algo que espera ser descubierto. Con ella todo está vivo, cada objeto, cada cosa viva que es parte de algo más grande, de una historia interconectada que desdibuja los límites de la realidad.

Lo extraordinario siempre está cerca, aunque oculto a la vista, esperando que lo percibas. Solo tienes que escuchar, mirar un poco más de cerca y, de repente, ahí está, respirando en silencio, esperando a que extiendas la mano y lo toques.

En esta indagación sobre los estímulos, el arte y la naturaleza de la transformación, me acuerdo de las reflexiones de Roland Barthes sobre el haiku, que él consideraba la máxima encarnación del fragmento, la expresión breve y solitaria de lo real. Para él, el haiku encierra dos cuestiones clave: la naturaleza del fragmento y la relación entre los textos literarios y la realidad. En su simplicidad y su brevedad, encarna una especie de «neutralidad», una resistencia a las narrativas y los paradigmas dominantes que suelen estructurar el significado.

El fragmento, lo real y la relación entre la escritura y el mundo están profundamente entrelazados, todos ellos tocados por el concepto de lo «neutro». El haiku captura un momento que se consume inmediatamente, aunque lleva consigo un potencial para el recuerdo, un recuerdo que permanece en la superficie, resistiendo a la proliferación de significados y evitando ser absorbido por los discursos ambientales que lo rodean.

Sin embargo, a diferencia del barómetro, que sirve para fundamentar una narrativa realista, el haiku es autosuficiente. No está al servicio de un discurso más amplio, sino que es un fragmento solitario que irradia con su sola presencia.

El efecto de lo real sobre lo real.

El haiku representa una brillante alineación entre lo que se dice y lo que es; un acuerdo momentáneo entre palabra y mundo.

Esta ha sido la breve historia del arte, que genera el desplazamiento del límite entre lo posible y lo imposible de una forma localizada. Una obra de arte, tal vez, siempre consiste en proponer una excepción localizada a las leyes del mundo.

Las profecías y el arte tienen esto en común. Pueden hacer posibles nuevos mundos, a veces, en algún lugar.

Dibujo de Shimabuku de 1992.
Un pulpo se encuentra con una paloma en un espacio de gravedad cero.
Mitad agua y mitad aire en una caja sin peso.*

*Traducción del texto en japonés que aparece en el dibujo
* Translation of the Japanese text appearing in the drawing

無重力
空間のたことハトの出会い

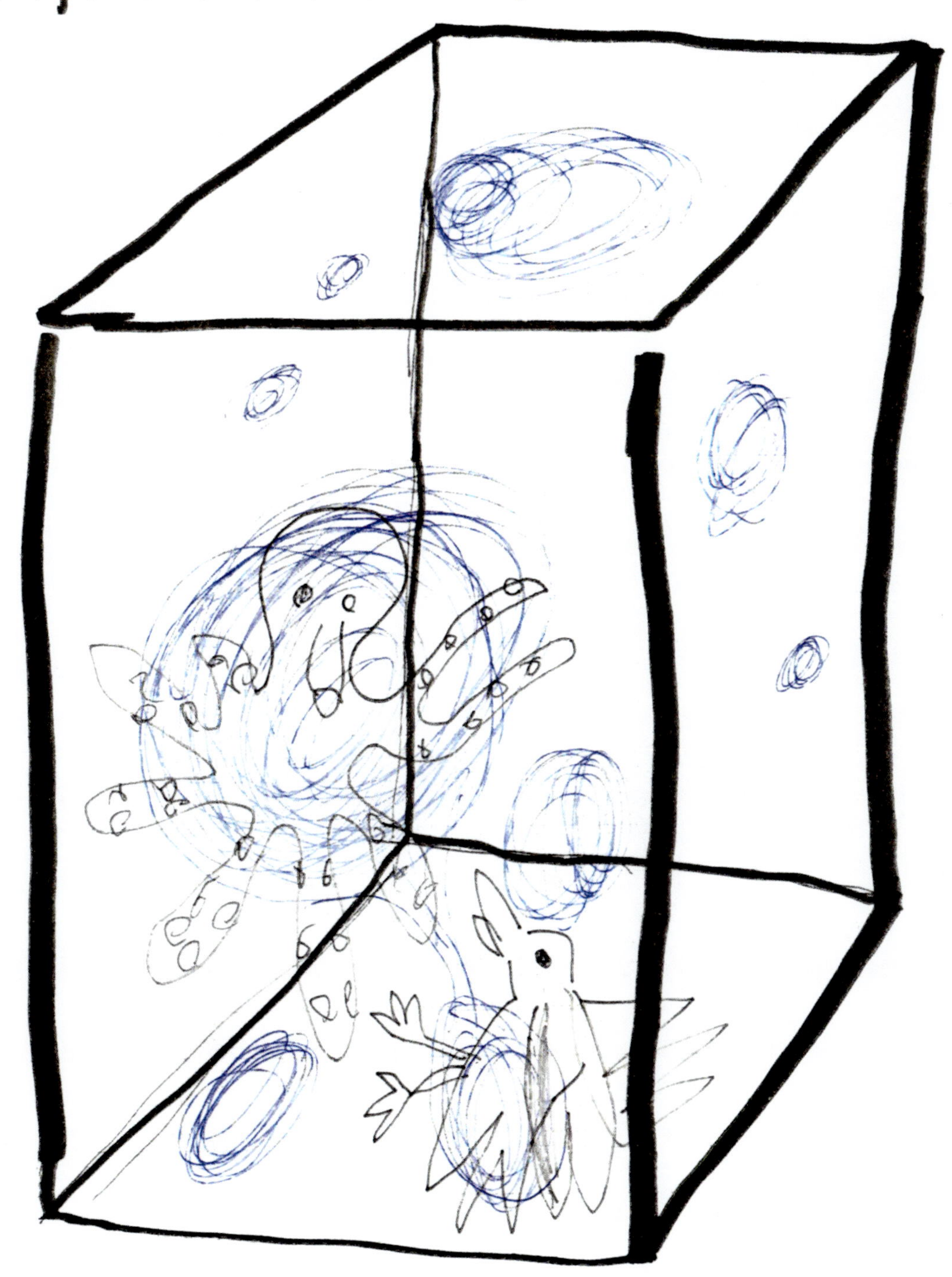

無重力の箱の中に半分水，
半分空気が入っている

Filipa Ramos

Octopus is My Neighbour.
On Shimabuku's Animal Companionship

> You throw something into the sea, and the sea (after an unspecific and indeterminable
> amount of time) hands it back to you carved, finished, smoothed, shiny or polished
> according to the material, and wet too because that way the colours are brighter.
> —Bruno Munari[1]

A few years ago, my friend Ingo Niermann told me that octopuses would be the pets of the future.[2] He is excellent at depicting future scenarios, and he has written some very good stories about love and others about animals. He is also much more affectionate with my dog Tao than with most people, and these are good enough reasons to trust him on predictions concerning animals. But I also suffer from practical imagination, in the sense that I need to understand how something happens, concretely, in order to be able to grasp its outcome. This often gets me stuck in detail, and I start considering the mosses and small plants, their communication channels, life cycles, co-dependencies and the little spiders they hold before I am able to see the whole forest.[3] So when Ingo said that octopuses were the future pets, I tried to visualise the logistics involved in domestic octopus rearing, and they seemed complicated, messy and time-consuming: large aquaria with special water that needed to be easily cleaned but that would prevent octopuses, who have Houdini-like escape skills, from sliding away; containers to store crabs and other living animals to feed the octopuses regularly; some form of entertainment to keep the octopuses stimulated; portable tanks to transport them to the vet; special vets to attend to their special health issues; and a strong human heart, because octopuses, despite being incredible, only live for about three years. Besides, cats and dogs can hardly be improved as pets: their fur is pleasant and their odour becomes addictive to human companions; they learn the name you give them, look at you with communicative eyes, and keep you warm at night; they can live fairly long lives; require less complex containing strategies; and have veterinarians with an ancient know-how to cater to their needs.

This dilemma—the trust I have in Ingo's vision and my incapacity to conceive domesticated octopuses—led me instead to imagine future forms of interspecies companionship, regardless of the species and kind of companion. The only time I had participated in such an exercise was, unconsciously, during my late teens, and I was not alone, as I joined what became a global effort to foster the pet of the future. I was 18 when Akihiro Yokoi and Aki Maita invented the Tamagotchi, a small, chick-like alien locked inside the pixelated screen of a plastic egg that I had to feed, entertain and train. There were no cell phones yet, and this was the first time I experienced digital addiction, as I checked on the creature day and night, continuously responding to the beeps of the hungry chick. Of course, after a while, the pain of the responsibility took over the excitement of the novelty, and when my Tamagochi finally died, I let the plastic egg run out of battery in a hidden corner of my memory. I don't see many Tamagotchis these days, so I guess many of the 91 million that were sold met a similar fate.[4] Despite their astronomical sales, Tamagotchis largely died in people's hearts and imaginaries because they failed to communicate, surprise and reciprocate. By giving nothing back, they made their purposelessness evident.

This time, though, it was different. First, a Tamagotchi is not an animal, not even a pet. It is a tiny device that belongs to a corporation that wants your time and attention and gives virtual poos in return. Like Instagram, but slower. But most importantly, the sense of living in a world that is being

1   Bruno Munari, *The Sea as a Craftsman* (Milan: Corraini, 1995), 2.

2   He wrote about it as well, cf. 'Sea Pets', in *Solution 295-304 Mare Amoris* (Berlin: Sternberg Press, 2020), 37-42.

3   *Not seeing the forest for the trees* is a common English expression used to describe someone who lacks a wide perspective: who is incapable of understanding or foreseeing a larger situation, problem, etc., because they only see the fragmented details.

4   Cf. Mark Faithfull, 'Retro-Game rides Nostalgia Wave as Tamagotchi goes Back to the Future', *Forbes* (Jun 12, 2023).

Filipa Ramos

El pulpo es mi vecino.
Sobre la compañía animal de Shimabuku

> Lanzas algo al mar, y el mar (tras un tiempo indeterminado e indeterminable) te lo
> devuelve esculpido, acabado, alisado, resplandeciente o pulido según el material,
> y también mojado, porque así los colores son más brillantes.
> —Bruno Munari[1]

Hace unos años, mi amigo Ingo Niermann me dijo que las pulpos[2] serían las mascotas del futuro.[3] Se le da muy bien dibujar escenarios futuros, y ha escrito muy buenas historias sobre el amor y sobre animales. Además, es mucho más cariñoso con mi perro Tao que la mayoría de la gente, y estas son razones suficientes para confiar en sus predicciones sobre animales. Pero yo también padezco de imaginación práctica, en el sentido de que necesito entender cómo sucede algo, de manera concreta, para poder comprender su desenlace. A menudo me quedo atascada en los detalles, y empiezo a fijarme en el musgo y las pequeñas plantas, sus canales de comunicación, ciclos vitales, codependencias y en las pequeñas arañas que albergan antes de ser capaz de ver el bosque entero.[4] Así que cuando Ingo dijo que las pulpos eran las mascotas del futuro, intenté visualizar la logística que implicaría criar a una en casa. Me pareció una tarea complicada, caótica y que requería mucha dedicación: grandes acuarios llenos de agua en unas condiciones especiales que puedan limpiarse fácilmente pero que eviten que las pulpos, con unas habilidades escapistas al más puro estilo Houdini, puedan escabullirse; depósitos para almacenar cangrejos y otros seres vivos con los que alimentarlas periódicamente; algún tipo de distracción para tenerlas estimuladas; peceras portátiles para llevarlas al veterinario; veterinarios especiales que puedan tratar sus problemas de salud, y un corazón humano fuerte, porque las pulpos, a pesar de ser unos animales increíbles, solo viven unos tres años. Además, es difícil ser mejor mascota que un perro o un gato: tienen un pelo agradable y para sus compañeros humanos su olor es adictivo; reconocen el nombre que les ponemos, comunican con la mirada y te dan calor por la noche; viven bastante más tiempo; requieren estrategias de contención menos complejas y sus veterinarios cuentan con conocimientos ancestrales para atender sus necesidades.

Este dilema —mi confianza en la visión de Ingo y mi incapacidad de ver a las pulpos como animales domésticos— me llevó a imaginar futuras formas de compañía entre especies, al margen de la especie y del tipo de compañía. La única vez que había participado en un ejercicio como ese fue, inconscientemente, durante el final de mi adolescencia, y no fui la única, ya que me uní a lo que se convirtió en un esfuerzo mundial para cuidar de la mascota del futuro. Tenía 18 años cuando Akihiro Yokoi y Aki Maita inventaron el Tamagotchi, un pequeño extraterrestre parecido a un pollito encerrado en la pantalla pixelada de un huevo de plástico al que tenía que alimentar, entretener y educar. En esa época no había teléfonos móviles, y fue la primera vez que experimenté adicción digital, porque me pasaba día y noche vigilando a esa criatura, respondiendo continuamente a los pitidos del pollito cuando tenía hambre. Evidentemente, al cabo del tiempo, la emoción de la novedad se vio reemplazada por el malestar de la responsabilidad, y cuando mi Tamagotchi murió, dejé que el huevo de plástico se quedara sin batería en un rincón escondido de mi memoria. Ahora ya no veo por ahí muchos Tamagotchis, así que supongo que la mayoría de los 91 millones de ejemplares que se vendieron durante esos años siguió un destino similar.[5] A pesar de las ventas astronómicas, los Tamagotchis acabaron muriendo en el corazón y en el imaginario de la gente porque no lograron comunicarse, sorprender ni interactuar. Al no dar nada a cambio, se evidenció su falta de propósito.

1   Bruno Munari, *The Sea as a Craftsman*, Corraini, Milán, 1995, p. 2.

2   La animacidad empieza en el lenguaje. Con la idea de cuestionar sus jerarquías institucionalizadas, normalmente aplico pronombres humanos a los animales, no tanto para atribuirles un género, sino para reconocer, y pedir que se reconozca, su personalidad. A falta de información exacta sobre el animal en cuestión, suelo usar el femenino, en consonancia con mi propia identidad de género.

3   Niermann ha escrito asimismo sobre ello. Véase Ingo Niermann, «Sea Pets», en *Solution 295-304 Mare Amoris*, Sternberg Press, Berlín, 2020, pp. 37-42.

4   «Not seeing the forest for the trees», en el texto original en inglés. Se trata de una expresión inglesa usada, al igual que la española «los árboles no dejan ver el bosque», para describir a alguien que carece de una perspectiva amplia, incapaz de comprender o prever una situación o problema mayor porque solo ve fragmentos de información.

5   Véase Mark Faithfull, «Retro-Game rides Nostalgia Wave as Tamagotchi goes Back to the Future», en *Forbes*, 12 de junio de 2023.

so strongly transformed by human hands led me to want to imagine the future of interspecies companionship by moving away from the conventional systems and places that established the sure dominance of people over other animals. The most obvious one was the domestic sphere. Generally, the house shapes relationships and their possibilities: it configures where each individual sleeps, eats and feels safe; defines what one can and cannot use and transform (yes to scratch pole, no to sofa arm, yes to office desk, no to kitchen counter, yes to soft toy, no to slipper, and so on); and determines how one is expected to behave (sounds should be moderated, labour and exercise duties regulated, basic needs ascribed to given locations). Outside the realm of the domestic, other relationships of interspecies companionship may be established, relationships in which curiosity, attention and play can be given freer reign, beyond the constraints of the spaces and rules of property.

This is what I learned from Shimabuku's long-lasting work with and for animals. For decades, he has been relating to animals—and with the nonhuman world more widely—in ways that are motivated by reasons both obvious and obscure. The types of proximity that he establishes can be funny, compelling, logical, strange and sometimes even cruel. Unlike other artists who make collaborative work with animals tame and wild—Joan Jonas singing with her companion dogs, Jannis Kounellis featuring a blue and yellow macaw in his installations, Joseph Beuys sitting in a room with a coyote, just to name a few famous cases—Shimabuku does not seem interested in turning animals into colleagues. He doesn't sing, dance or paint with them. He also doesn't represent them or turn them into symbols or allegories, something recurrent in many artistic traditions contemporary and ancient. Shimabuku organises events and makes things for animals: he creates artworks for wild macaques in their natural environment (*Exhibition for the Monkeys*, 1992), places colourful glass beads for octopuses to choose (*Sculpture for Octopuses: Exploring for Their Favorite Colors*, 2010), and demands people to make animals happy (such as when he placed a billboard with the writing *Faites sourire les animaux (*Make Animals Smile*, 2011), in the pastures of the Vassivière Park or when he asked the inhabitants of the outskirts of Lyon to make cow-shaped kites that they would then fly for the cows who live in the nearby Grand Parc Miribel, (*Let's Make Cows Fly!*, Lyon Biennale, 2017). He seems gifted with a plain curiosity, a drive to try things out, less in search of an answer than guided by the question's own formulation. The artwork exists in the actualisation of the question: What if he made an art exhibition for wild monkeys? What if there was no gravity and an octopus and a pigeon could meet? (*Encounter Between an Octopus and a Pigeon: If Gravity Disappeared From the Earth, an Octopus and a Pigeon Could Meet on Equal Terms. Fighting With Gravity,* 1993) What if he took an octopus on a day trip from Akashi to Tokyo? What if the Japanese macaques in Texas remembered where they came from? What if octopuses had a favourite colour?

In the same way in which we may ask ourselves, and others, the same questions throughout our entire lives—*Where do I belong? Where do I feel at home? What do I like? How do I remember?*—some of Shimabuku's questions return over time. Certain themes, interests and individuals manifest themselves in variations across multiple experiments, while others happen only once, maybe because he finds no need or purpose to ask them again. A topic that seems particularly relevant is that of memory, or better yet, of remembrance, which emerges in many works, maybe because, as he argues, 'Memory is a bridge between animals and people'.[5]

Shimabuku's video *The Snow Monkeys of Texas: Do Snow Monkeys Remember Snow Mountains?* (2016) was originally presented at the 57th Venice Biennale in 2017. Its title echoes Philip K. Dick's post-nuclear sci-fi novel *Do Androids Dream of Electric Sheep?* (1968). Aligned with the plot of the book, the work also revolves around the extinction, endangerment and anthropogenic-led transformation of animals. It documents the artist's engagement with a troop of Japanese macaques living in Texas, a quite unusual location for these animals, who are well-prepared to inhabit sub-zero temperatures, a feature that has gained them the nickname of snow monkeys and made them world famous thanks to the wide circulation of images of their *onsen* rituals during winter. *Macaca fuscata*, as they are scientifically known, have a human kind of intelligence, with whom they also share many habits. They like to cook sweet potatoes in salt water, take thermal baths to reduce stress, make snowballs for fun and express themselves in different regional accents.[6]

5   Interview with Kealey Boyd, in 'In 1972, Snow Monkeys Were Sent to a Texas Desert. Do They Still Remember Snow?', *Hyperallergic* (January 31, 2019), https://hyperallergic.com/482339/shimabuku-do-snow-monkeys-remember-snow-at-denver-art-museum/.

6   Respectively, Masayuki Nakamichi, Eiko Kato, Yasuo Kojima and Naosuke Itoigawa, 'Carrying and Washing of Grass Roots by Free-Ranging Japanese Macaques at Katsuyama', *Folia Primatologica: International Journal of Primatology* (Vol. 69, No. 1, Feb. 1998); Rafaela S. C. Takeshita, Fred B. Bercovitch, Kodzue Kinoshita and Michael A. Huffman, 'Beneficial effect of hot spring bathing on stress levels in Japanese macaques', *Primates* (Vol. 59-3, 3 April 2018): 215–225; and Toshiaki Tanaka, Hideki Sugiura and Nobuo Masataka, 'Cross-sectional and longitudinal studies of the development of group differences in acoustic features of coo calls in two groups of Japanese macaques', *Ethology* 112 (2006): 7–21.

Pero esta vez era distinto. En primer lugar, un Tamagotchi no es un animal, ni siquiera es una mascota. Es un dispositivo diminuto de una empresa que quiere tu tiempo y tu atención, y que a cambio te da cacas virtuales. Como Instagram, pero más lento. Pero lo más importante es que la sensación que tenía de vivir en un mundo que está siendo tan profundamente transformado por la mano del hombre me llevó a querer imaginar la convivencia futura entre especies alejándome de los sistemas y lugares convencionales que dan por segura la dominación de las personas sobre los demás animales. El más obvio era el ámbito doméstico. Normalmente, el hogar moldea las relaciones y sus posibilidades: dispone dónde duerme, come y se siente segura cada persona; define lo que podemos o no podemos usar y transformar (sí al palo de rascar, no al brazo del sofá; sí al escritorio, no a la encimera de la cocina; sí al peluche, no a la zapatilla, etc.), y determina cómo se espera que nos comportemos (hay que moderar los sonidos, regular las obligaciones laborales y el ejercicio físico, acotar las necesidades básicas a determinados lugares). Fuera del ámbito doméstico, pueden establecerse otras relaciones de compañía entre especies, relaciones en las que se pueda dar rienda suelta a la curiosidad, la atención y el juego, más allá de las limitaciones espaciales y las normas de propiedad.

Esto es lo que he aprendido del trabajo que Shimabuku ha llevado a cabo durante años con y para los animales. Lleva décadas relacionándose con ellos y, más ampliamente, con el mundo no humano, de formas motivadas por razones tanto obvias como inciertas. Los tipos de proximidad que establece pueden ser divertidas, emocionantes, lógicas, extrañas y a veces incluso crueles. A diferencia de otros artistas que hacen colaboraciones con animales domesticados y salvajes —Joan Jonas cantando con sus perros, Jannis Kounellis y sus instalaciones protagonizadas por un guacamayo azul y amarillo, o Joseph Beuys sentado en una habitación con un coyote, por nombrar algunos casos famosos—, Shimabuku no parece interesado en convertir a los animales en colegas. No canta, ni baila, ni pinta con ellos. Tampoco los representa ni los convierte en símbolos o alegorías, algo recurrente en muchas tradiciones artísticas antiguas y contemporáneas. Shimabuku organiza eventos y hace cosas para los animales: crea obras de arte para unos macacos salvajes en su hábitat natural (*Exposición para los monos*, 1992), coloca cuentas de cristal de colores para que las pulpos elijan (*Escultura para pulpos: explorando sus colores favoritos*, 2010) y pide a la gente que haga felices a los animales (como cuando colocó un cartel con el mensaje *Faites sourire les animaux* —Haced reír a los animales, 2011—) en los campos del parque de Vassivière, o cuando pidió a los habitantes de los alrededores de Lyon que construyeran cometas con forma de vaca que luego harían volar para las vacas del cercano Grand Parc Miribel (*¡Hagamos volar a las vacas!*, Bienal de Lyon, 2017). Parece dotado de una sencilla curiosidad, de un impulso para probar cosas, no tanto en busca de respuestas cuanto guiado por la propia formulación de la pregunta. La obra de arte existe en la materialización de la pregunta: ¿y si montara una exposición de arte para monos salvajes? ¿Y si no hubiera gravedad y pudiera producirse un encuentro entre una pulpo y una paloma? (*Encuentro entre un pulpo y una paloma: si desapareciera la gravedad de la Tierra, un pulpo y una paloma podrían encontrarse en igualdad de condiciones. Luchar contra la gravedad*, 1993) ¿Y si un día se llevaba una pulpo de excursión de Akashi a Tokyo? ¿Y si los macacos japoneses de Texas recordaran de dónde vienen? ¿Y si las pulpos tuvieran un color preferido?

Del mismo modo en que nosotros podemos hacernos, a nosotros mismos y a los demás, la misma pregunta a lo largo de toda la vida —*¿cuál es mi lugar?, ¿dónde me siento como en casa?, ¿qué me gusta?, ¿cómo recuerdo?*—, algunas de las preguntas de Shimabuku regresan con el tiempo. Algunos temas, intereses e individuos se manifiestan en variaciones a través de múltiples experimentos, mientras que otros solo se dan una vez, quizá porque no ve necesidad ni sentido en volver a preguntarlos. Un tema que parece especialmente relevante es el de la memoria, o, mejor dicho, el recuerdo, que emerge en muchas de sus obras, tal vez porque, como él mismo dice, «la memoria es un puente entre animales y personas».[6]

El vídeo de Shimabuku *Los monos de las nieves de Texas, ¿se acordarán de las montañas nevadas?* (2016) se presentó por primera vez en la 57.ª Bienal de Venecia (2017). El título evoca la novela de ciencia ficción posnuclear *¿Sueñan los androides con ovejas eléctricas?* (1968), de Philip K. Dick. En consonancia con el argumento del libro, la obra de Shimabuku también trata sobre la extinción, el riesgo de desaparición y la transformación antropogénica de los animales. Documenta la relación que

6   Entrevista con Kealey Boyd, en «In 1972, Snow Monkeys Were Sent to a Texas Desert. Do They Still Remember Snow?», *Hyperallergic*, 31 de enero de 2019, https://hyperallergic.com/482339/shimabuku-do-snow-monkeys-remember-snow-at-denver-art-museum/.

A complex entanglement of human care and disaster is what led a troop of snow monkeys to find itself living in a ranch in Texas. In the early 1950s, a group of Japanese primatologists wanted to study a group of wild macaques in Arashiyama so they started using food to lure them closer. This decade-long experiment succeeded, and much of what is known today about the complex social dynamics of the *Macaca fuscata* matriarchal society arises from that. Yet, this constant feeding of wild animals also rocketed their population, who, gaining food and losing fear, came closer to human dwellings, entering houses and temples, and becoming a nuisance to the local human population. As the animals risked ending up in labs, zoos or mortuary chambers, the global scientific community united in an effort to rehome the threatened macaque community. Helen Dryden, an anthropology student at the University of Texas, convinced her father, a lawyer and rancher, to host the 150 monkeys, who in February 1972 were semi-secretly flown to Texas. Instead of their usual snow, nuts and mushrooms, they found thorny trees, bobcats and rattlesnakes, and after a period of bewilderment and toughness, they learned to adapt and ended up responding fairly well to the natural and human challenges of Texas, where they now live under protected land and status.[7]

Wondering if the American descendants of the Arashiyama snow monkeys still carry the memory of the snow that their ancestors and Japanese relatives know so well, Shimabuku created a small mountain of snow for them using ice from a local petrol station. From the monkeys' reactions, he observed how 'They come one by one. Some monkeys wanted to keep the ice to themselves, then they got bored [...] Some shared. Some were bossy... like people. [...] Memory can be at a cellular level. The monkeys looked at the ice and they grabbed it. Some hadn't seen ice for generations, and still they reacted spontaneously.'[8] Given the number of scientific studies around the snow monkeys, and how they were at the inception of the animals' displacement, it seems unavoidable to compare Shimabuku's research question and observation methods with those adopted by primatologists. Rather than looking for answers, the artist spontaneously challenged the need to extract knowledge and conclusions from nature. Instead of translating the responses of the snow monkeys into a conceptual and intellectual framework (cf. the titles of the scientific papers of footnote 6, in which big teams use academic terminology to describe very simple rituals such as washing potatoes, bathing in hot water and speaking with an accent), Shimabuku adheres to the animals' pace and practices. The video shows various individuals engaged with the snow in a mixture of curiosity and experimentation, behaviours that our own species recognises so well. Whether they remembered snow or not, what seems obvious here, is how similar we are. Clearly, just like Shimabuku, the monkeys were asking themselves many questions about that unusual presence in an otherwise familiar land.

Maybe tourism, in its intersection with memory-creation, strangeness-familiarity and identity-building, is how we humans name a kind of travelling that we think is unique but that other species also engage in. Maybe animal migration can be seen as an annual ritual of tourism, for instance, in which new and old recollections are layered upon one another, renewing relationships to places and landscapes. Imagining the possibility of animal tourism, in 2000, Shimabuku made *Then, I Decided to Give a Tour of Tokyo to the Octopus from Akashi,* also a short video piece. For it, he joined a fishing boat on a trip off the Akashi Straits, close to his hometown of Kobe. From the catch, he chose an octopus, which he placed in a transparent bag inside a climate-controlled container and took with him on a five-hour train ride to Tokyo. Along the way, he showed the octopus Kyoto and Mount Fuji from the train and the Tokyo Tower from a taxi. He took the octopus to Roppongi, introduced her[9] to curators in Ginza, and carried her to Tsukiji, Tokyo's infamous fish market, which few octopuses ever survive. Then, Shimabuku and the octopus took the train back to Akashi, where the animal was released into the sea, 'safe and sound', as the artist said at the very end of the video.

Contradicting most theories of the alien nature of octopuses, philosopher Vilén Flusser argued that 'The same basic structure informs both of our bodies. [...] Our common ancestors dominated the beaches of the Earth for millions of years, and it was relatively late in the history of life that our paths began to diverge [we] harbor some of the same deeply ingrained memories, and we are therefore able to recognize in it something of ourselves'.[10] Shimabuku also questions this octopus/

7   For a detailed account of snow monkey introduction in Texas, cf. Sarah Bird, 'My Search for the Snow Monkeys of South Texas', *Texas Monthly* (July 23, 2023): https://www.texasmonthly.com/travel/snow-monkeys-south-texas-japanese-macaques/.

8   Interview with Kealey Boyd, *ibid*.

9   Animacy begins in language. In order to challenge its naturalised hierarchies, I generally extend human pronouns to animals, not so much as an attempt to attribute them a gender but to acknowledge, and call for the recognition of, their personhood. In the lack of precise information about the animal I am referring to, I tend to use the feminine, aligned with my own gender identification.

10 Vilém Flusser and Louis Bec, *Vampyroteuthis Infernalis* (Minneapolis: University of Minnesota Press, 2012), 6.

entabló el artista con un grupo de macacos japoneses que viven en Texas, un lugar bastante insólito para estos animales, preparados para habitar a temperaturas bajo cero, característica que les ha valido el sobrenombre de *monos de las nieves* y les ha dado fama mundial gracias a la difusión de imágenes practicando su ritual *onsen* en invierno. Los *Macaca fuscata*, en su nombre científico, poseen una inteligencia similar a la de los humanos, con quienes también comparten muchos hábitos. Les gusta cocinar boniatos en agua con sal, tomar baños termales para reducir el estrés, hacer bolas de nieve para divertirse y expresarse en distintos acentos regionales.[7] Lo que llevó a un grupo de monos de las nieves a vivir en un rancho de Texas fue una enrevesada combinación de preocupación humana y desastre. A principios de la década de 1950, un equipo de primatólogos japoneses quiso estudiar a un grupo de macacos salvajes de Arashiyama y empezó a usar comida para atraerlos. Este experimento de hace décadas funcionó, y gran parte de lo que se sabe hoy acerca de las complejas dinámicas sociales de la sociedad matriarcal de los *Macaca fuscata* se lo debemos a él. Pero alimentar constantemente a unos animales salvajes hizo también que se disparara su población, y los macacos, al tener acceso a la comida, empezaron a perder el miedo y a acercarse a las viviendas de los humanos, a entrar en casas y templos, y muy pronto fueron vistos como una molestia por la población humana local. Ante el riesgo de que los animales pudieran acabar en laboratorios, zoológicos o en un depósito de cadáveres, la comunidad científica mundial unió esfuerzos para reubicar a la comunidad de macacos amenazada. Helen Dryden, una estudiante de antropología de la Universidad de Texas, convenció a su padre, abogado y ranchero, para que albergara a los 150 monos, que en febrero de 1972 volaron a Texas en semiclandestinidad. En lugar de la nieve, los frutos secos y los hongos a los que estaban acostumbrados, se encontraron con árboles espinosos, linces rojos y serpientes de cascabel. Tras un periodo de desconcierto y condiciones adversas, aprendieron a adaptarse y acabaron respondiendo bastante bien a los retos naturales y humanos de Texas, donde viven actualmente, en una tierra segura y bajo estatus protegido.[8]

Shimabuku se preguntó si los descendientes norteamericanos de los monos de las nieves de Arashiyama aún guardarían en la memoria la nieve que sus antepasados y parientes japoneses conocían tan bien, y creó una pequeña montaña de nieve para ellos con hielo de una gasolinera local. A partir de las reacciones de los monos, observó lo siguiente: «Acudían de uno en uno. Algunos querían quedarse el hielo, y después se cansaban de él. [...] Algunos lo compartían. Algunos eran mandones... como las personas. [...] La memoria puede actuar a nivel celular. Los monos miraban el hielo y lo agarraban. Algunos no habían visto nunca hielo, y aun así reaccionaban de forma espontánea».[9] Dado el número de estudios científicos realizados sobre los monos de las nieves y sobre cómo eran al principio de su traslado, parece inevitable comparar el planteamiento y los métodos de observación de Shimabuku con los de los primatólogos. Más que buscar respuestas, el artista cuestionaba espontáneamente la necesidad de obtener datos y conclusiones de la naturaleza. En lugar de trasladar las respuestas de los monos de las nieves a un marco conceptual e intelectual (véanse los títulos de los documentos científicos de la nota al pie n.º 7, en los que grandes equipos científicos utilizan terminología académica para describir rituales muy sencillos como lavar patatas, bañarse en agua caliente y hablar con acento), Shimabuku sigue el ritmo y las acciones de los animales. El vídeo muestra a varios ejemplares interactuando con la nieve en una mezcla de curiosidad y experimentación, un comportamiento que nuestra propia especie reconoce muy bien. Al margen de si se acuerdan de la nieve o no, lo que aquí resulta evidente es que somos muy similares. Claramente, como Shimabuku, los monos también se hacían muchas preguntas sobre aquella presencia insólita en una tierra que ya les era familiar.

Tal vez el turismo, en su intersección entre memoria y creación, extrañeza y familiaridad, y construcción de identidad, sea la manera que tenemos los humanos de llamar a una forma de viajar que creemos única, pero que otras especies también practican. Las migraciones de animales, por ejemplo, podrían considerarse un ritual turístico anual; en ellas se superponen recuerdos nuevos y antiguos, restableciendo las relaciones con los sitios y los paisajes. En el año 2000, imaginándose la posibilidad del turismo animal, Shimabuku realizó *Entonces, decidí llevar al pulpo de Akashi a dar una vuelta por Tokio*, otra breve pieza audiovisual. Para ella, acompañó a un pescador a bordo de su barca por el estrecho de Akashi, cerca de Kobe, su ciudad natal. De la captura eligió una pulpo, que colocó en una bolsa de plástico dentro de un recipiente climatizado y se la llevó de viaje a Tokio en un trayecto de

7   Respectivamente, Masayuki Nakamichi, Eiko Kato, Yasuo Kojima y Naosuke Itoigawa, «Carrying and Washing of Grass Roots by Free-Ranging Japanese Macaques at Katsuyama», *Folia Primatologica: International Journal of Primatology*, vol. 69, n.º 1, febrero de 1998; Rafaela S. C. Takeshita, Fred B. Bercovitch, Kodzue Kinoshita y Michael A. Huffman, «Beneficial effect of hot spring bathing on stress levels in Japanese macaques», *Primates*, vol. 59-3, 3 de abril de 2018, pp. 215-225, y Toshiaki Tanaka, Hideki Sugiura y Nobuo Masataka, «Cross-sectional and longitudinal studies of the development of group differences in acoustic features of coo calls in two groups of Japanese macaques», *Ethology*, 112, 2006, pp. 7-21.

8   Para más información sobre la introducción de monos de las nieves en Texas, véase Sarah Bird, «My Search for the Snow Monkeys of South Texas», *Texas Monthly* (23 de julio de 2023): https://www.texasmonthly.com/travel/snow-monkeys-south-texas-japanese-macaques/.

9   Entrevista con Kealey Boyd, *ibid.*

animal-human separation. While carrying the octopus around, he realised that she carried a rock with her during their trip, which, as he explains, seems to be a common practice: 'Some octopuses carry many small rocks, or a shell, or one big stone. It is like a puppet for a child, or pillow for an adult.' When further inquired about this, he answered with another question, one which brought together octopus and humans: 'I would ask people why they collect things.'[11] Indeed, he continued to question the octopuses in the same manner in which he would ask friends or strangers about the things they like to collect, as in his assembly of stones held by octopuses—*Octopus Stone* (2003-ongoing),—by making collectible items to understand octopuses' preferences—*Sculpture for Octopuses: Exploring for Their Favorite Colors* (2010),—or inquiring about the kind of recipients that Biscayan octopuses like the best, whether mugs, transparent cups, ceramic bowls, or other containers, as documented in the new octopus film—*Going to Meet the Octopuses in Santander* (2024). Belonging to a larger group of octopus and animal-related works, these pieces reveal his curiosity-driven method, showing how he establishes relationships with animals that exist beyond the common categories of domestication and pet rearing. These relationships are often formed by basic rules of attraction: Shimabuku is only capable of testing an octopus's dwelling or colour preferences because the octopus is attracted by the kind of objects that he makes. He can only offer monkeys an exhibition because the monkeys are curious about the objects he displays. This reciprocity makes things happen because it relies on a balanced distribution of proximity.

During a conversation, Shimabuku explains how the octopus is very famous in Kobe, a city that faces the inland sea of the Osaka Bay. 'The octopus is my neighbour', he says,[12] with the same naturalness as if he was talking about any of his human neighbours, Ms. Satō or Mr. Tanaka, for instance. A neighbour is someone with whom individuals share a territory, an expanded sense of home, and with whom they need to find an ideal attunement, measured across respect, care and distance, in order to live well together while being apart. In this configuration, I glimpse the pet of the future, a companion *other* with whom to share a sense of belonging and a common engagement in participating in the events and dilemma-solving of everyday life, whose rights I recognise and whose duties I honour. We don't own nor command one another but together, sometimes, we ask each other simple questions that enrich our lives, making them smarter, funnier and less obvious.

11 Both quotes from an interview with Kealey Boyd, *ibid*.

12 Shimabuku, in conversation with the author, May 2024.

cinco horas en tren. Por el camino, enseñó a la pulpo la ciudad de Kyoto y el monte Fuji desde el tren, y la Torre de Tokio desde un taxi. Llevó a la pulpo a Roppongi, la presentó a unos comisarios en Ginza y la paseó por Tsukiji, el famoso mercado de pescado de Tokio, al que pocas pulpos sobreviven. Luego, Shimabuku y la pulpo regresaron en tren a Akashi, donde liberó al animal de nuevo al mar, «sano y salvo», como afirma el artista al final del vídeo.

El filósofo Vilém Flusser, contradiciendo la mayoría de las teorías sobre la naturaleza extraña de las pulpos, afirmaba que «la misma estructura básica conforma su cuerpo y el nuestro. [...] Nuestros antepasados comunes dominaron las playas de la Tierra durante millones de años, y no fue hasta bastante más adelante en la historia de la vida que nuestros caminos empezaron a separarse. [...] [Nosotros] albergamos algunos de los mismos recuerdos profundamente arraigados, y por eso podemos reconocer en él algo de nosotros mismos».[10] Shimabuku también cuestiona esa separación pulpo / animal-humano. Mientras se paseaba con la pulpo, se fijó en que el animal transportaba una piedra durante el viaje, lo que, tal y como explica, parece ser una práctica habitual: «Algunos pulpos llevan muchas rocas pequeñas, o una concha, o una piedra grande. Son como una marioneta para un niño o una almohada para un adulto». Cuando se le preguntó al respecto, respondió con otra pregunta, que a su vez relacionaba pulpos y humanos: «Yo preguntaría a la gente por qué recogen cosas».[11] De hecho, siguió haciendo preguntas a las pulpos del mismo modo en que se las haría a amigos o desconocidos sobre las cosas que les gusta recoger, como en su montaje de piedras sostenidas por pulpos —*Piedra de pulpo* (2003-en curso)—, creando objetos coleccionables para comprender las preferencias de las pulpos —*Escultura para pulpos: explorando sus colores favoritos* (2010)— o indagando sobre el tipo de recipientes que les gustan más a las pulpos cántabras, como tazas, vasos transparentes o boles de cerámica, entre otros, como ha documentado en su nueva filmación con pulpos —*Ir a conocer a los pulpos de Santander* (2024)—. Estas piezas, que forman parte de un conjunto mayor de obras sobre pulpos y animales, revelan su método basado en la curiosidad y muestran cómo entabla relaciones con animales que se dan más allá de las categorías habituales de domesticación y cuidado de mascotas. Estas relaciones suelen basarse en reglas básicas de atracción: Shimabuku es capaz de detectar la vivienda o el color preferido de una pulpo precisamente porque el animal se siente atraído por el tipo de objetos que crea el artista. Solo a los monos puede ofrecerles una exposición gracias a que los monos sienten curiosidad por los objetos que muestra. Esta reciprocidad hace que ocurran las cosas porque se basa en una distribución equilibrada de la proximidad.

En una charla, Shimabuku explica que el pulpo se ha hecho muy famoso en Kobe, una ciudad que mira al mar interior de la bahía de Osaka. «El pulpo es mi vecino», afirma,[12] con la misma naturalidad con la que hablaría de cualquier vecino humano suyo, la señora Satō o el señor Tanaka, por ejemplo. Un vecino es alguien con quien las personas compartimos un territorio, un sentido ampliado de hogar, y con quien necesitamos hallar una sintonía ideal, afianzada a través del respeto, el cuidado y la distancia, con el objetivo de vivir bien juntos aunque separados. En este contexto, vislumbro la mascota del futuro, un compañero *otro* con quien compartir un sentido de pertenencia y un compromiso común para participar en los acontecimientos y la resolución de los problemas del día a día, cuyos derechos reconozco y cuyos deberes honro. No nos poseemos ni nos mandamos unos a otros, pero juntos, a veces, nos hacemos preguntas sencillas que enriquecen nuestras vidas y las hacen más inteligentes, más divertidas y menos obvias.

10 Vilém Flusser y Louis Bec, *Vampyroteuthis Infernalis*, University of Minnesota Press, Mineápolis, 2012, p. 6.

11 Ambas citas, extraídas de la entrevista con Kealey Boyd, *ibid*.

12 Shimabuku, en una charla con la autora, mayo de 2024.

1,

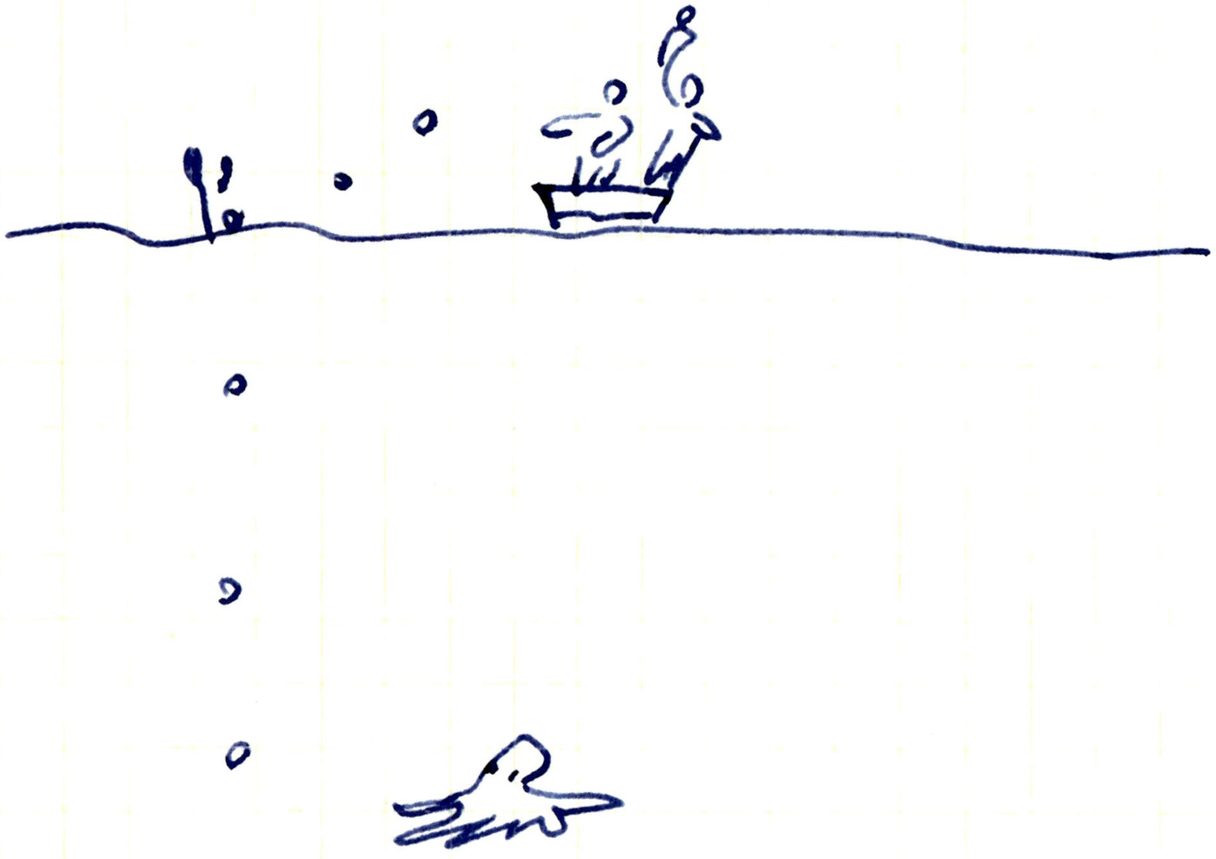

3,

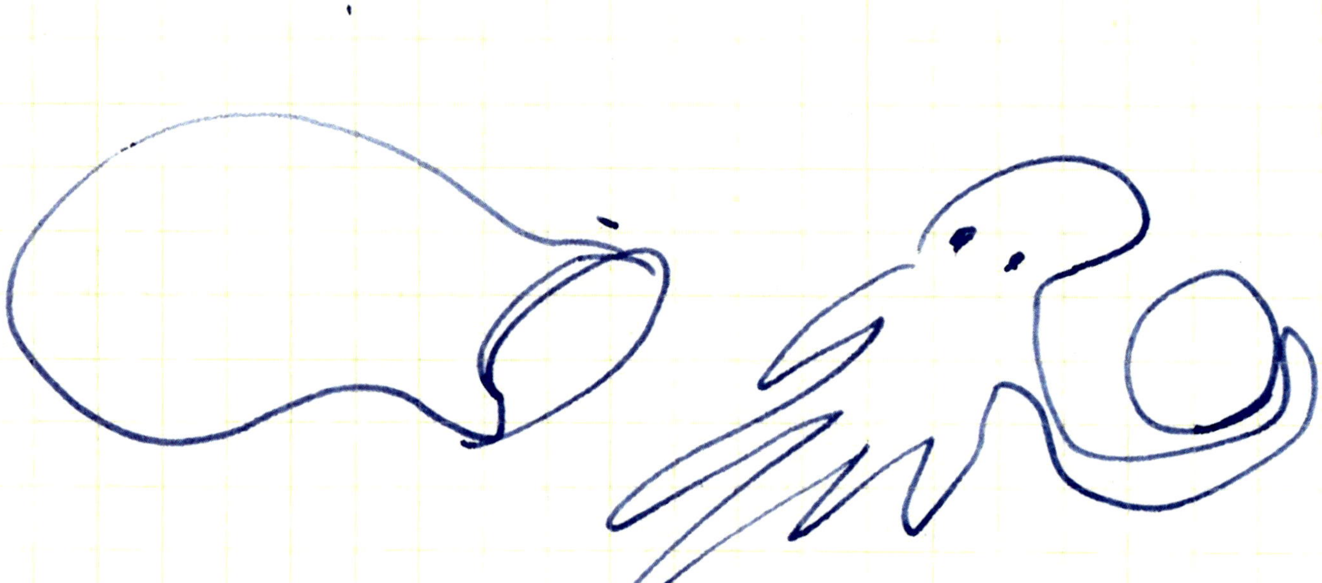

Obras en exposición

Works on show

Fotografía con las katiuskas puestas (Okinawa)   2014

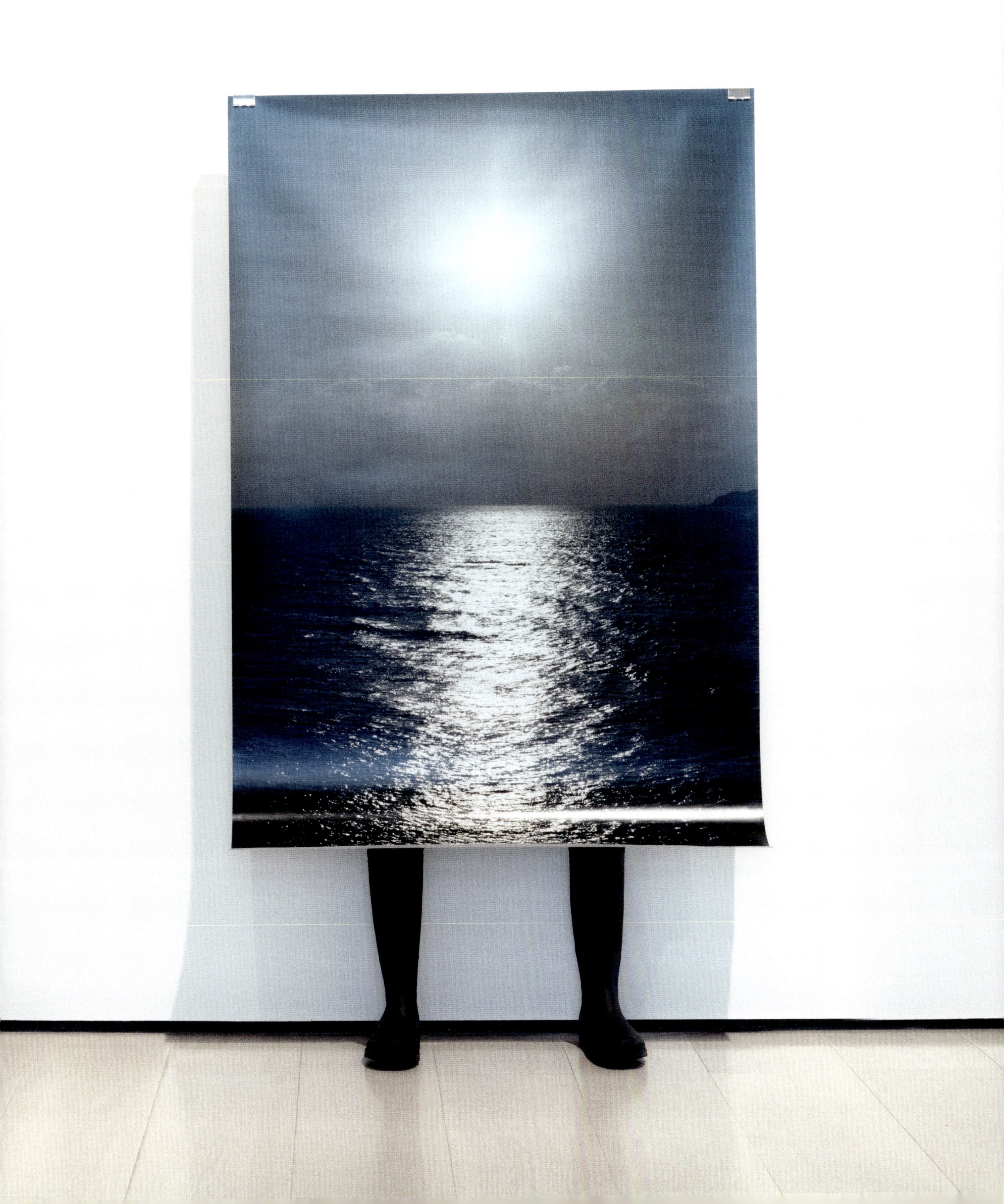

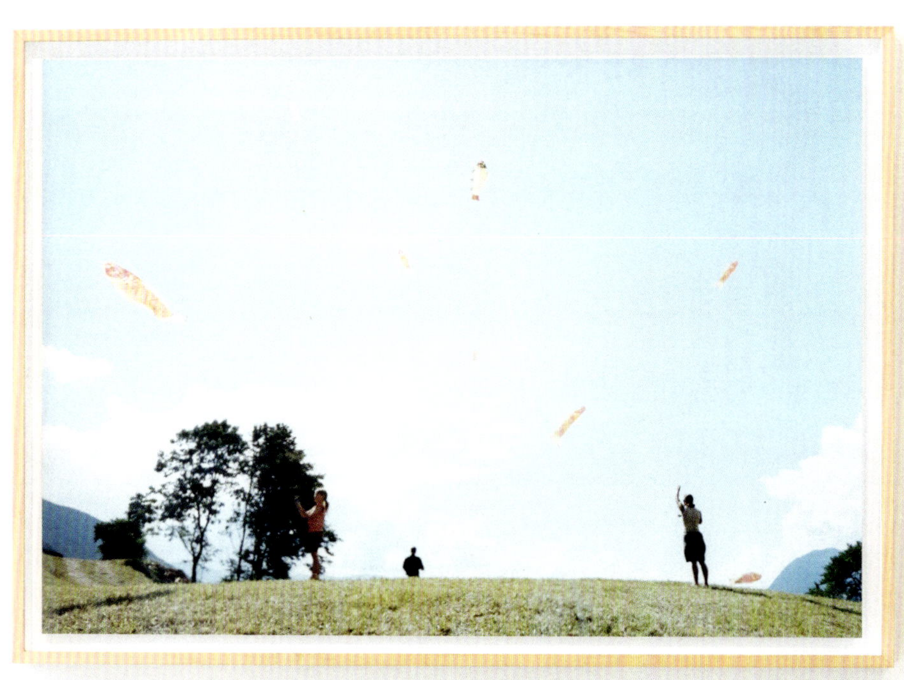

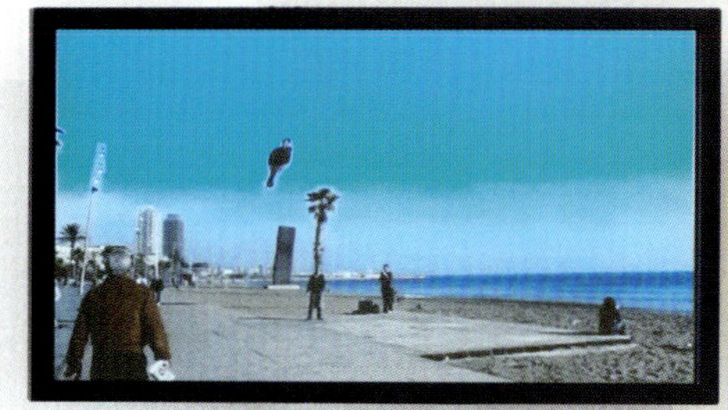

Visité los Alpes austríacos. Hubo un tiempo en el que estuvieron sumergidos en el mar.
Incluso hoy en día, en las cumbres de las montañas, siguen encontrándose fósiles de peces
y conchas.
Decidí volar una cometa con forma de pez acompañado de la gente del pueblo, mientras
pensaba e imaginaba aquel momento en que el cielo era el mar.
Entonces vi que la cometa con forma de pez volaba como si fuera un pez nadando. Y una
cometa con forma de pulpo volaba como un pulpo caminando.
Empecé a preguntarme si, al hacer cometas con forma humana, volarían o no.

I visited the Alps in Austria. They were once under the sea. Even now, fossils of fish and
clams are found on the mountaintops.
I decided to fly a fish-shaped kite with the villagers, while thinking about and imagining the
time when the sky was the sea.
Then I found that the fish-shaped kite flew like swimming fish. And octopus-shaped kite fly
like octopus walking.
I started to wonder, if I made human-shaped kites, would they fly or not.

Gente volando (Santander)   2024

Cuando vuelo una cometa con mi forma, noto una extraña sensación de proyección astral.
Y al verme volando en el cielo, tengo una sensación de euforia, casi como de valentía.
Decidí dejar que la gente de Santander experimentara esa sensación especial. Pedí a cada
una de las personas que se habían reunido allí que hicieran una cometa de sí mismas.

Producido por la Fundación Botín

When I fly a kite in my own shape, I feel a strange feeling of astral projection. And when
I see myself flying in the sky, I feel a sense of elation, almost like courage.
I decided to let the people of Santander experience this special feeling. I asked each of
the gathered people to make a kite of their own.

Produced by Fundación Botín

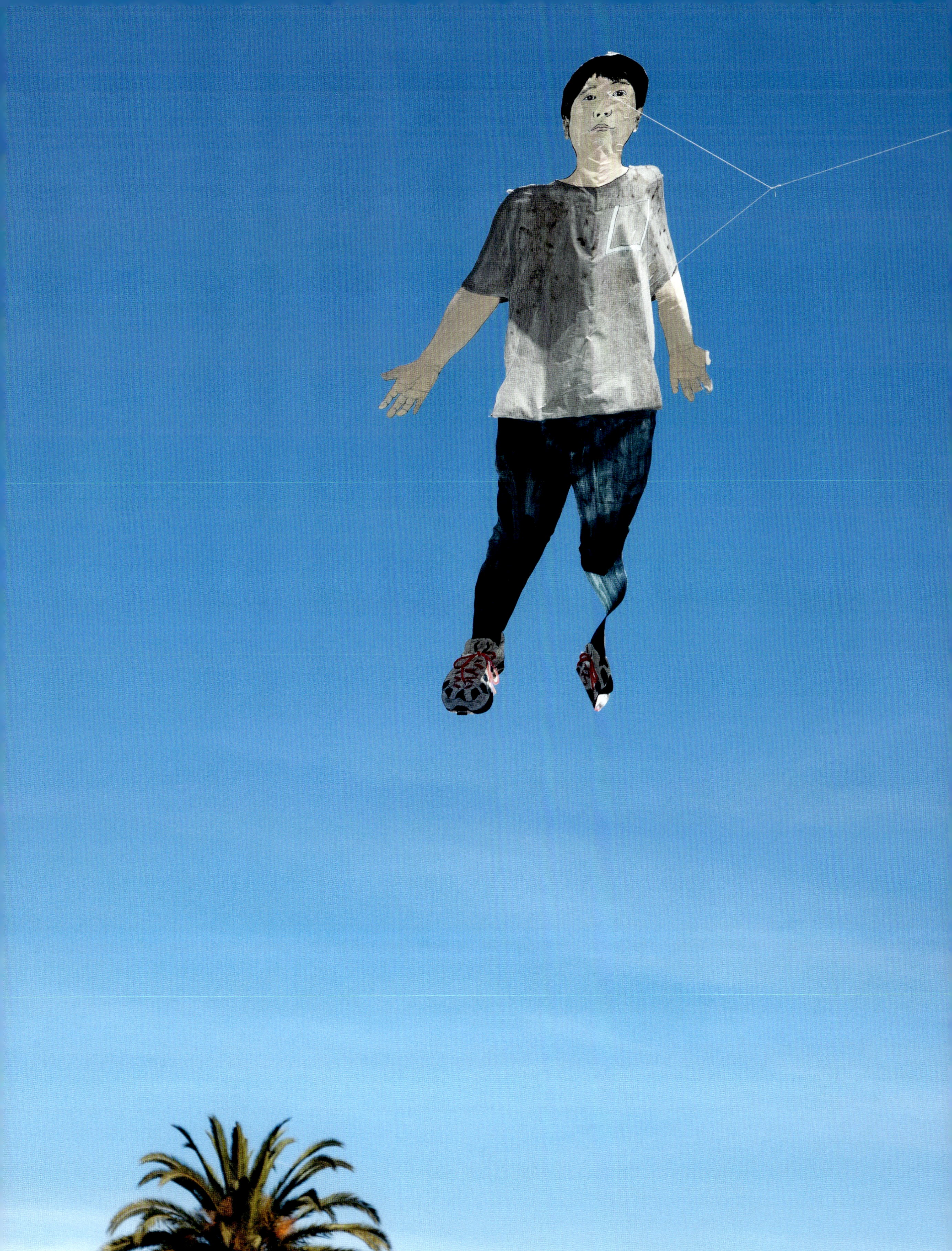

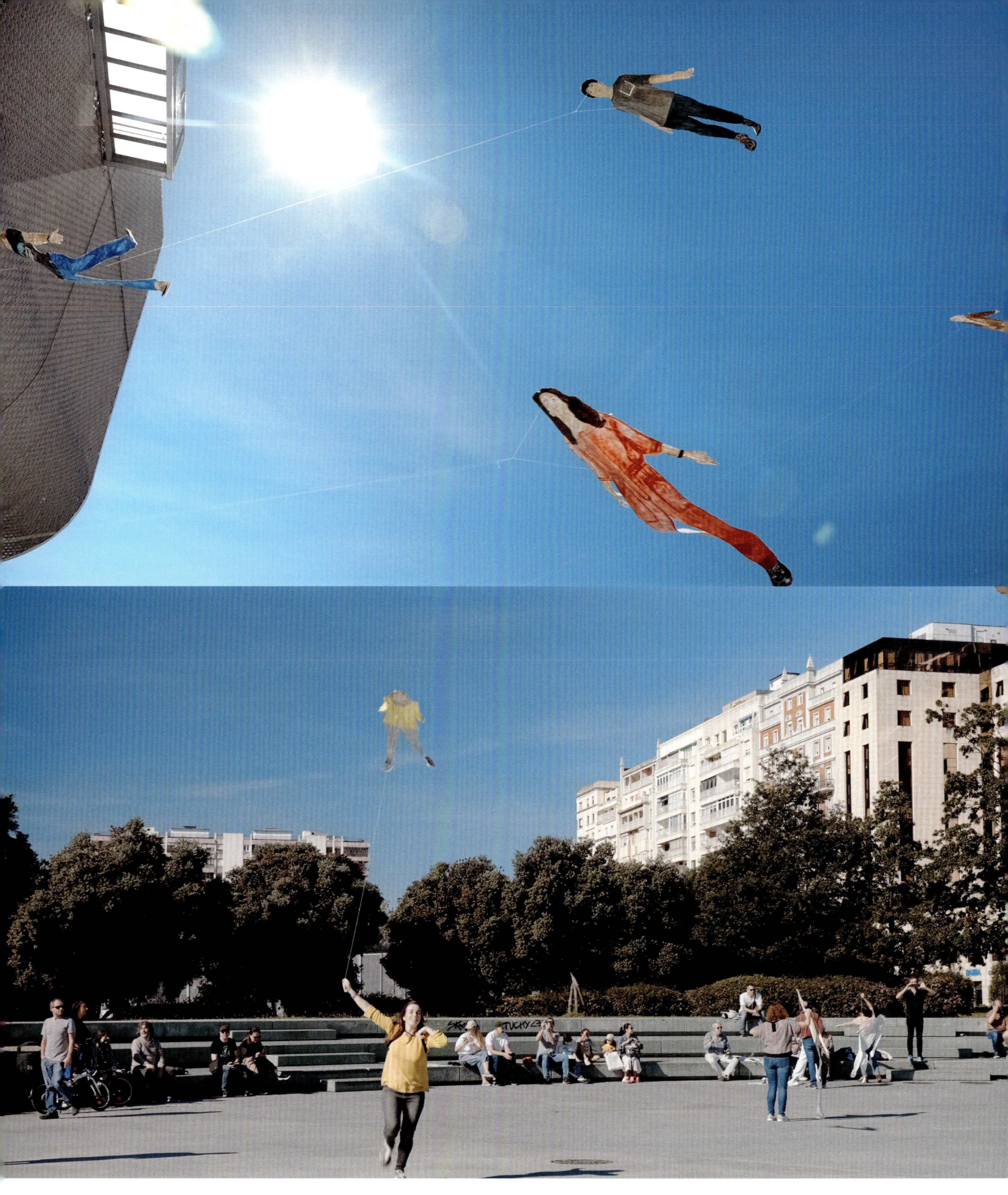

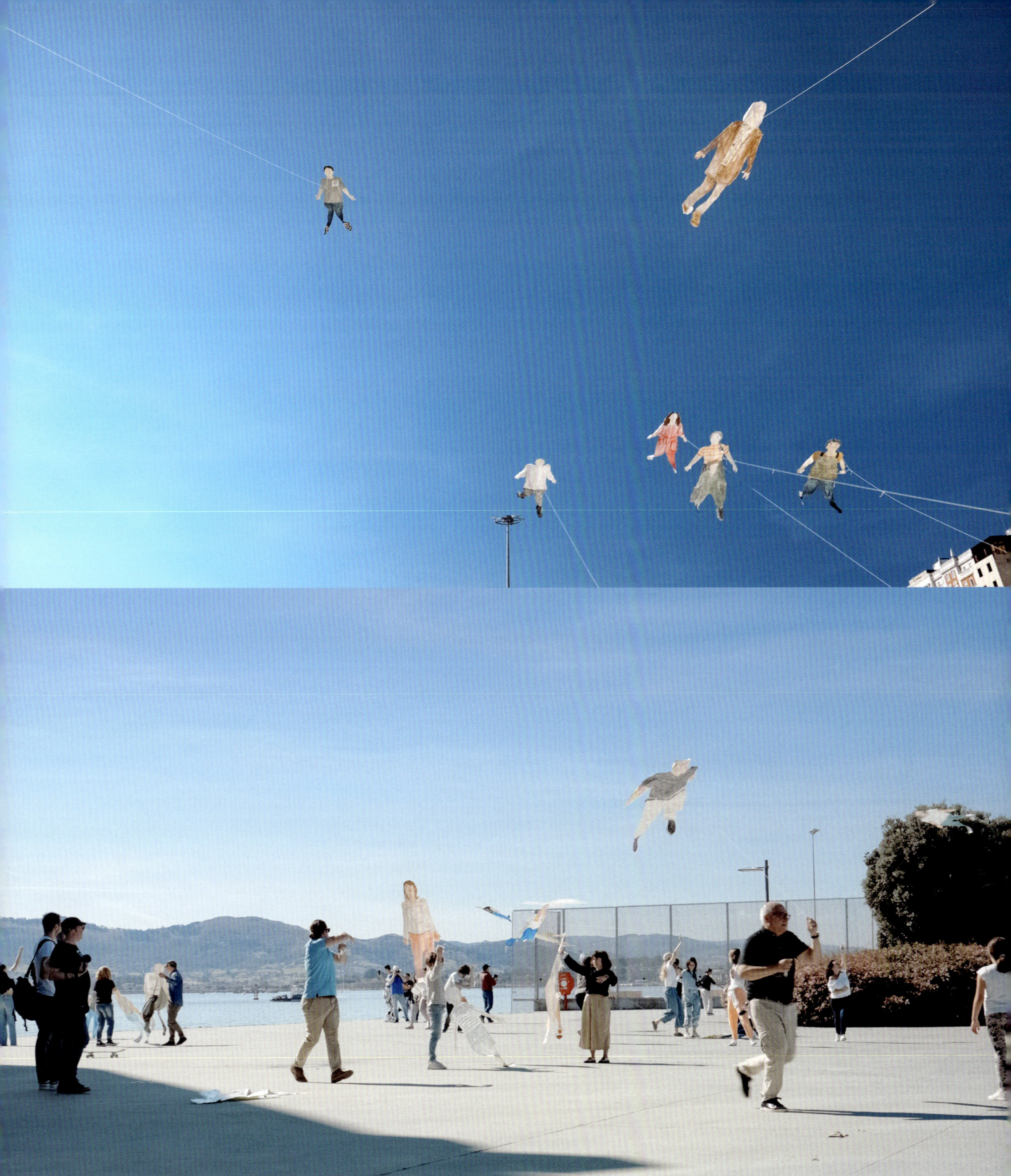

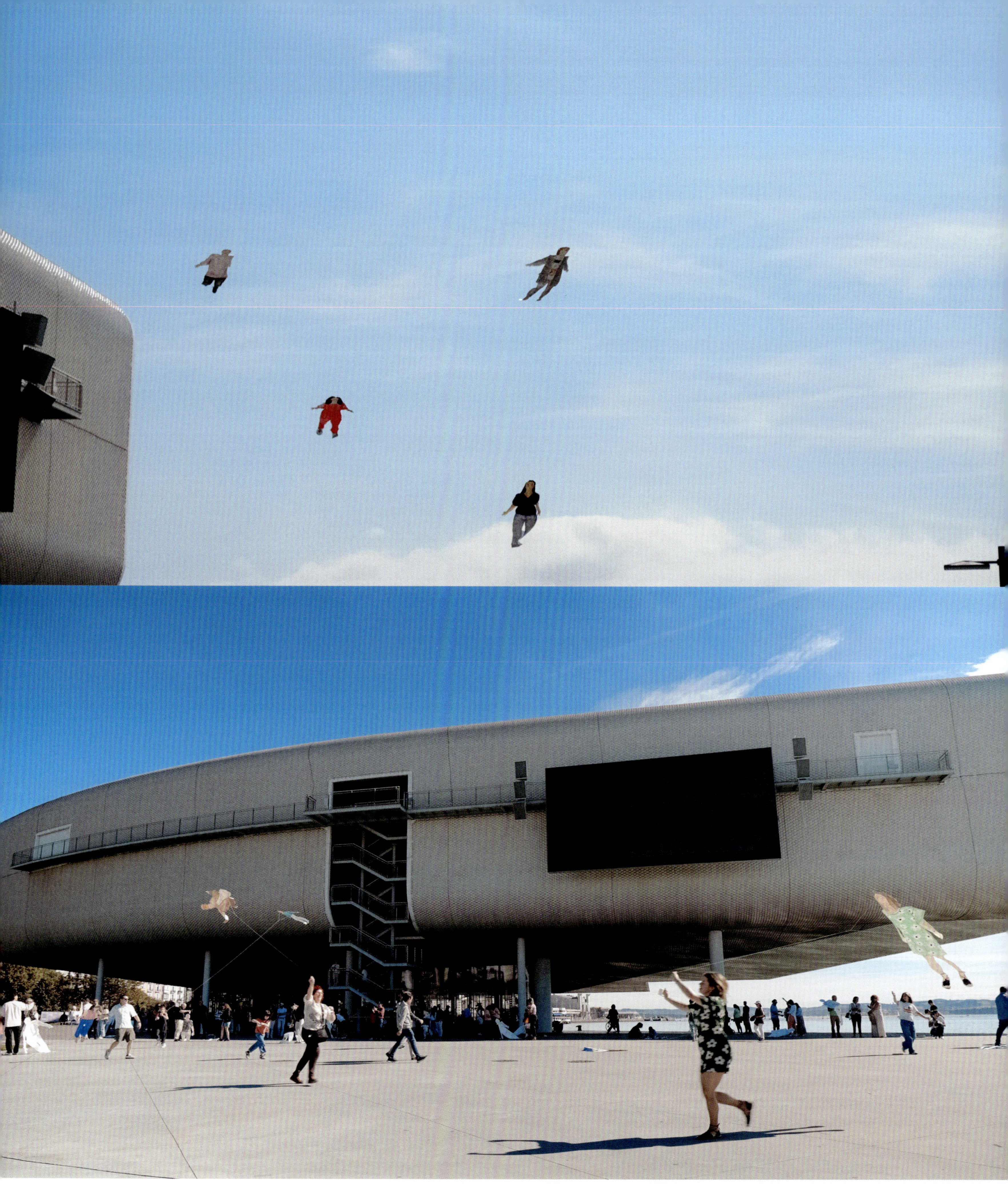

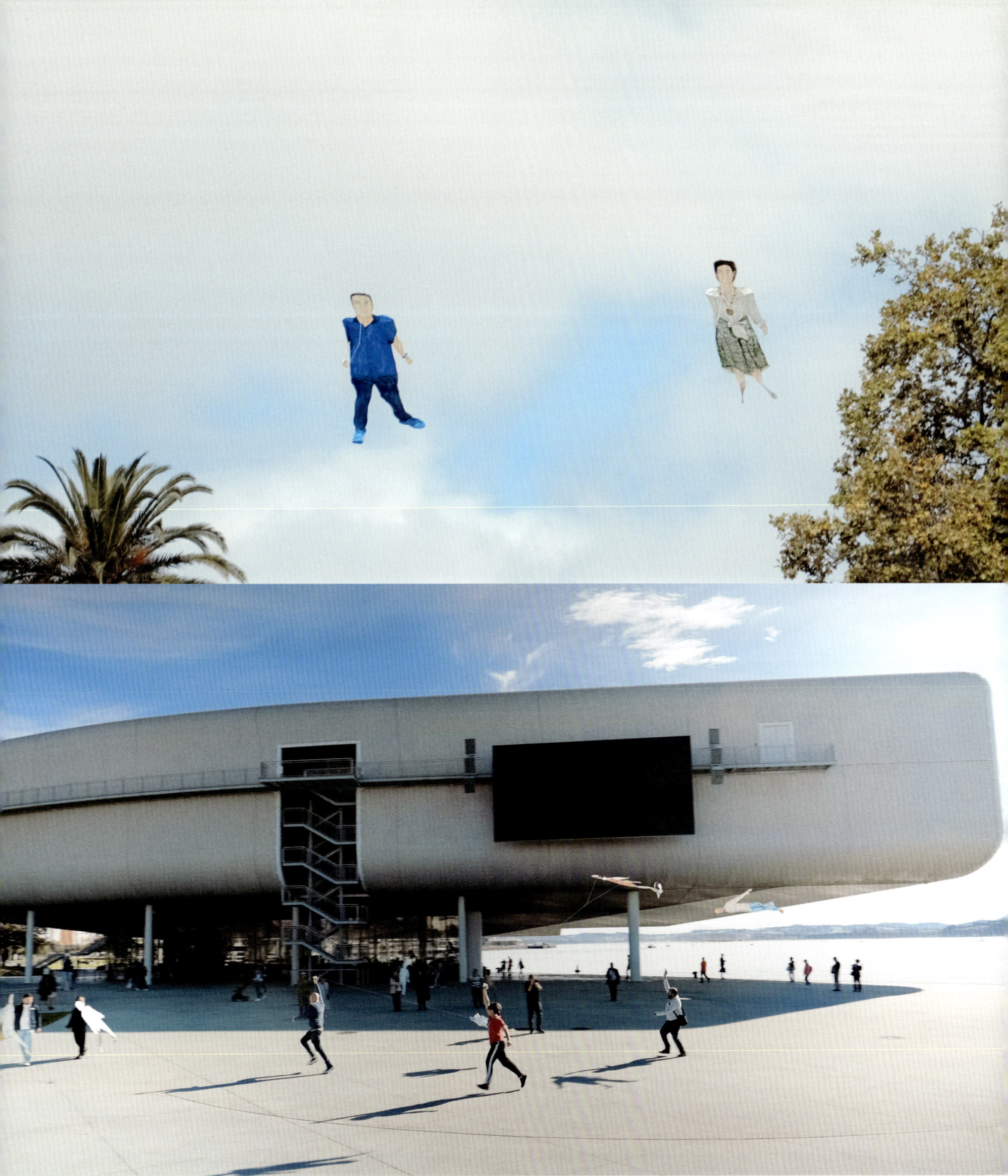

Viaje por Europa con una ceja afeitada   1991

Un día, en el metro de Londres, me afeité una de las cejas.
Y después me fui de viaje y recorrí once países de Europa.
Como solo tenía una ceja, la gente me miraba impactada, pero al mismo tiempo
hice un montón de amigos.

One day, I shaved off one of my eyebrows on the London underground.
I then traveled through 11 countries in Europe.
Because I had only one eyebrow, people looked at me in shock, but I also made
a lot of friends.

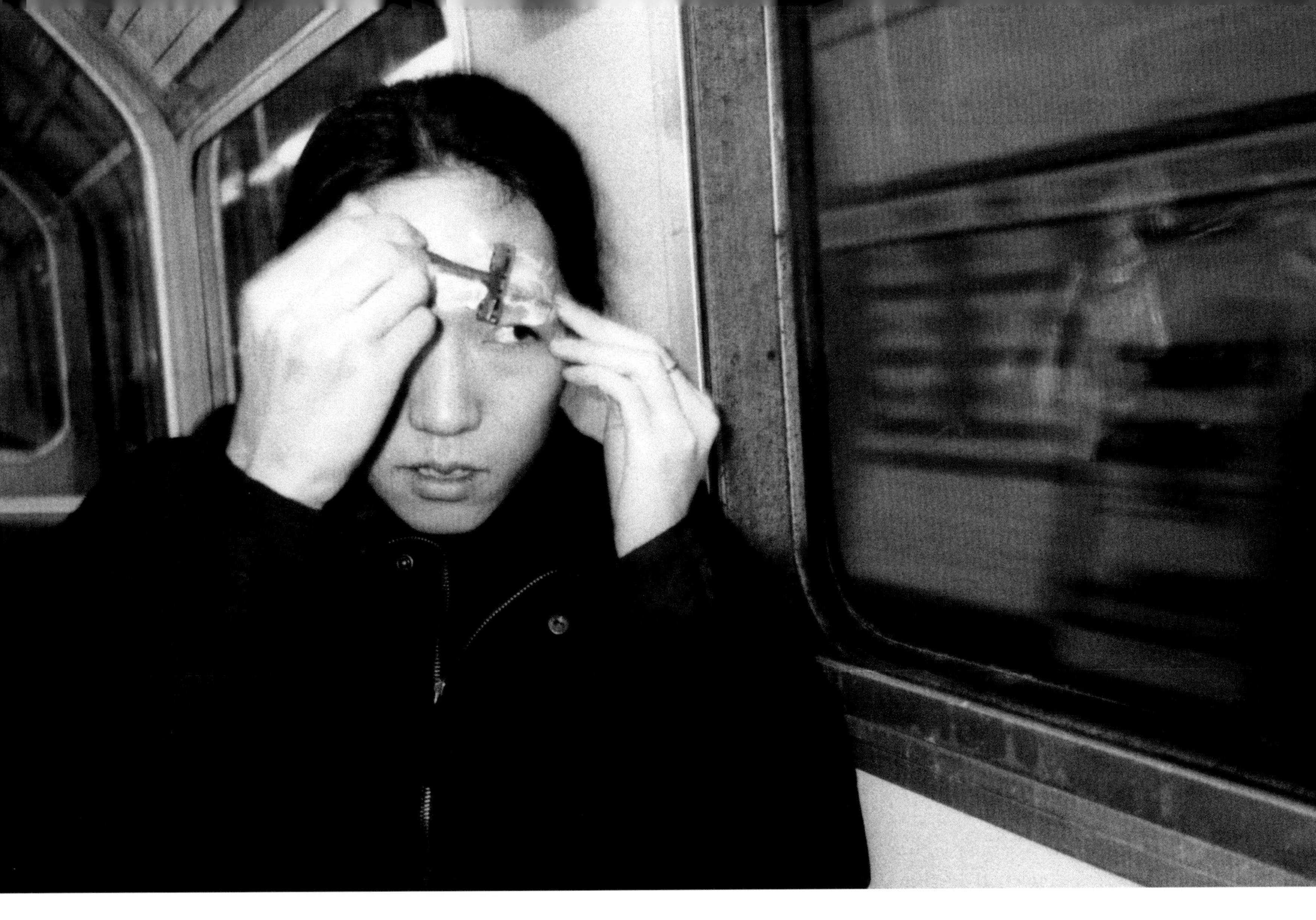

Simbiosis (jacinto y pez telescopio negro) 1992

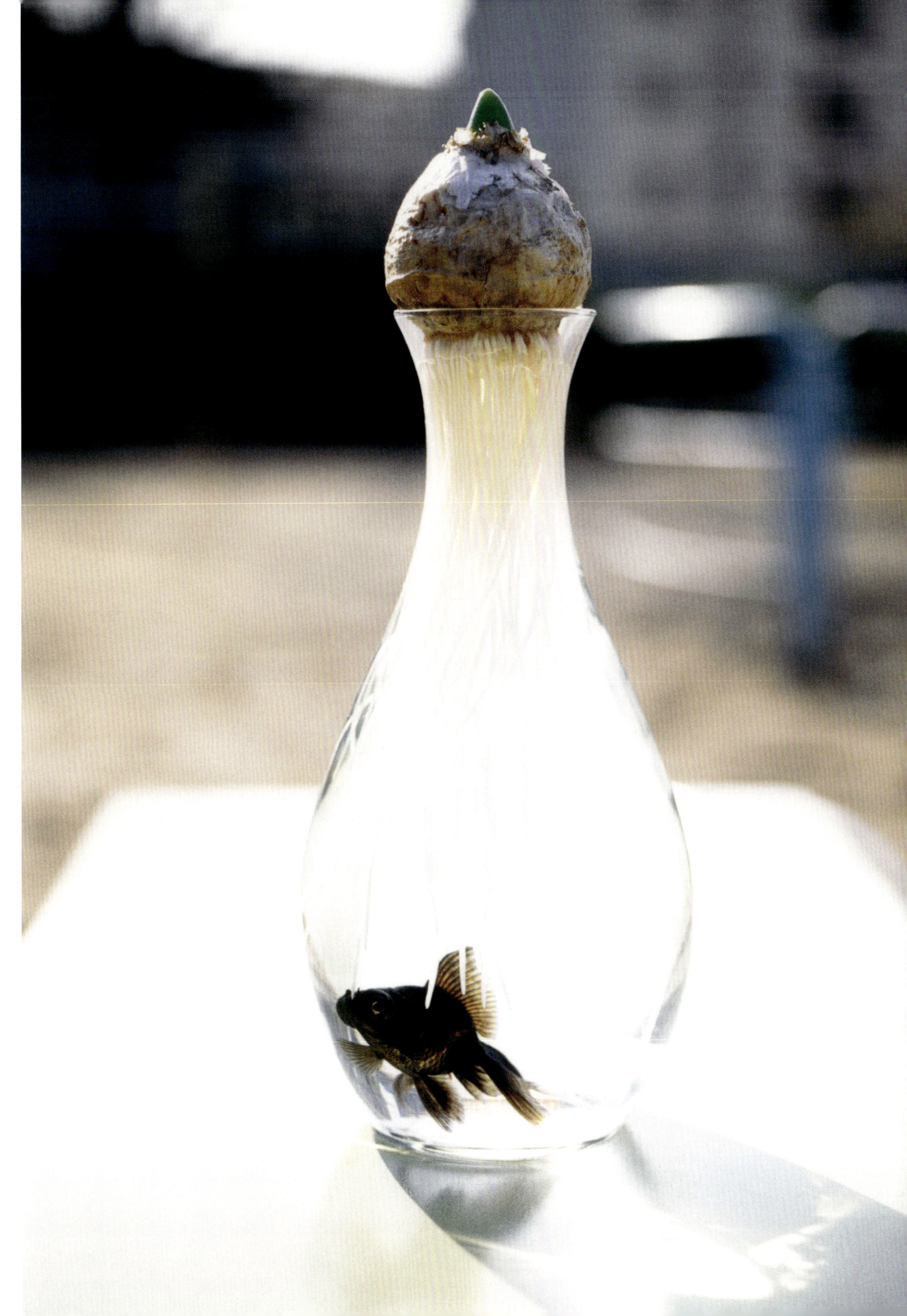

Konnichiwa (hola) 1993

Me llevé al museo a un grupo de personas que no suele ir a museos de arte.
Les pedí que hablaran con otros visitantes del museo.
¿Qué sucederá cuando estos encuentros inesperados tengan lugar por primera vez
en un museo?

I brought some people to the museum who do not usually come to art museums.
I asked them to talk to museum visitors.
What will happen when those unexpected encounters occur in a museum for the first time?

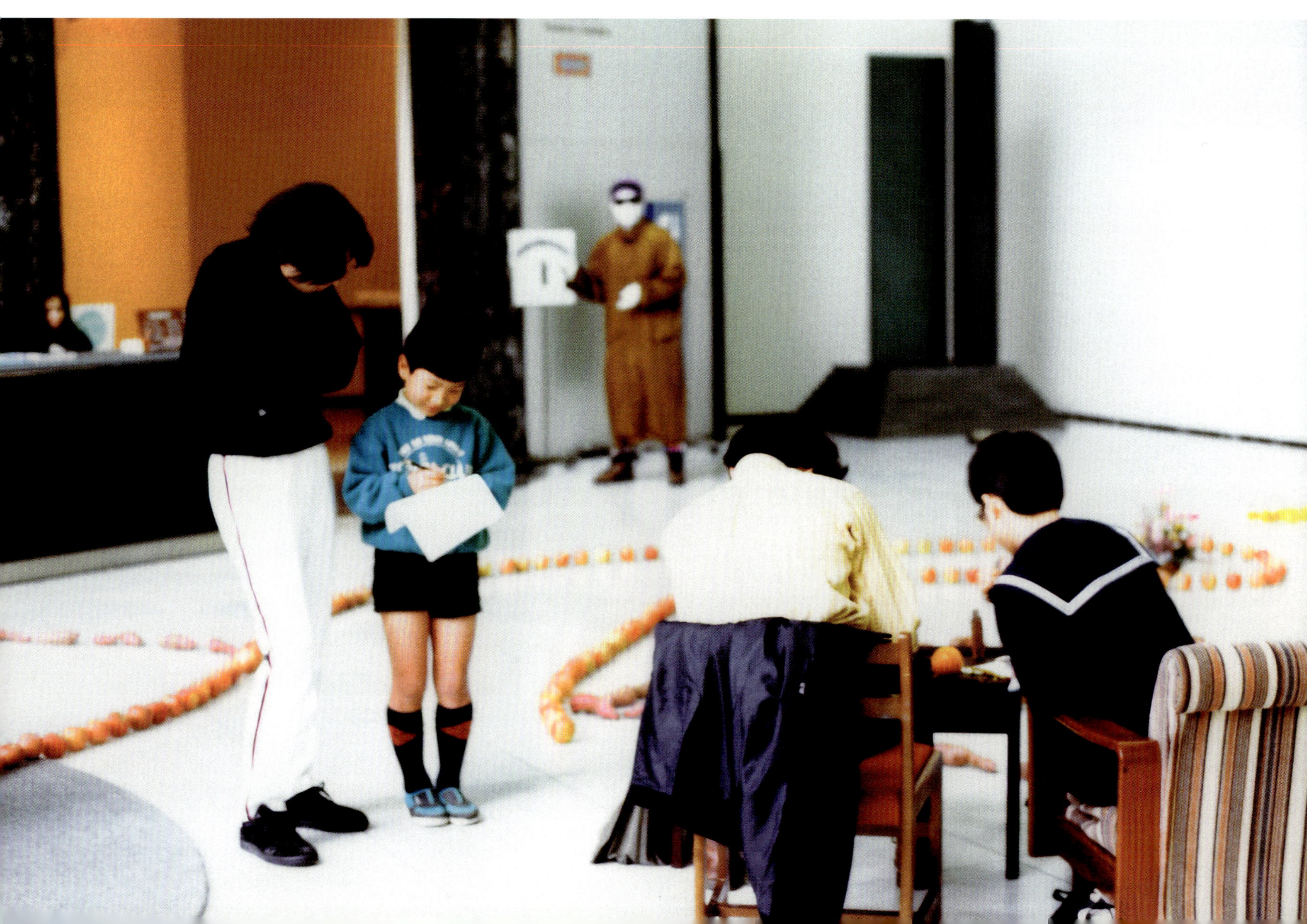

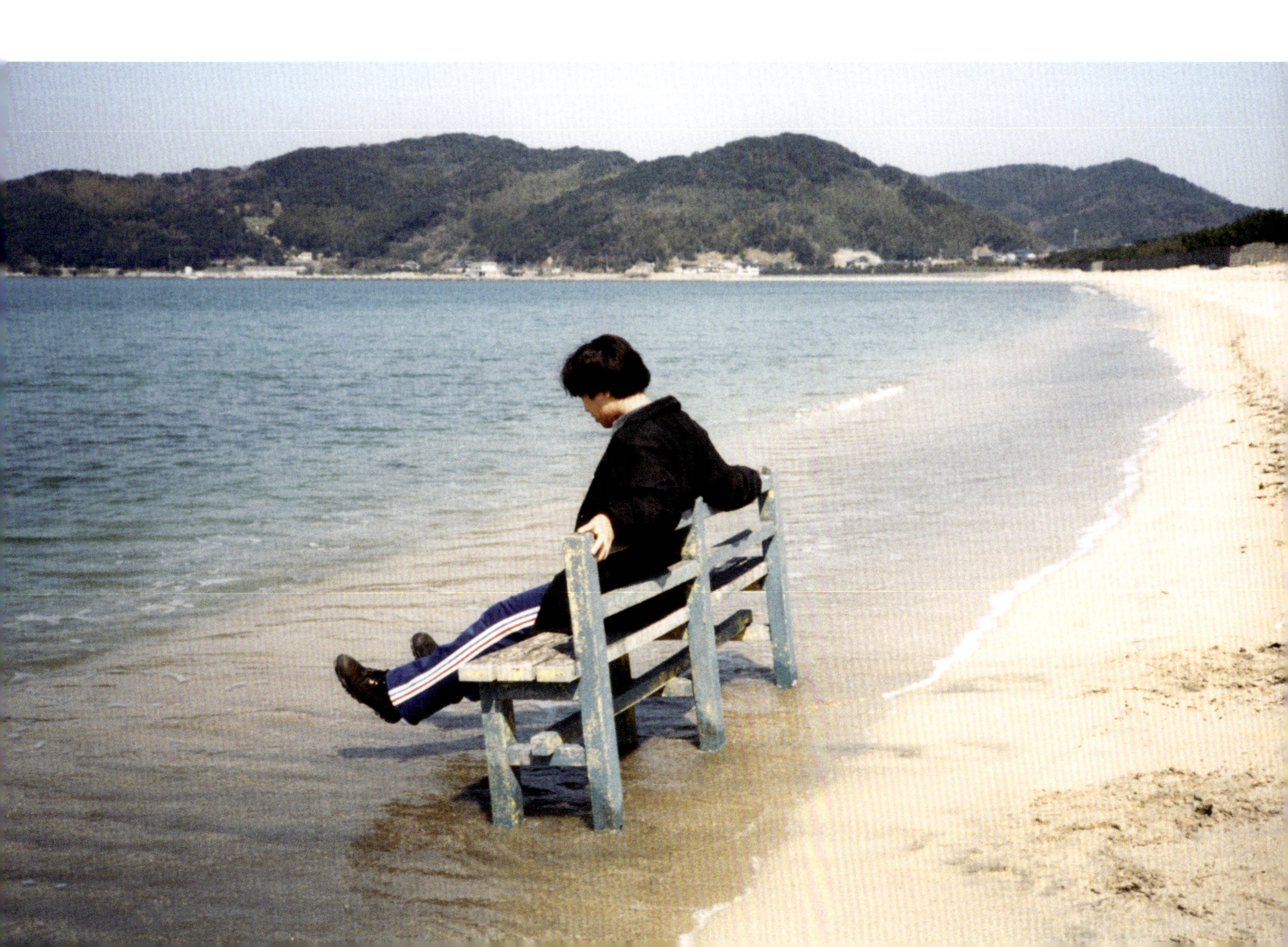

Un día, se me ocurrió que, si me convertía en Santa Claus durante la estación cálida,
sería como estar en un país del hemisferio sur, donde la Navidad es en época estival.
Era primavera, y me vestí de Santa Claus en un terreno baldío cerca del mar, por donde
pasaban trenes. Era un Santa Claus que podías ver de un vistazo desde la ventana del tren,
pero no podías mirar atrás para contemplarlo. La imagen permanecería en tu mente, porque
era un instante fugaz.
Pensé que sería maravilloso que hubiera alguien de Latinoamérica o Australia en el tren, y
que, si alcanzaba a verme vestido de Santa Claus, le evocara la Navidad en su país en verano.
Recogí la basura del suelo; ese Santa Claus primaveral sostenía unas bolsas azules llenas
de objetos desechados.
A veces, pienso en Colón, que en su intento de llegar hasta la India encontró América. ¿Cuál
puede ser el descubrimiento de mi «Navidad en el hemisferio sur»?

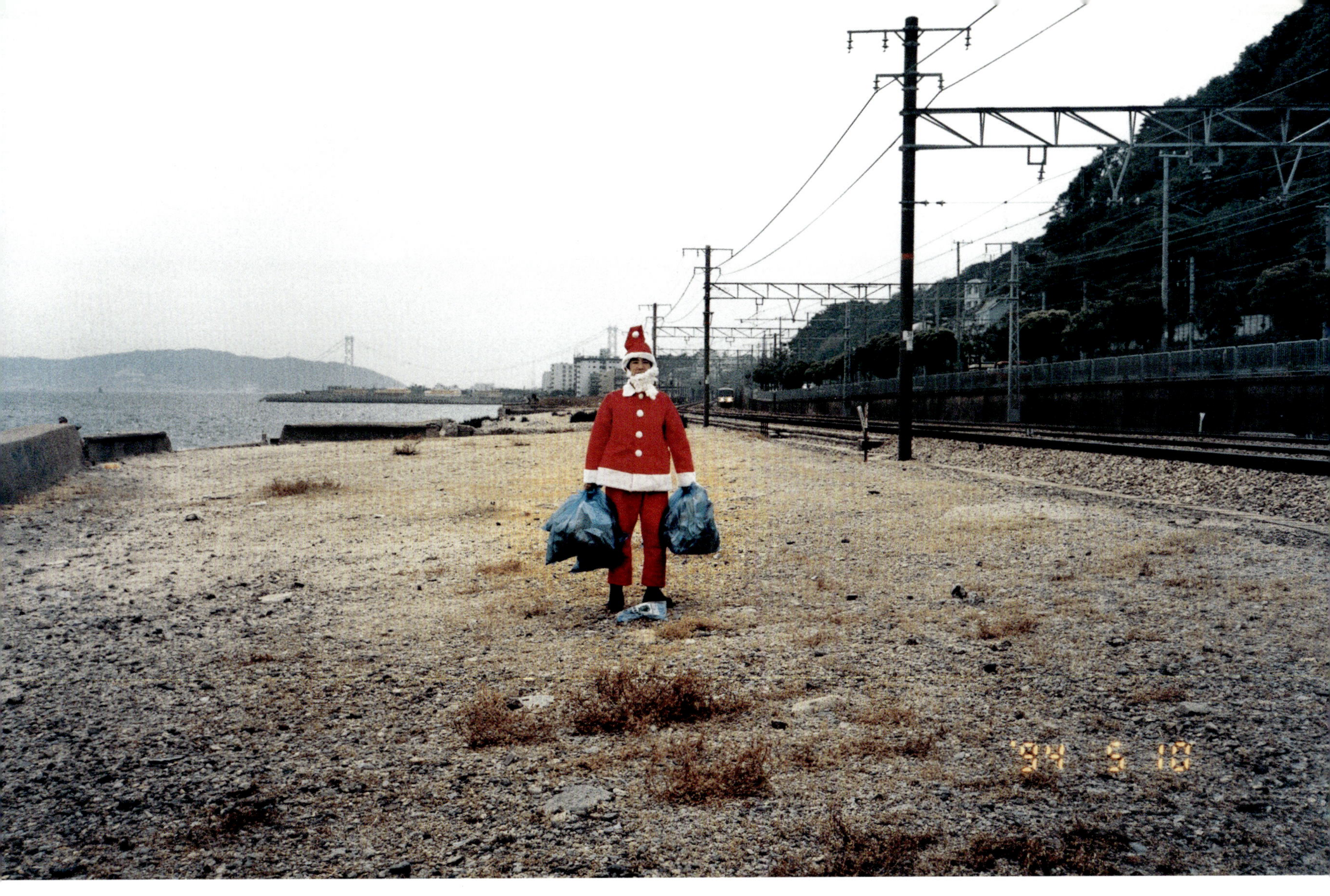

'94 5 10

Con pájaros al amanecer   1999

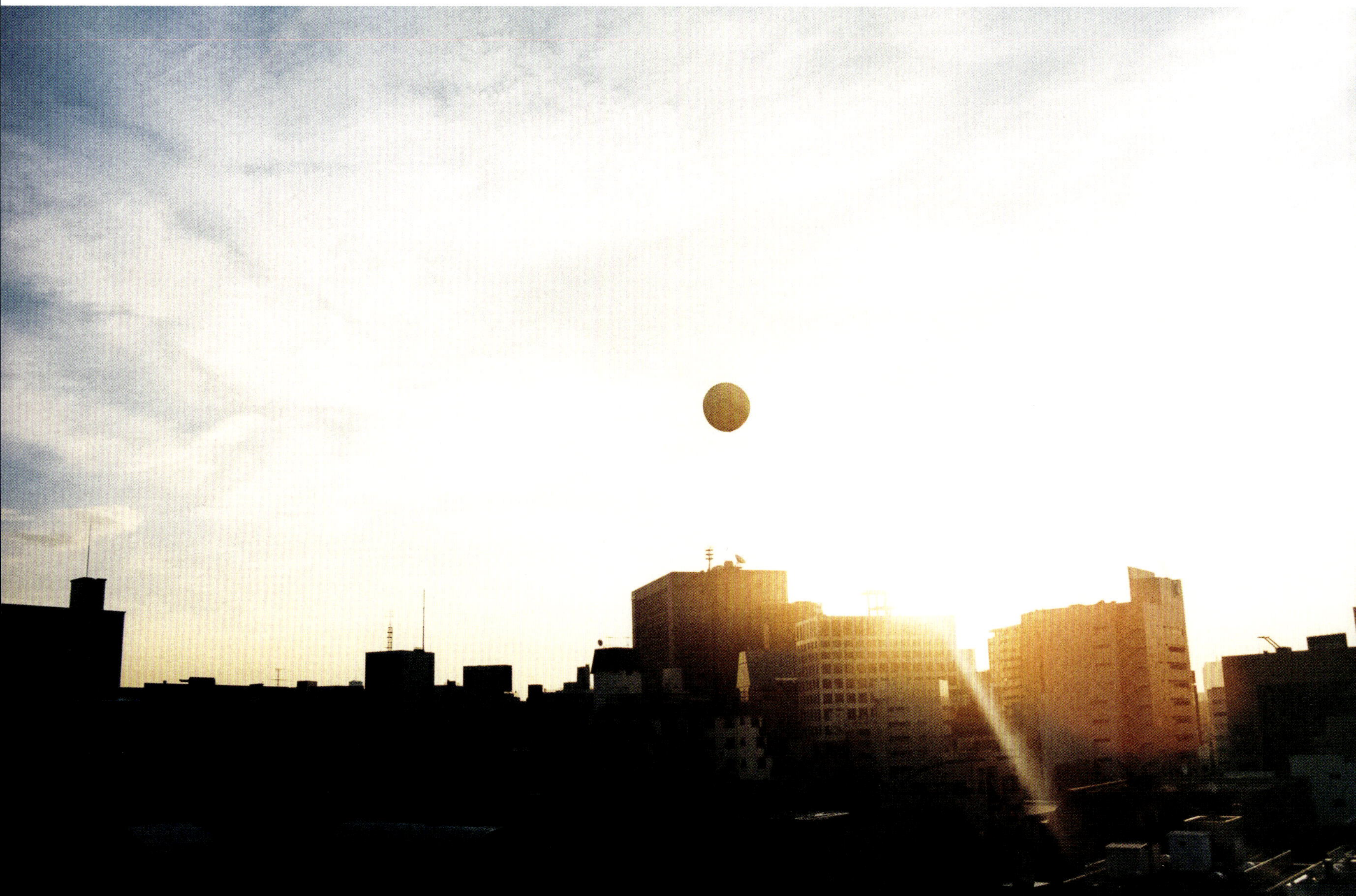

Al alba. Los pájaros acaban de despertarse. ¿Adónde volarán?
¿Y adónde volarán mi consciencia y mi imaginación? En la neblinosa luz azul, teñida aún por los colores del arco iris de los sueños.
Por la mañana. Vuelve a salir el sol, las flores se abren y los pájaros empiezan a volar. Mi imaginación y mi ímpetu también se despiertan y empiezan a volar.
Por la mañana. Hay cosas hermosas que forman parte de la mañana, cosas que quiero ver. Debería existir también el arte matutino. Del mismo modo en que existe el desayuno, así como el almuerzo y la cena.
(¿Por qué la mayoría de las inauguraciones y eventos artísticos tienen lugar a partir de las seis de la tarde?).

Por la mañana. Un pequeño Cessna aparece en el deslumbrante cielo azul, dibuja un círculo blanco mientras lo miro y luego vuelve a desaparecer de mi vista. Eso es todo.
Encaja de forma suave y precisa en un estado de ánimo matutino.
En la antigüedad, la gente debía de sentir algo parecido al ímpetu al ver volar a los pájaros por la mañana.
Yo observo a los pájaros con la misma emoción que la gente de la antigüedad.
El sol de la mañana, los pájaros volando, las estrellas, las explosiones, el fuego, las flores, el océano, las olas.
¿Por qué nos quedamos fascinados al mirar estas cosas, sin motivo aparente?
(Cosas que vuelan, cosas que se elevan, cosas que estrenan el día).

Por la mañana. Yo soy artista como los pájaros son pájaros desde el momento en que se despiertan. ¿Hay alguien que sea un admirador del arte desde el momento en que se despierta? ¿Qué clase de persona es?
Me gustaría conocer a una persona así. Me gustaría conocer a esa gente.
Se trata de personas totalmente entregadas desde primera hora del día. Como yo estoy totalmente entregado, me gustaría conocer a personas totalmente entregadas.
Creo honestamente en los sueños y la imaginación, por lo que me gustaría conocer a personas que creen honestamente en los sueños y la imaginación.
(Busco gente con imaginación desbordante, personas que son como la música).

Daybreak. The birds have just awakened. Where will they fly?
And where will my consciousness and imagination fly? In the misty blue light, still tinged by the rainbow colors of dreams.
Morning. The sun comes up again, flowers open, and birds begin to fly. My imagination and courage are also aroused and begin to fly.
Morning. There are beautiful things belonging to the morning, things I want to see. There should also be morning art. Just as there is breakfast in addition to lunch and dinner.
(Why do most art openings and events take place after six o'clock in the evening?)

Morning. A small Cessna flies into view in the fresh blue sky, makes a white circle as I watch and then flies out of sight once again. That is all.
It fits softly and exactly into a morning state of mind.
Ancient people probably felt something like courage grow as they watched birds flying in the morning.
I watch the birds with the same emotion as the ancient people.
The morning sun, the flying birds, the stars, the explosions, the fire, the flowers, the ocean, the waves. Why do we look at these things with fascination, with no apparent reason?
(Things that fly, things that rise, things that start the day.)

Morning. I am an artist just as birds are birds from the moment they wake up. Is there anyone who is an art viewer from the moment he wakes up? What sort of person would he be?
I would like to meet such a person. I would like to meet such people.
There are people who are totally committed from first thing in the morning. Since I am totally committed, I would like to meet people who are totally committed.
I sincerely believe in dreams and imagination, so I would like to meet people who sincerely believe in dreams and imagination.
(I am searching for people with abundant imaginations, people who are like music.)

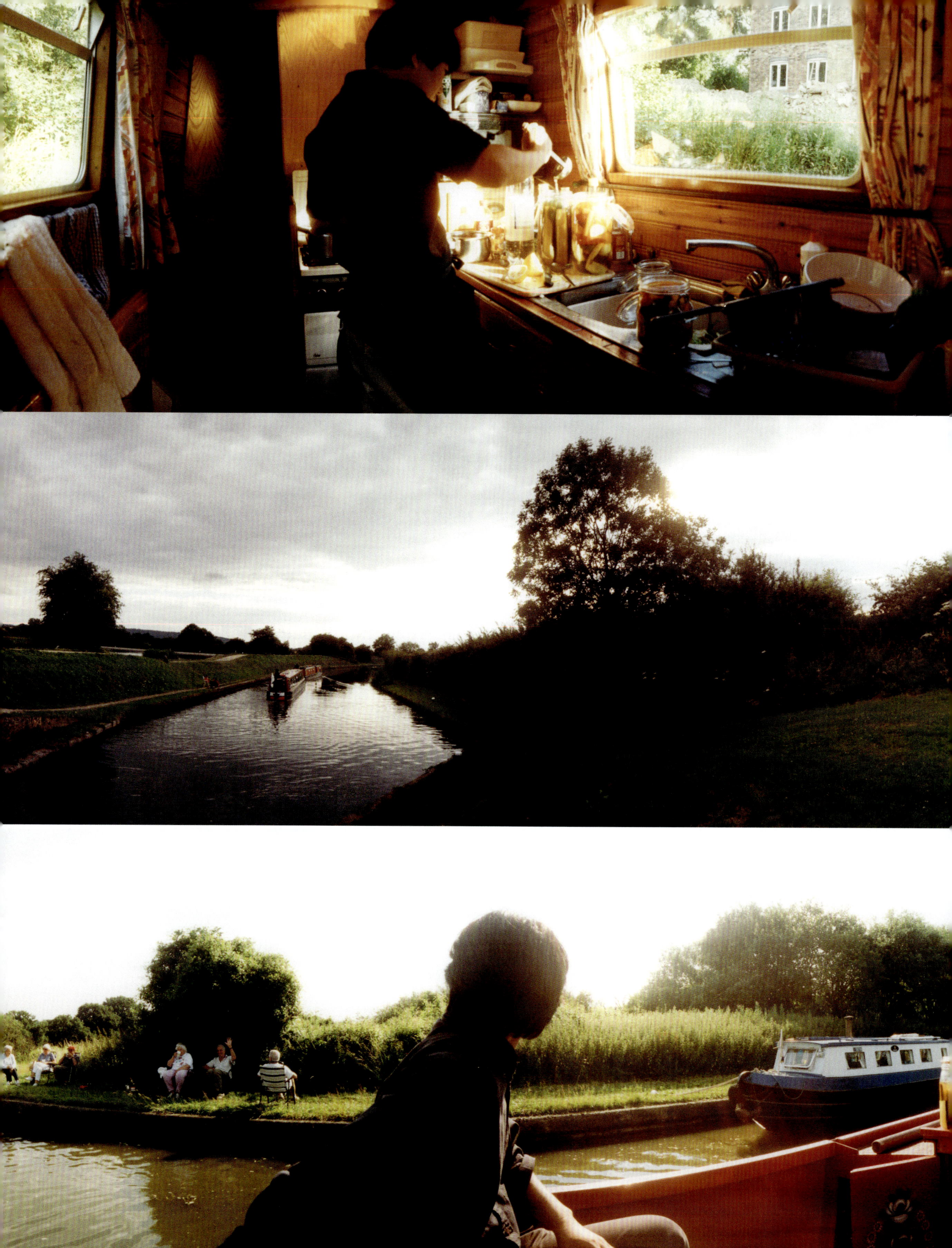

El viaje en tren de Londres a Birmingham dura dos horas, pero yo hice el viaje en barco en dos semanas, por un canal construido en el siglo XVIII. Durante ese viaje, preparé hortalizas encurtidas.
Al llegar a Birmingham, las hortalizas y los pepinos que acababa de comprar frescos en Londres se habían avinagrado.
Cuando concebí el proyecto, no sabía preparar encurtidos, pero al final del viaje había aprendido ya un poco, y los tomates encurtidos me quedaron bastante bien.
Durante el trayecto de Londres a Birmingham, recopilé recetas para preparar encurtidos de gente que conocí en el viaje, contemplé ovejas y aves acuáticas que aparecían a nuestro paso, me fijé en las hojas que flotaban en el agua. Y vi cómo los pepinos se iban convirtiendo lentamente en pepinillos.
Geoff y Jean, una pareja de ingleses que viajaban conmigo, me explicaron el funcionamiento del barco. Charlando cada día con ellos, aprendí también unas cuantas cosas sobre Inglaterra. Geoff y Jean empezaron preguntándome: «¿Por qué es arte preparar encurtidos en un barco?». Pero acabaron admitiendo: «Tal vez lo sea. ¿Por qué no puede ser arte?».
Geoff y Jean me animaron a comer platos ingleses cada día, y me prepararon cosas como salchichas y rosbif para desayunar, almorzar y cenar. Al engullir esa comida, engordé más que nunca.
Viaje en barco y encurtidos: viaje lento y comida lenta. Hay lugares a los que solo se puede viajar lento y hay cosas que solo pueden hacerse lentamente.
Al llegar a Birmingham, regalé los encurtidos a mis amigos. Esos encurtidos emprenderán un nuevo viaje en sus cuerpos.

Remix de samba cubana (por Nomura Makoto) 2023

Tuve la oportunidad de exponer en una fábrica de bicicletas de La Habana (Cuba). Cuando llegamos al lugar, vimos que más de la mitad del tejado estaba podrido y las columnas de acero oxidadas. En el centro de aquel enorme espacio, una tubería rota que atravesaba el techo perdía agua, y se había formado un gran charco en el suelo de hormigón. Había recogido unas latas vacías y las coloqué debajo de esas gotas de agua que caían en cascada. Y entonces oí el sonido de mi corazón que bailaba. Oí música.
Se me ocurrió la idea de que unos músicos tocaran junto a esos sonidos. Y fui a ver a mi amigo músico Nomura Makoto.

I took the opportunity to exhibit at a former bicycle factory in Havana, Cuba. We arrived at the site and found that more than half the roof had rotted away and the steel columns rusted. In the centre of this massive space, a broken pipe running through the ceiling was leaking water, and a large puddle formed on the concrete floor. I placed some empty cans that I had scavenged at the bottom of these cascading drops of water. And then I heard the sound of my heart dancing. I heard music.
The idea crossed my mind to have musicians play along with those sounds. So I visited my musician friend, Nomura Makoto.

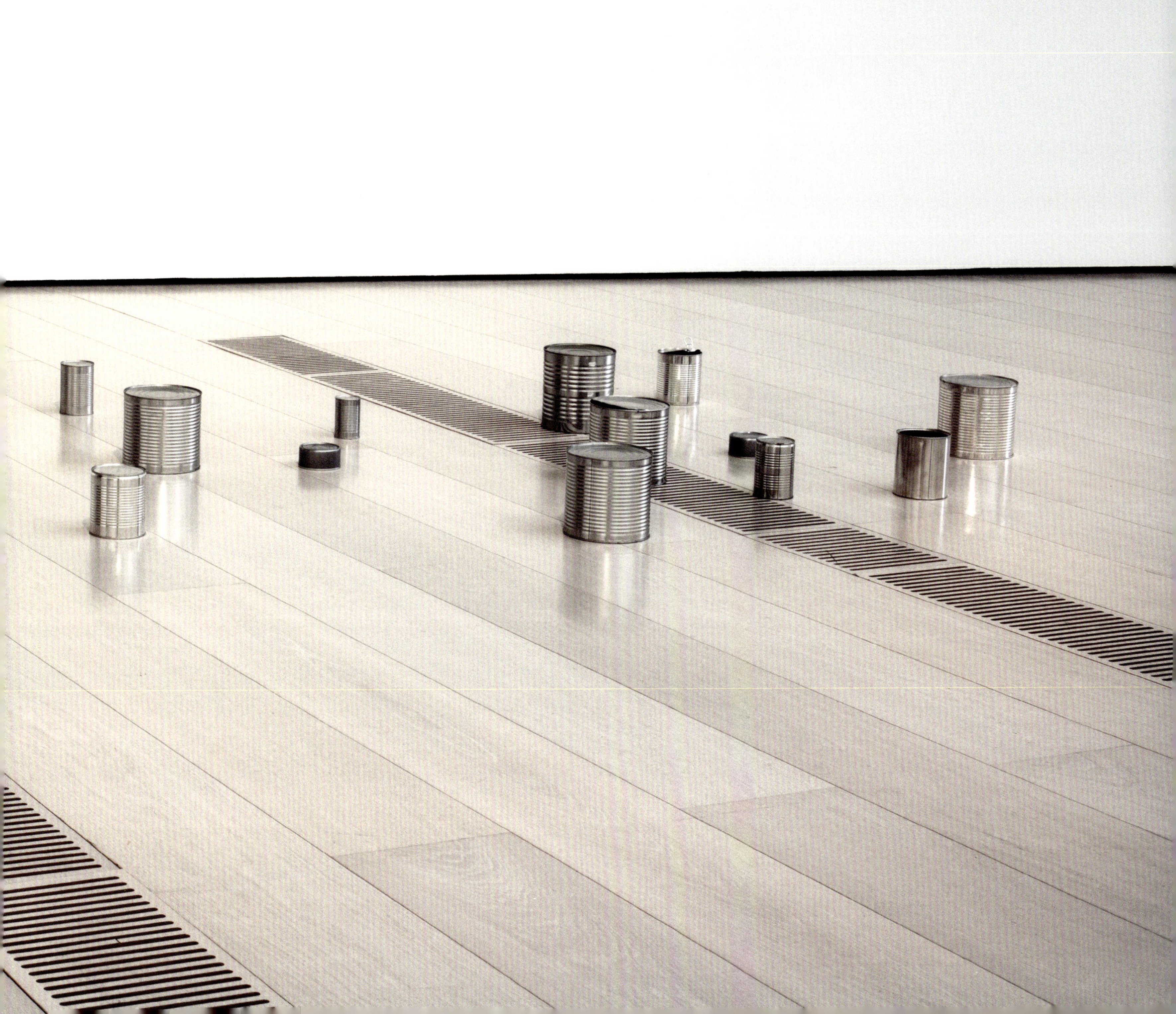

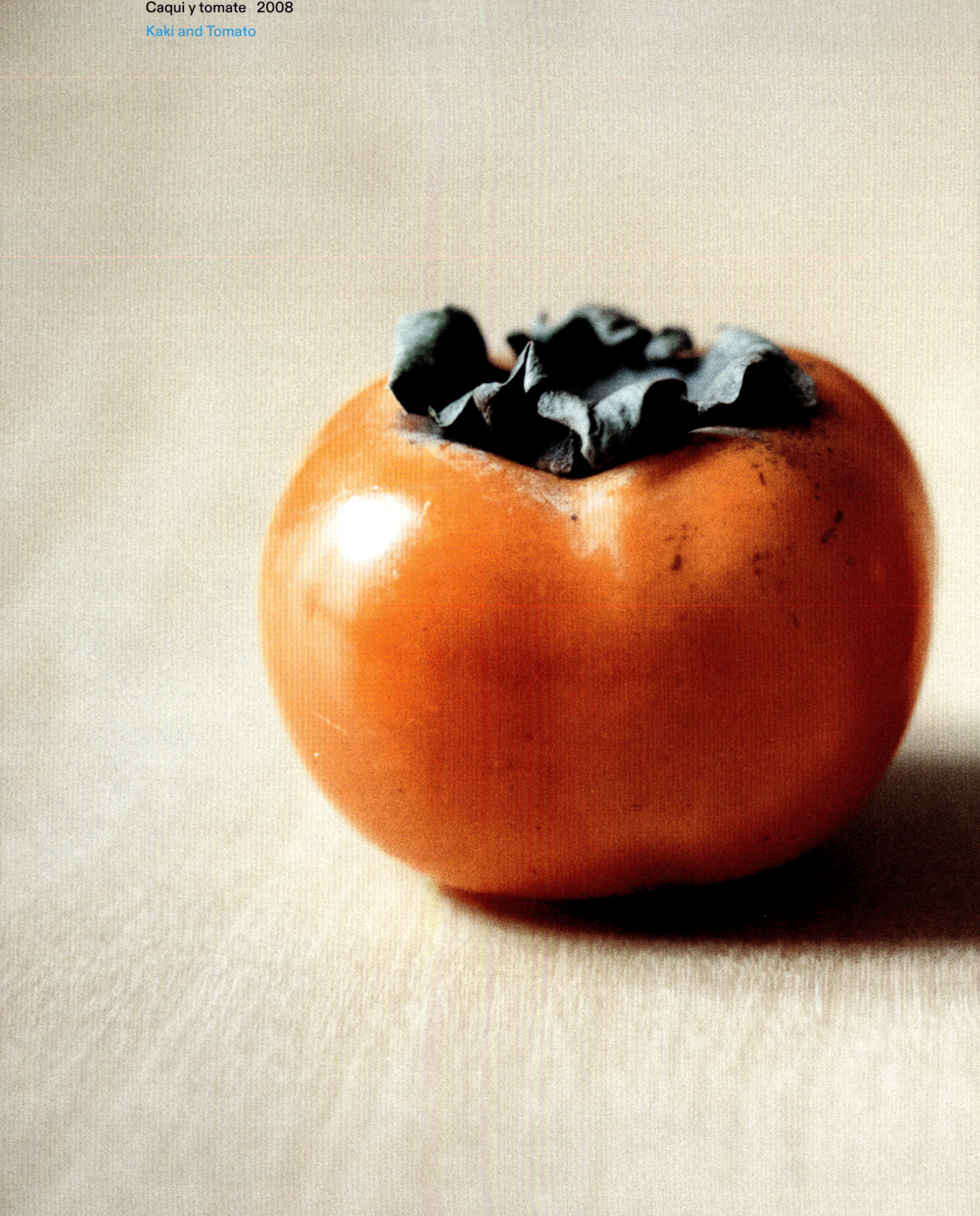

Caqui y tomate   2008

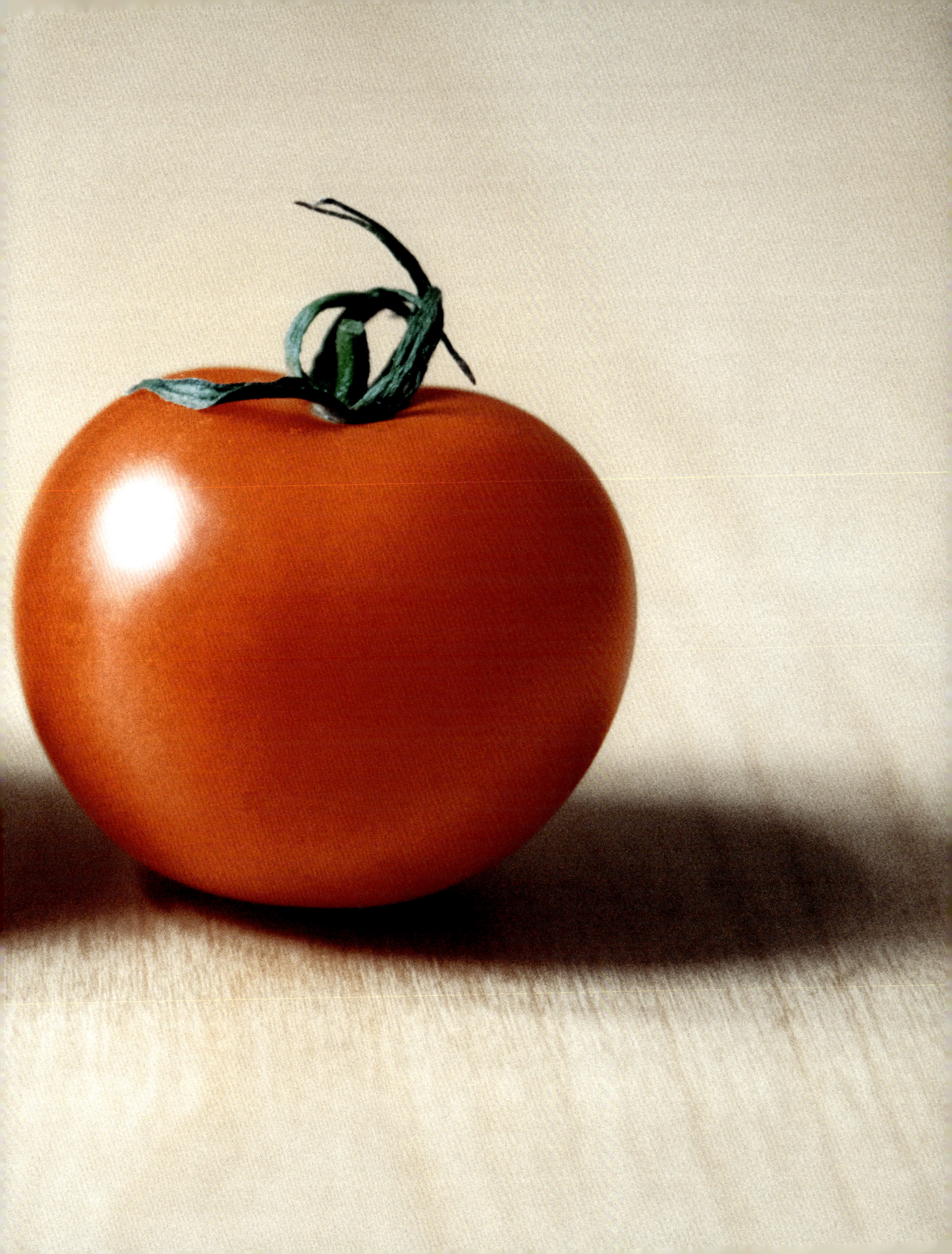

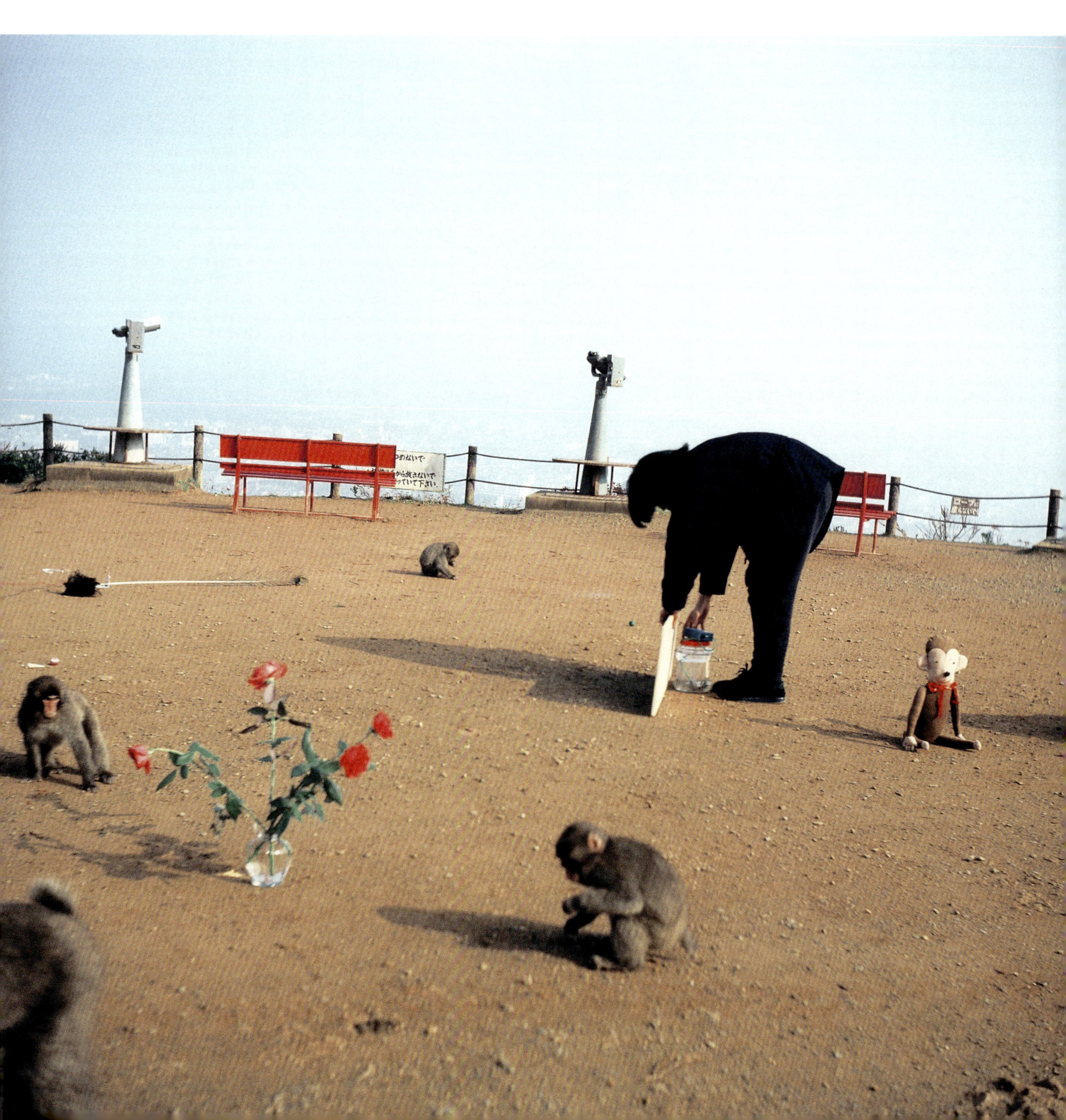

Exposición para los monos 1992

Cuando fui a la Montaña de los Monos de Kioto, oí que uno de los monos cogía de vez en cuando un trozo de cristal y lo contemplaba. Por eso organicé una exposición sobre la Montaña de los Monos, para los monos.

When I went to Monkey Mountain in Kyoto, I heard that one of the monkeys would occasionally pick up a fragment of glass and gaze at it. That's why I held an exhibition on Monkey Mountain–for the monkeys.

Los monos de las nieves de Texas, ¿se acordarán de las montañas nevadas?   2016

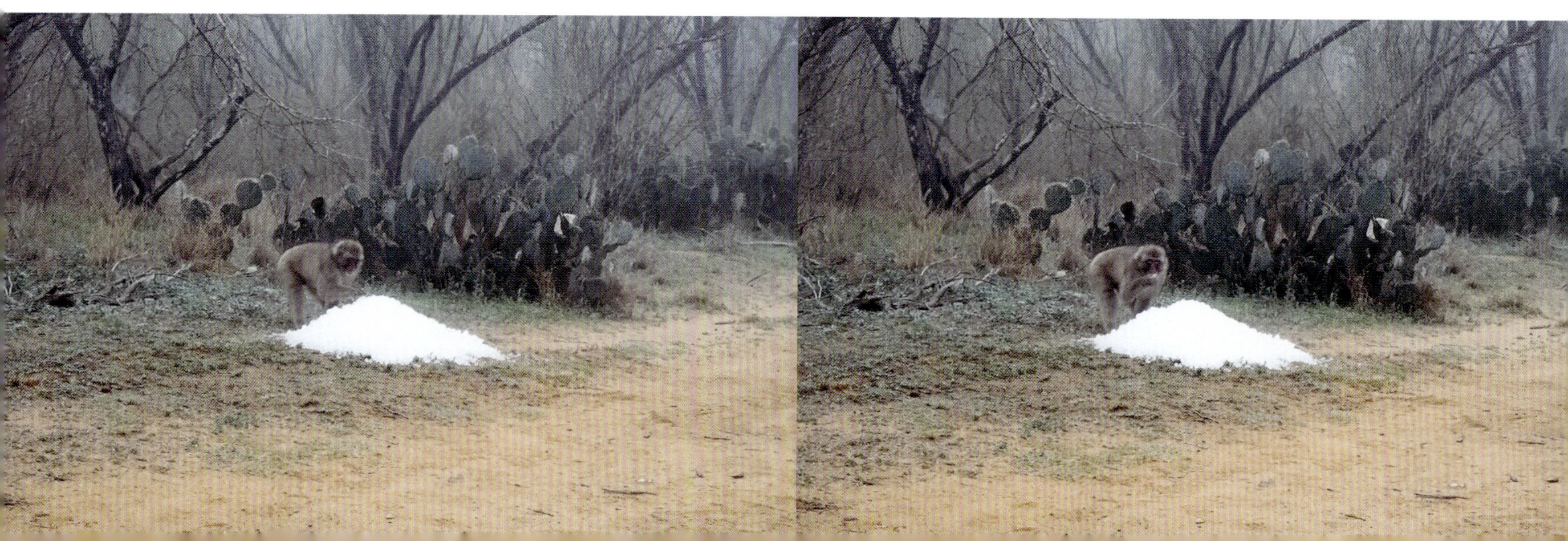

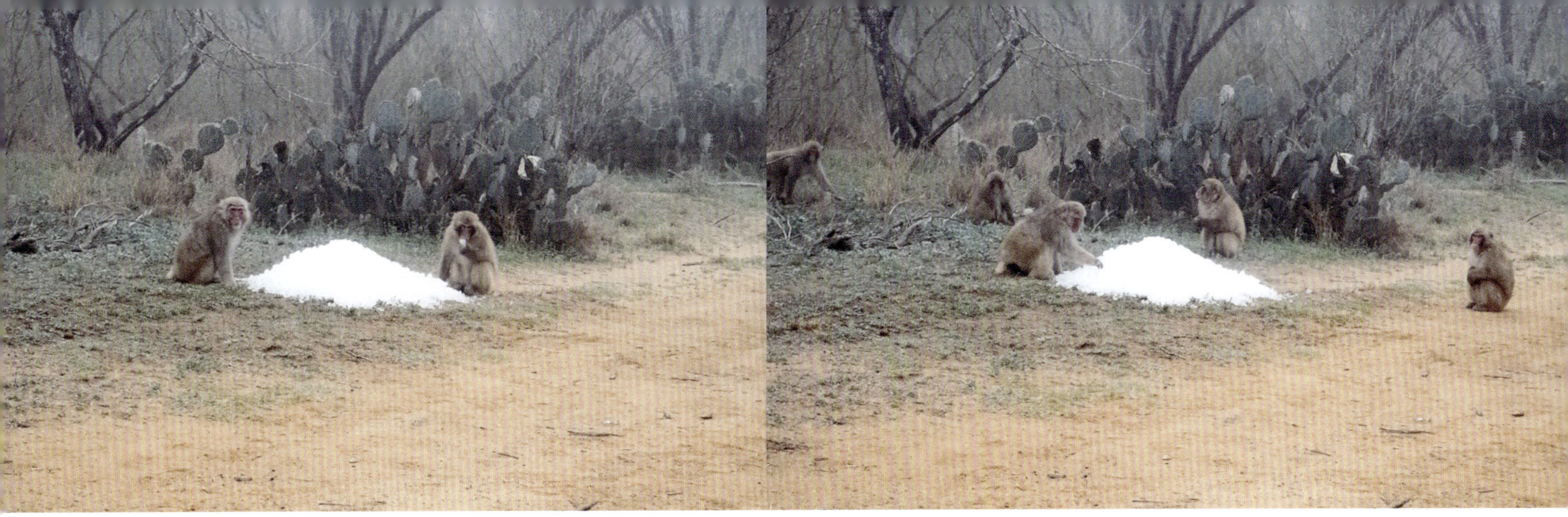

Cuando estuve en la Montaña de los Monos de Kioto en 1992, oí una historia interesante.
En 1972, un grupo de macacos japoneses fue trasladado desde las montañas de Kioto hasta un desierto de Texas. En el primer año, el número de ejemplares se redujo drásticamente. No supieron vivir en el desierto con los cactus, los pumas y las serpientes de cascabel. Pero en el segundo año, su población aumentó. ¿Se adaptan los monos más rápido que las personas a nuevos entornos? Me entraron ganas de ir allí algún día a conocerlos.
Finalmente, en 2016, fui a Texas a verlos. En cierta manera, me parecieron un poco americanizados. Son un poco más grandes de tamaño, y habían empezado a comer cactus. Ahora ya saben lidiar con los pumas y las serpientes de cascabel. Han desarrollado un nuevo lenguaje para alertarse del peligro.
Pasé unos días con ellos bajo el sol de Texas y decidí hacerles una montaña de hielo. Llené un coche con bolsas de hielo y me pregunté: ¿se acordarán de las montañas nevadas?

When I visited the Monkey Mountain in Kyoto in 1992, I heard an interesting story.
In 1972, a group of Japanese snow monkeys were brought from the mountains of Kyoto to a Texas desert. The first year, their numbers reduced dramatically. They didn't know how to live in the desert with cactus, cougars or rattlesnakes. But in the second year, their population grew. Do monkeys adapt to new environments faster than people do? I wanted to go and meet them someday.
In 2016, I finally visited them in Texas. I saw that they looked a bit Americanized, somehow. They are a bit bigger, and started to eat cactus. Now they know how to deal with the cougars and rattlesnakes. They have a new language to alert each other.
I spent a few days with them under the Texas sun and decided to make a mountain with ice for them. I filled a car full of ice bags. And I wondered, do they remember snow mountains?

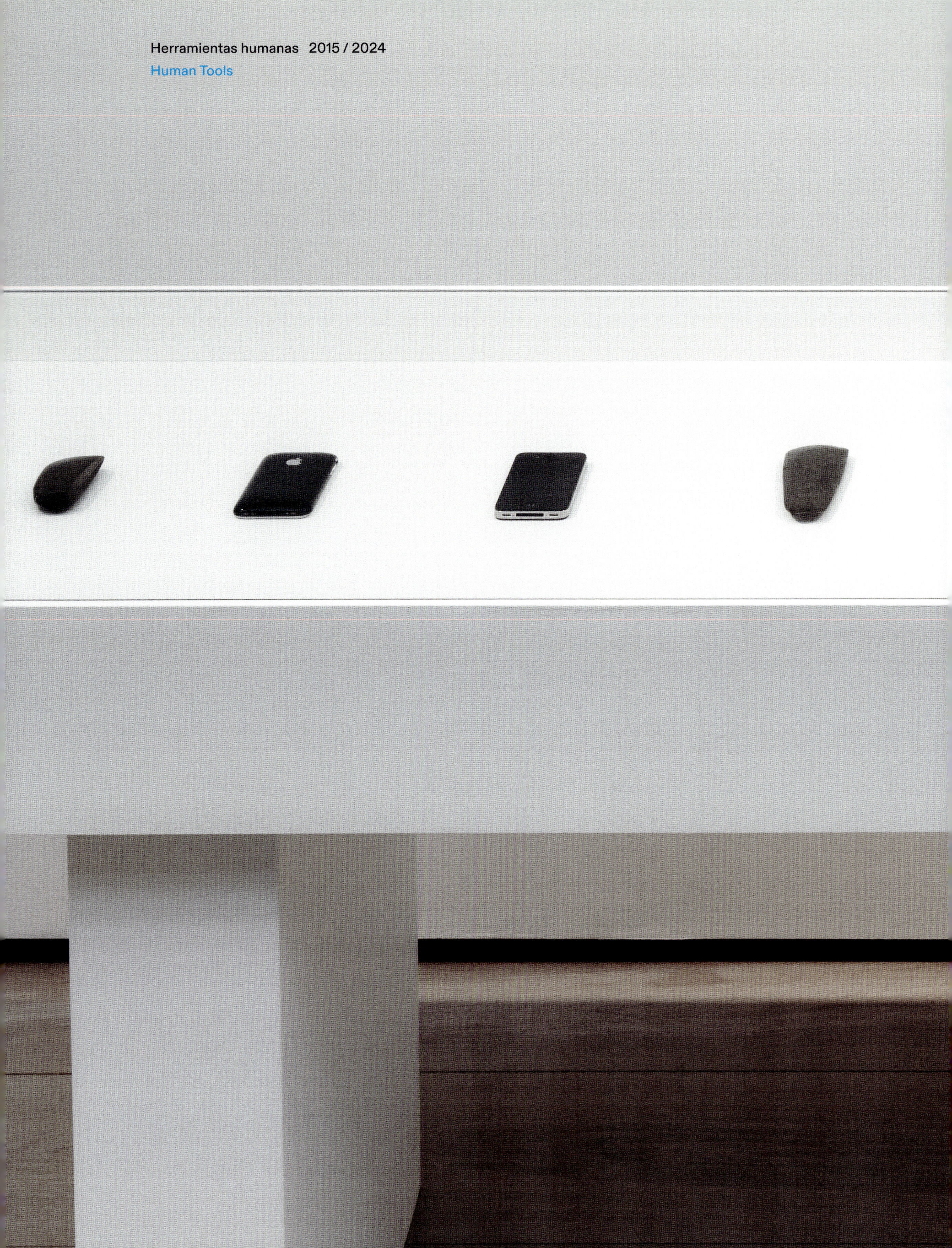

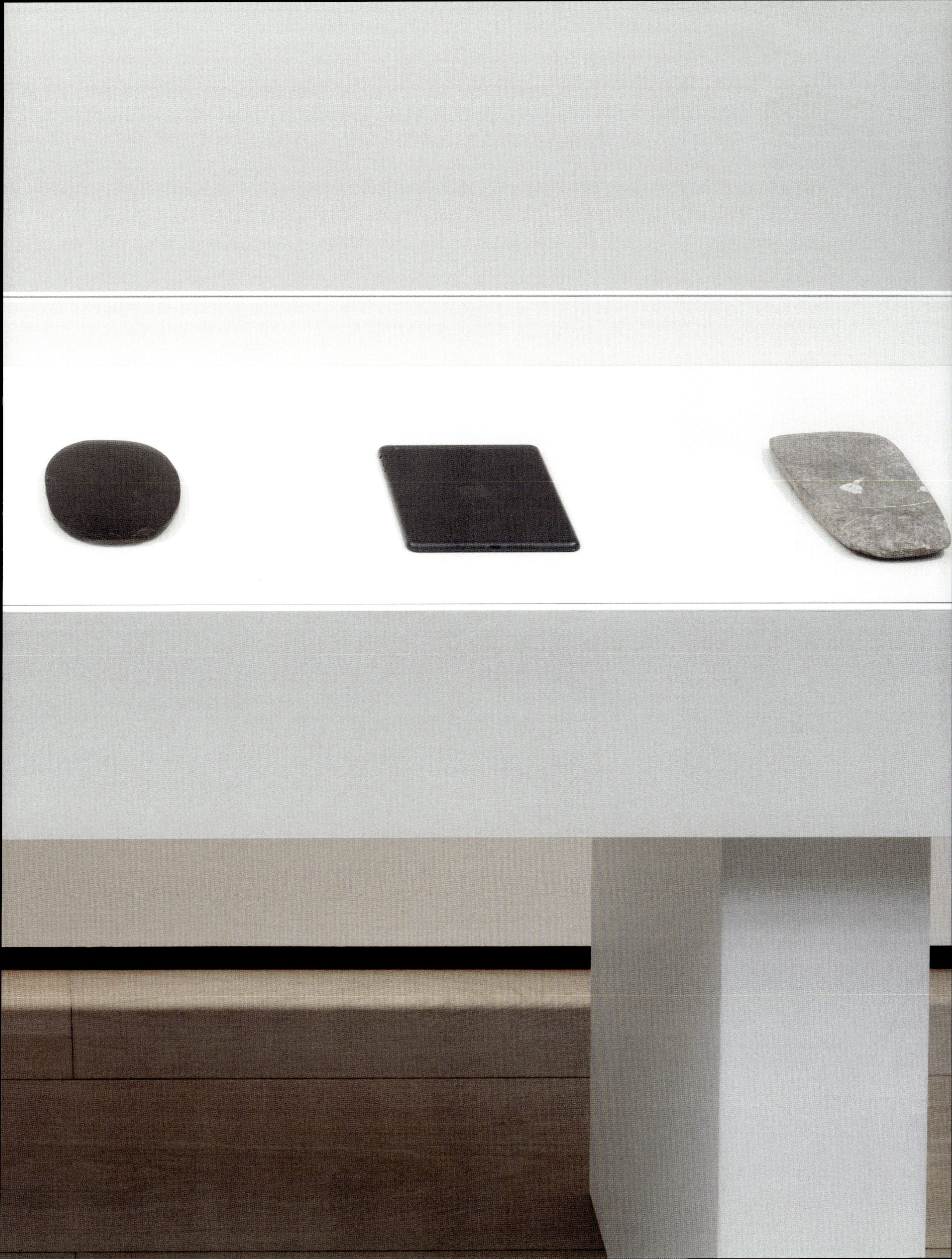

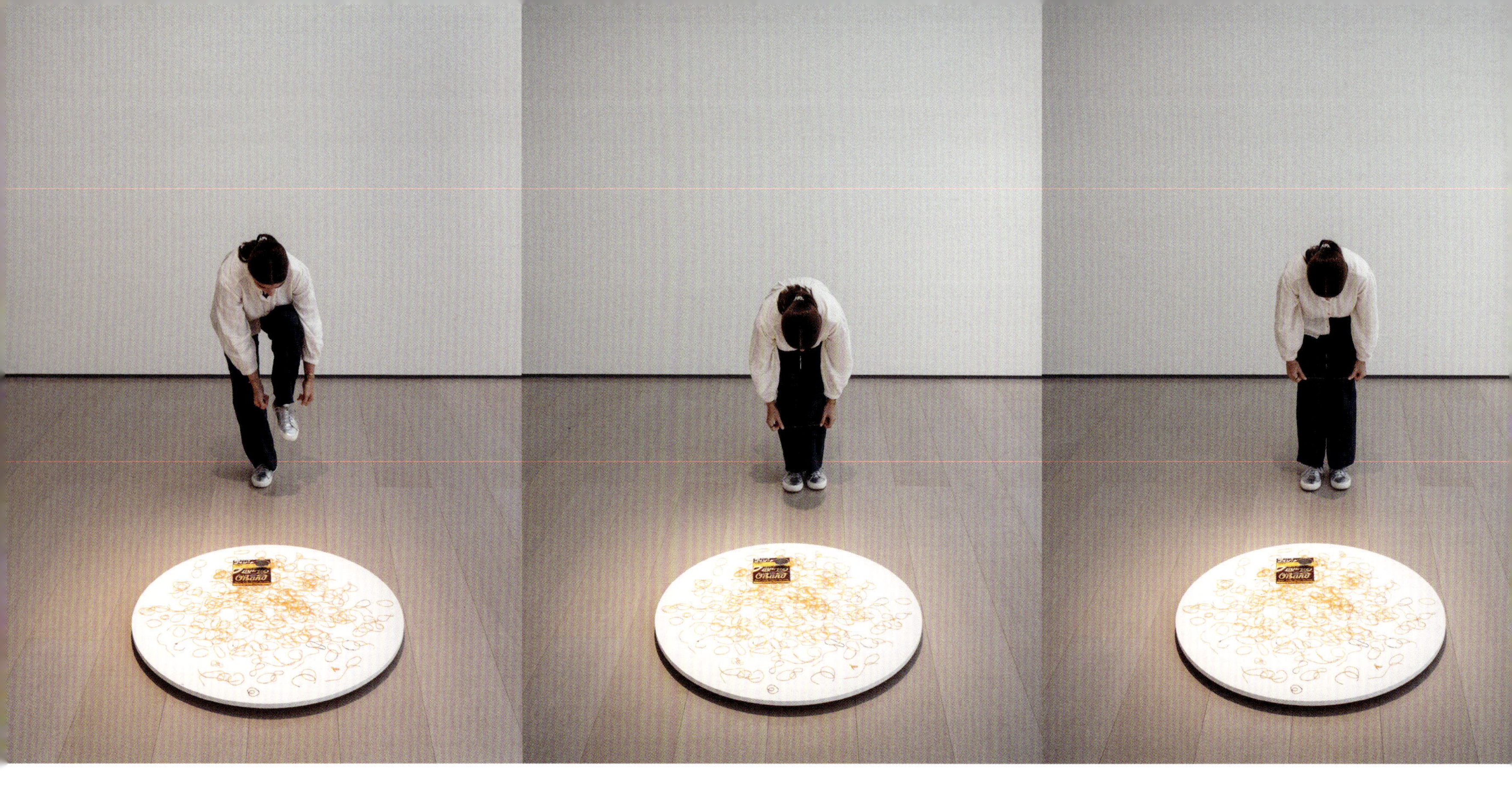

Cruzando a través de la goma elástica   2000
Passing Through the Rubber Band

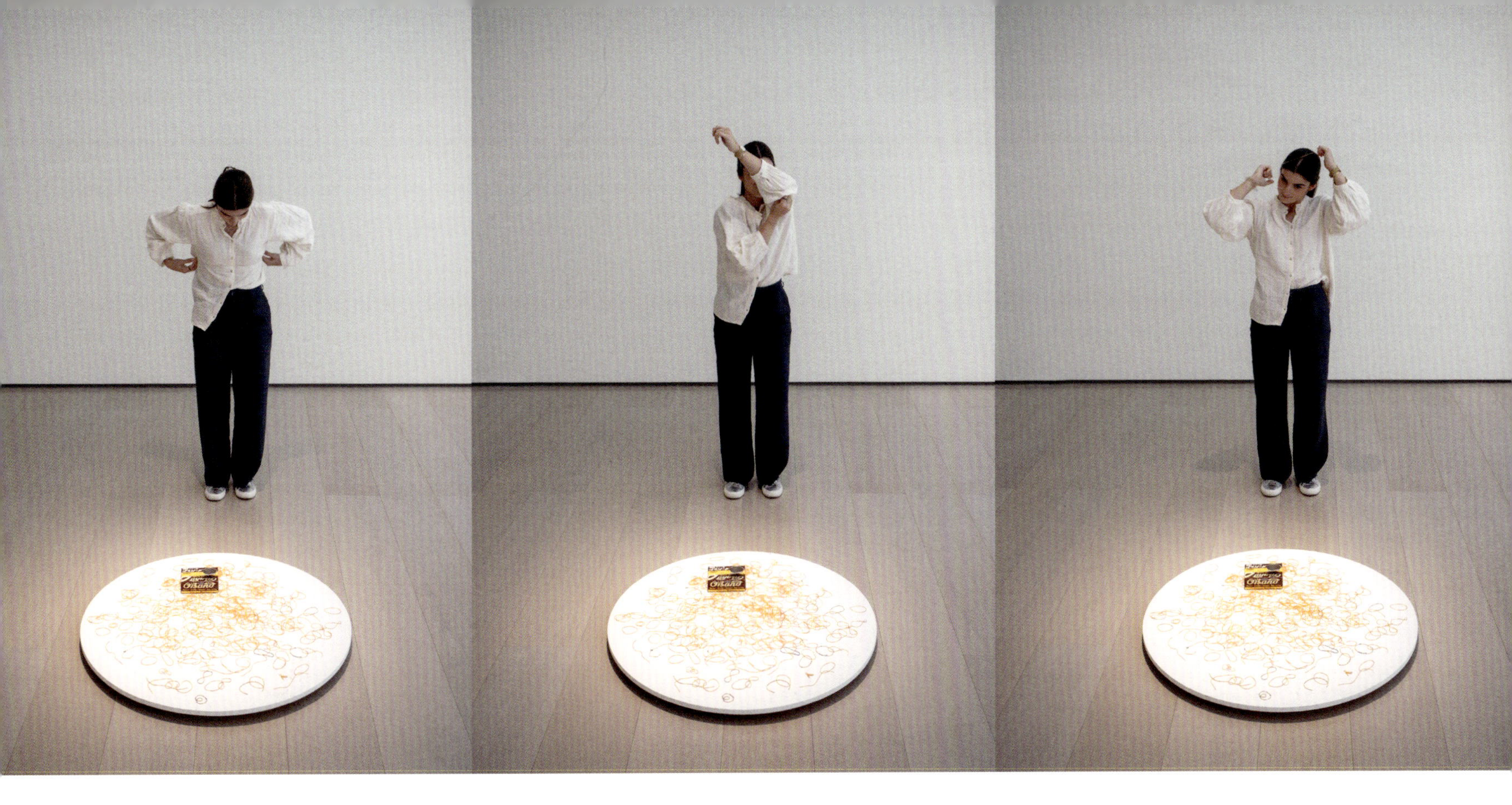

Anímate a sacar una goma elástica de la caja y pasa con tu cuerpo a través de ella.
Feel free to take a new rubber band out of the box and pass your body through it.

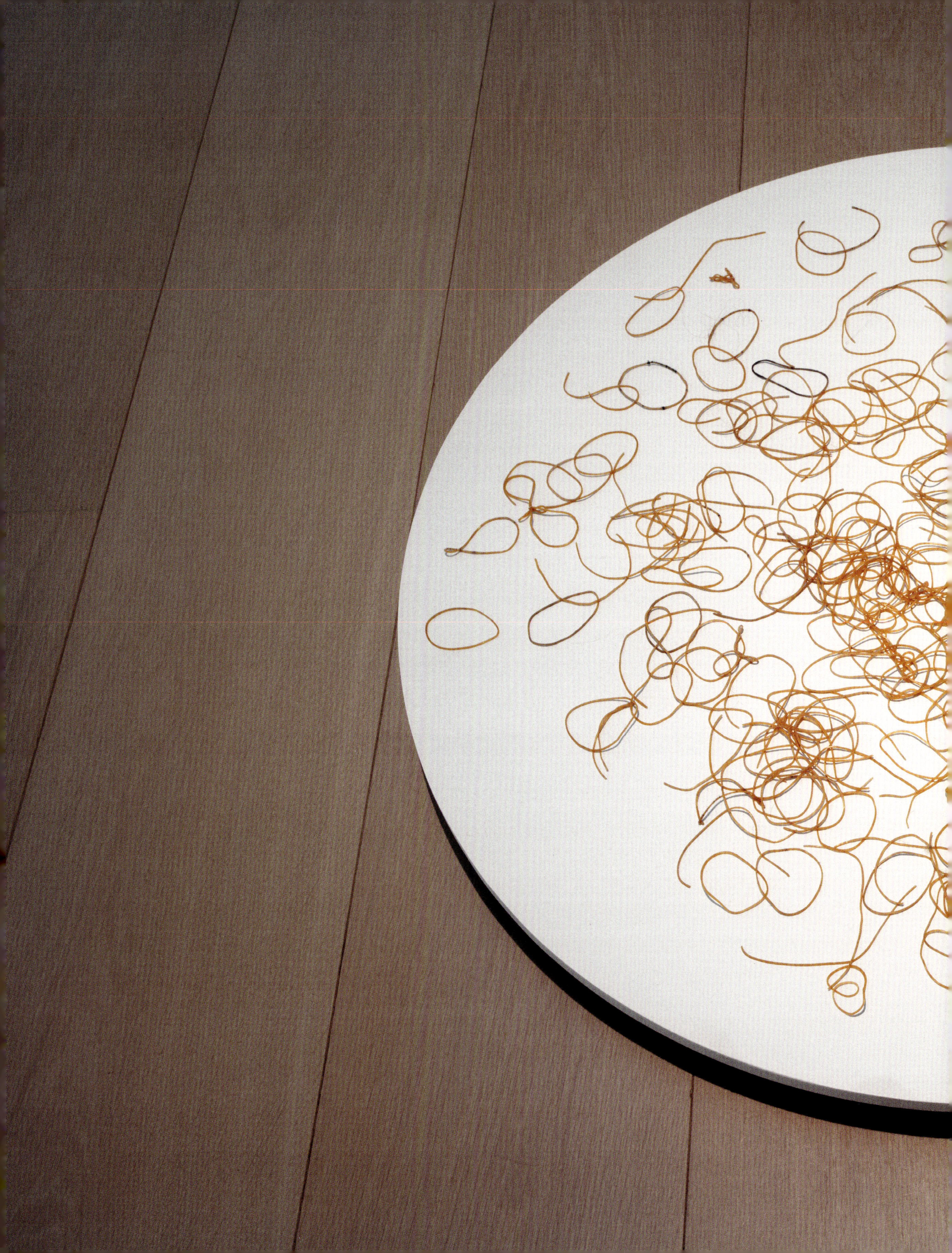

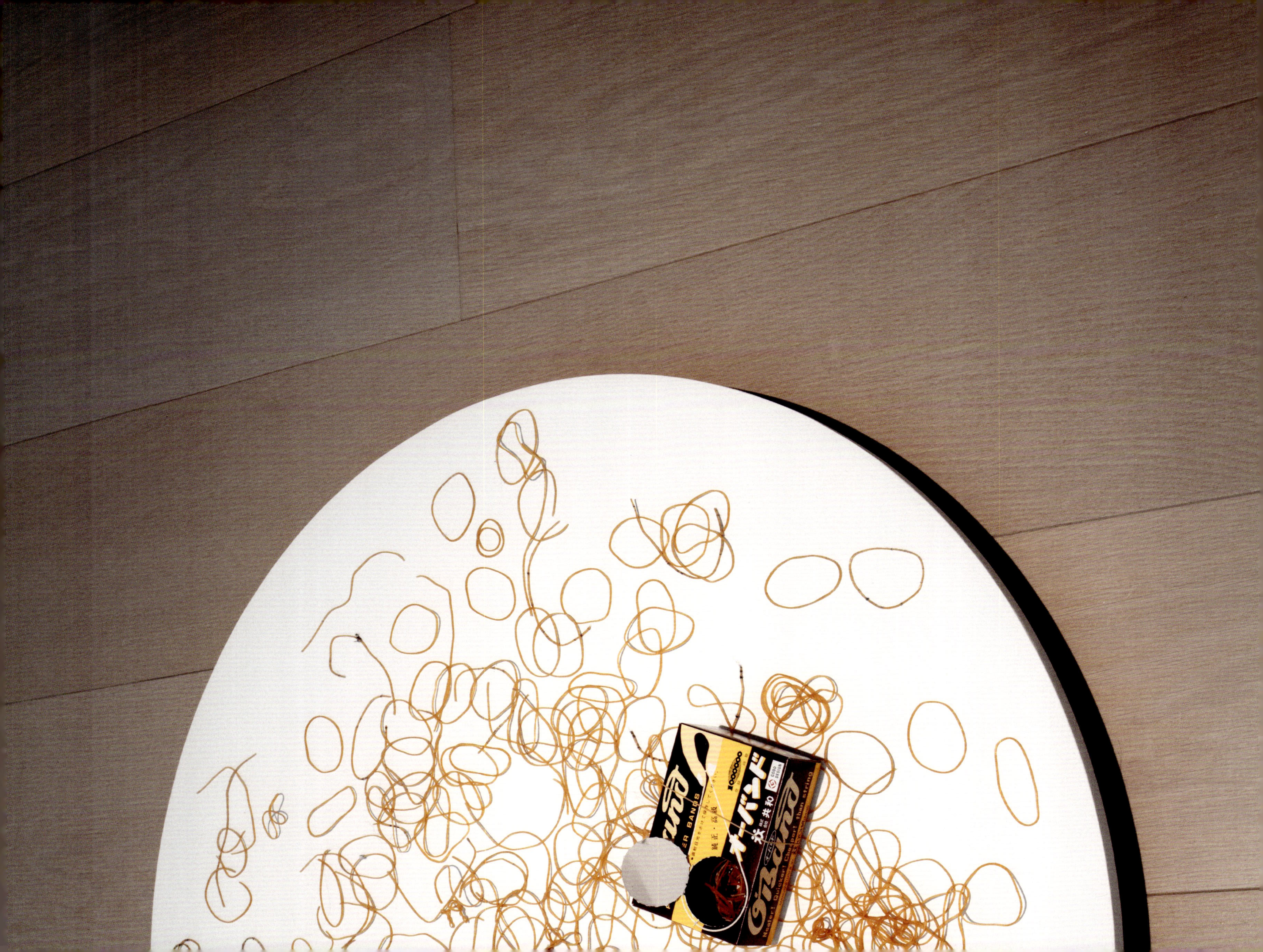
PURE
RUBBER BANDS
純正・高級
1000000
オーバンド
株式會社 共和
O-band
Neater! Quicker! Cheaper than string
GOOD
DESIGN

Amanecer en Mt. Artsonje   2007

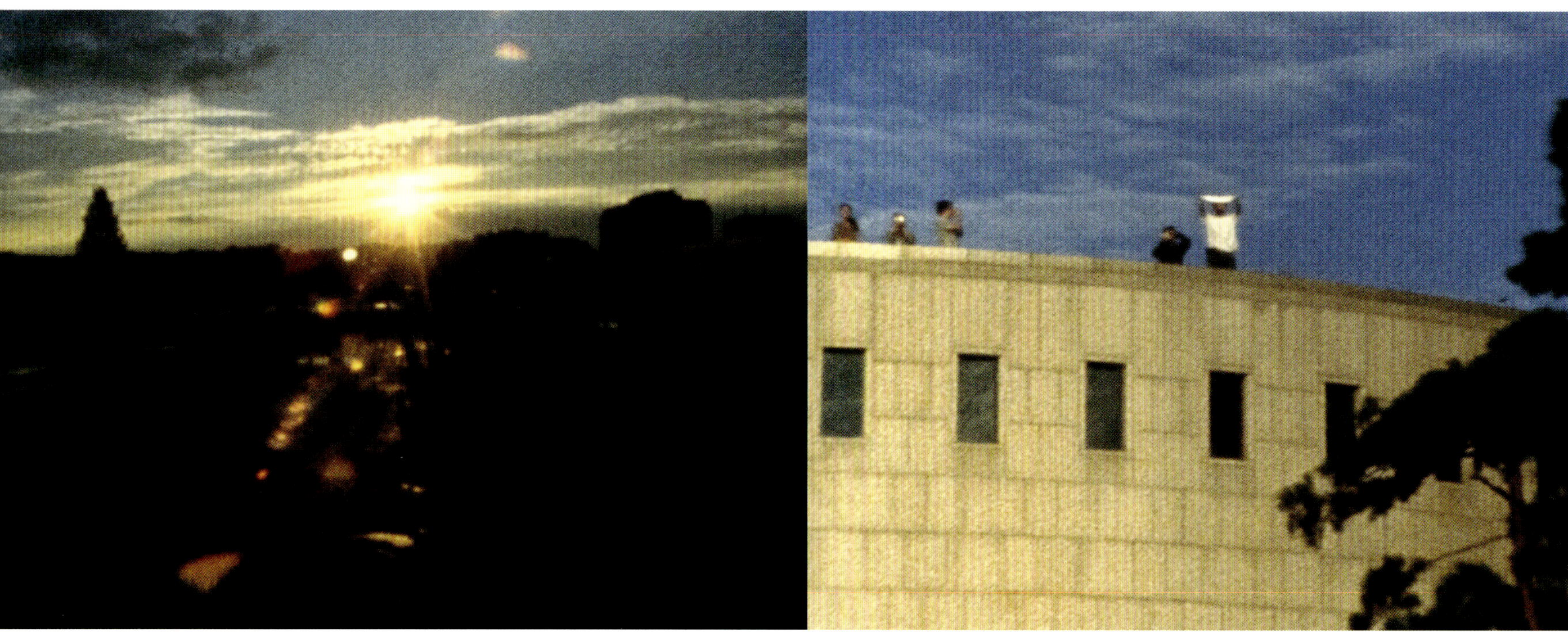

Un día, al amanecer, invité a un grupo de personas a la azotea del Art Sonje Center de Seúl.
Los sables se pescan en las aguas que se encuentran entre Japón y Corea, y se preparan de
formas distintas en ambos países. Desde la azotea, intenté comunicarme con la gente de
Corea a través del reflejo brillante del pez.
La idea era crear el primer lenguaje compartido entre Japón y Corea, un lenguaje primitivo
e igualitario. No sería una lengua nativa propia de cada país ni una tercera lengua ajena a
ambos, como el inglés.
Después, un chef al que había invitado cocinó el sable, que se abrió paso hasta el estómago
de cada asistente.

One day at sunrise, I invited people to join me on the roof of the Artsonje Center in Seoul.
Cutlassfish are caught in the waters between Japan and Korea, and are prepared differently
in the two countries. From the rooftop, I tried to communicate with the people of Korea, using
the shiny reflection of the fish.
The idea was to create the first shared language between Japan and Korea, a primitive and
egalitarian language. It would not be a native language to either country or a third language
foreign to both, such as English.
The cutlassfish was later cooked by a chef I invited, and made its way into the stomachs of
those who came.

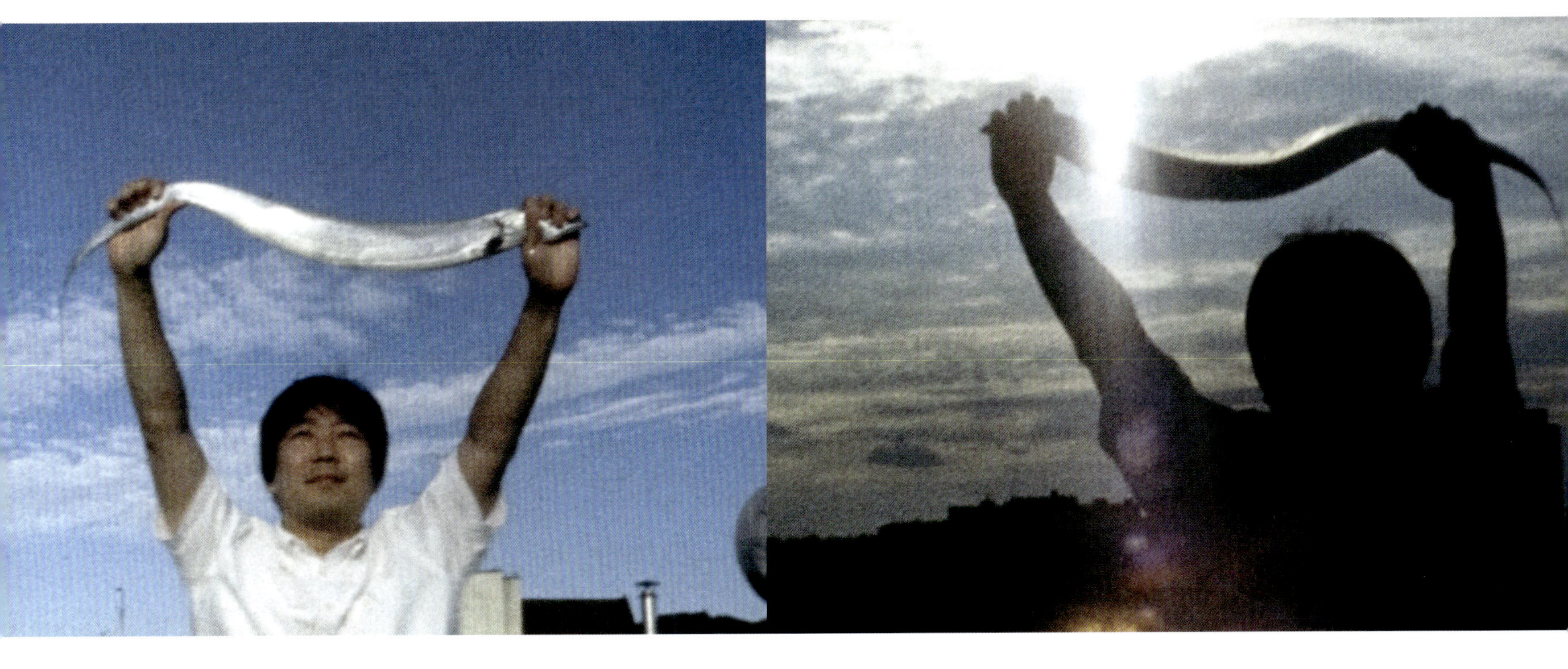

Mar y flores   2013

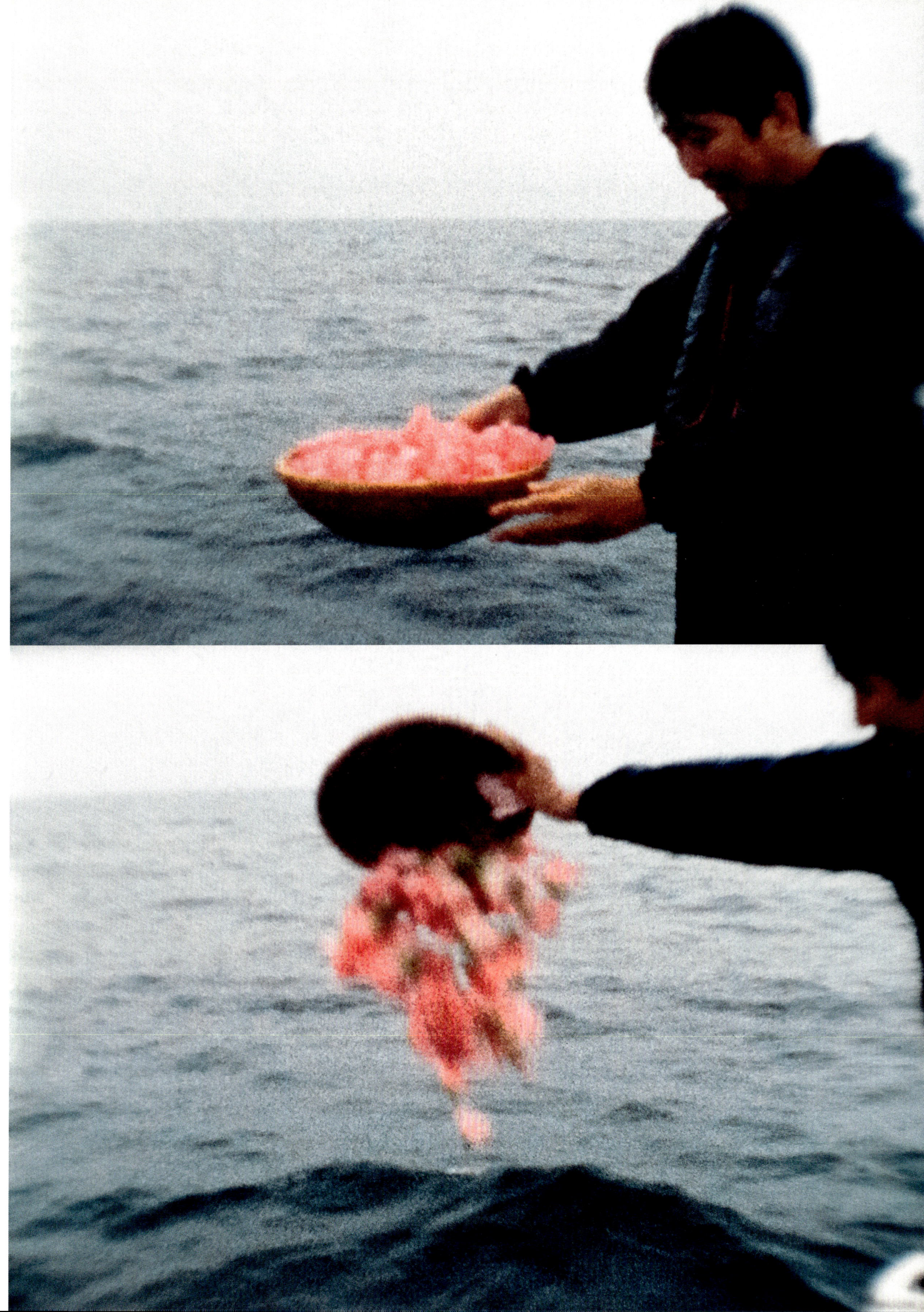

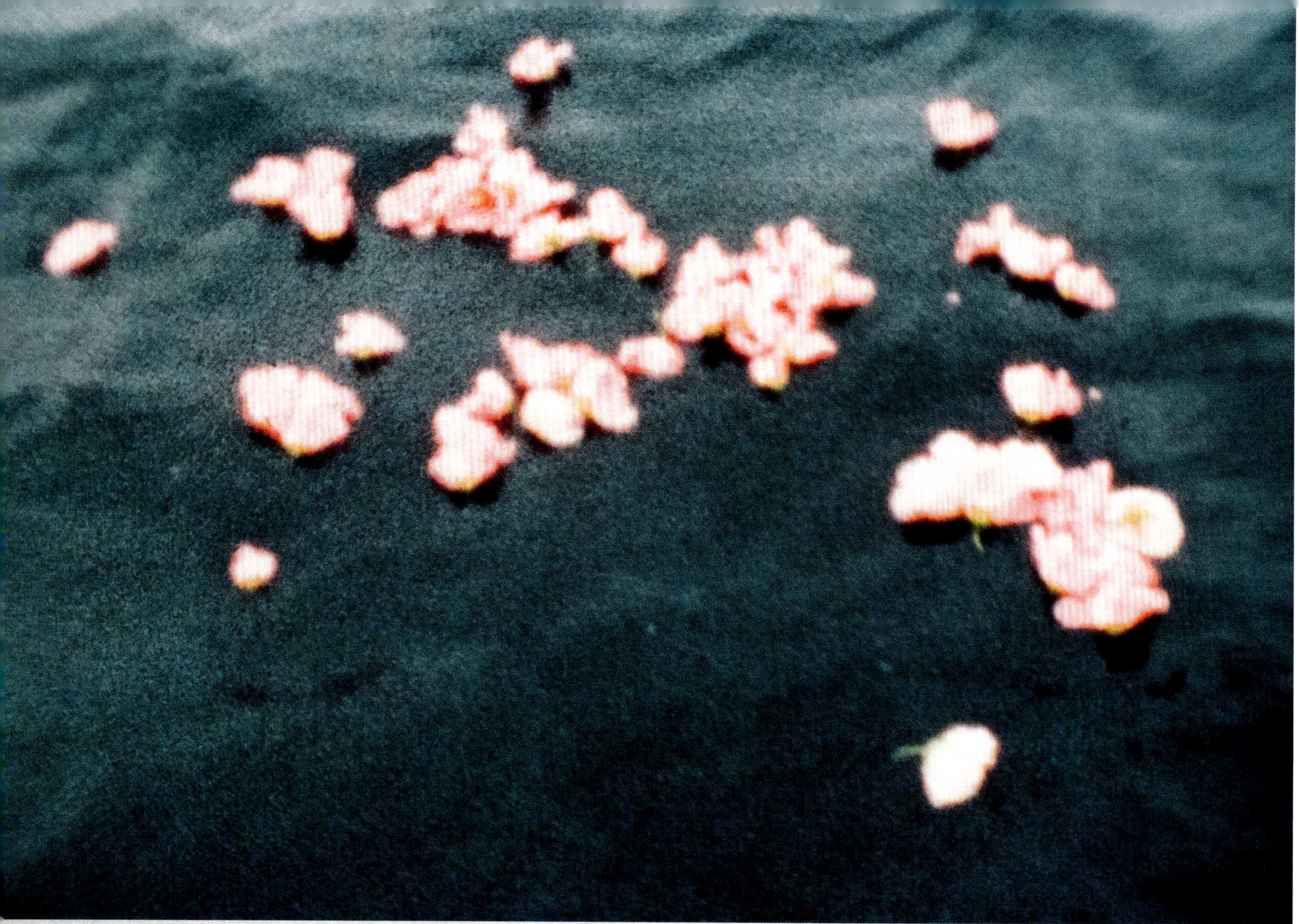

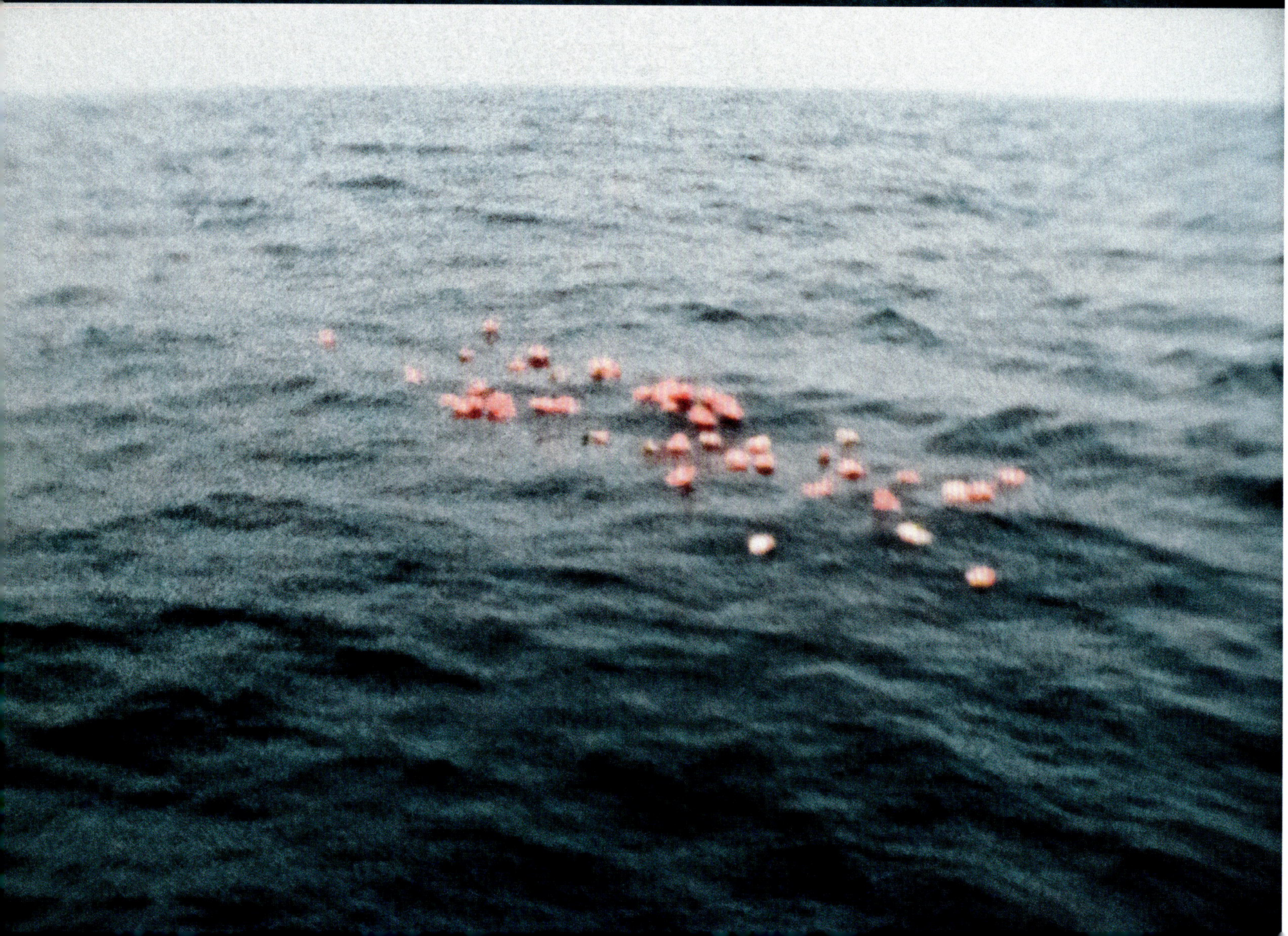

Un día, vi una flor roja flotando en las olas de la costa. ¿Estaba yendo a la deriva desde ahí hacia un lugar lejano? Y pensé en el día en que esas flores, hace mucho tiempo, llegaron aquí desde el continente que se encuentra al otro lado del océano. ¿Adónde irán las flores que arrojo al mar? ¿Acabarán llegando a algún lugar?

Shimabuku's
Fish & Chips

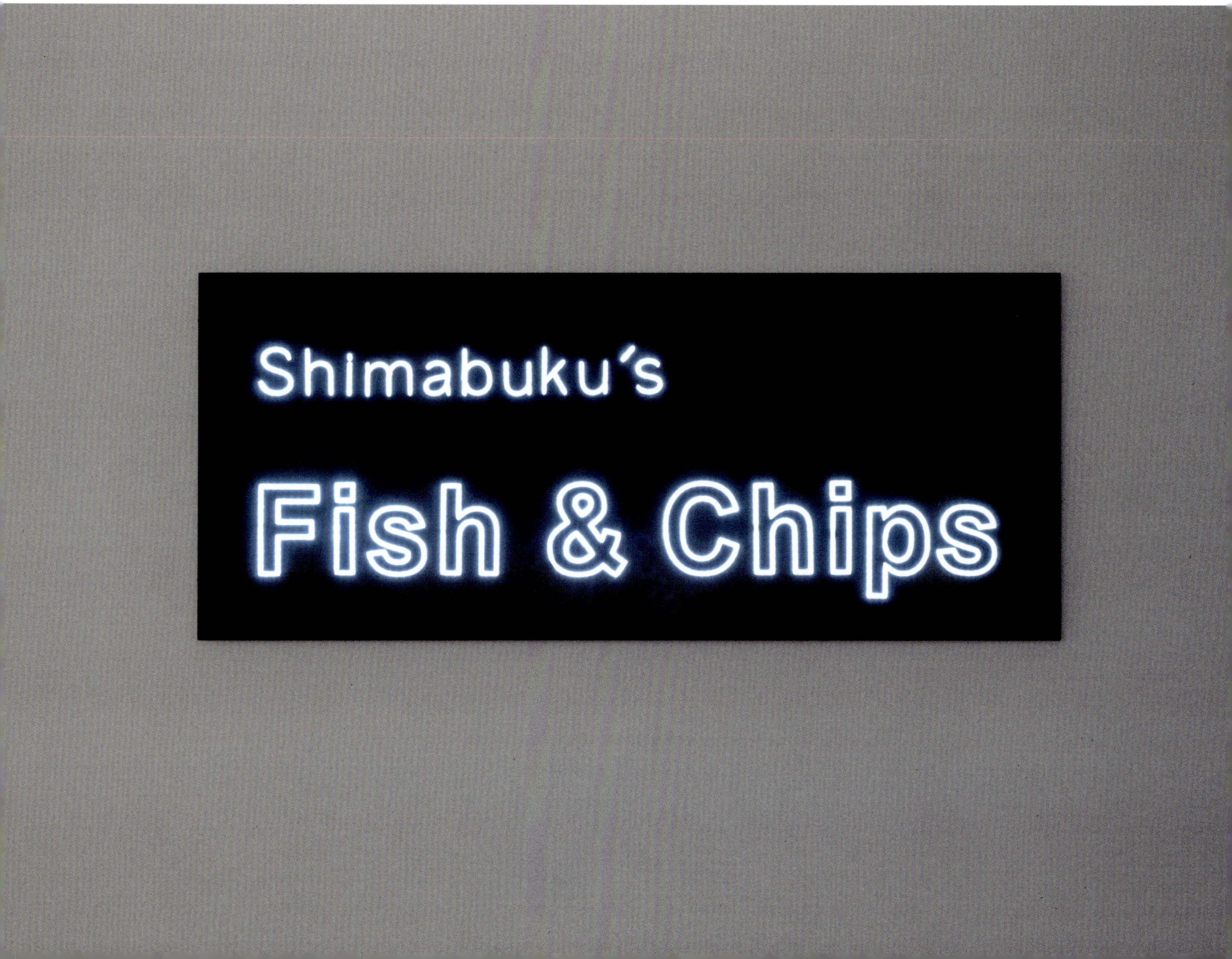

Pescado y patatas, un encuentro entre el mar y la tierra.
En las poblaciones inglesas, los letreros de *Fish & Chips* están por todas partes.
Para mí, es como si esos pueblos rebosaran simple y bella poesía.
Un día, quise preparar mi propia versión de *Fish & Chips*.
Así que, en Liverpool, hice una película sobre una patata que iba nadando
a conocer a un pez.

Fish and Potatoes, a meeting of the sea and the land.
Fish & Chips signs are all over the place in English towns.
To me, it's like the towns are brimming with simple and beautiful poetry.
One day I wanted to make my own version of Fish & Chips.
So, in Liverpool, I made a film about a potato swimming to meet a fish.

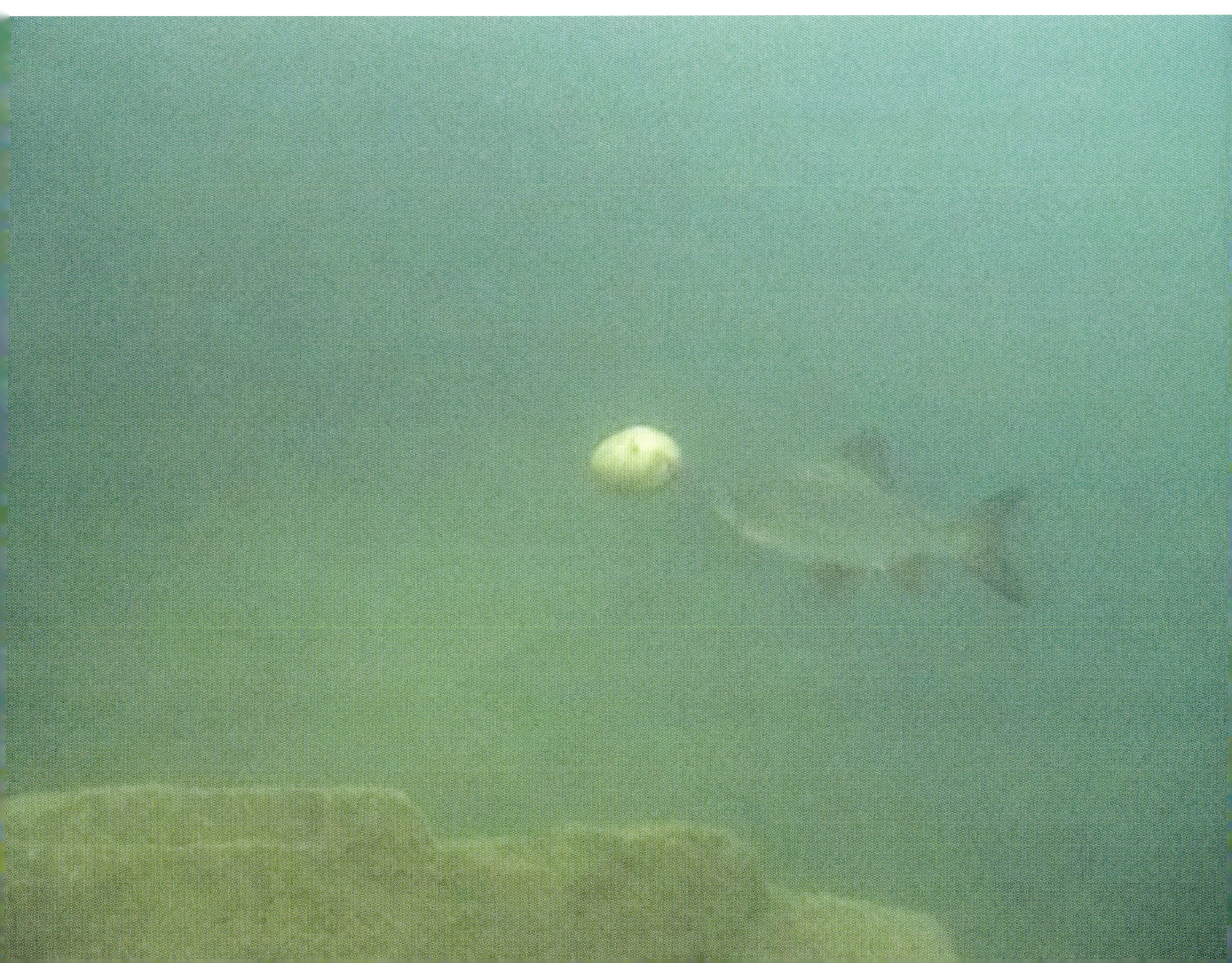

Con pulpo 1990-

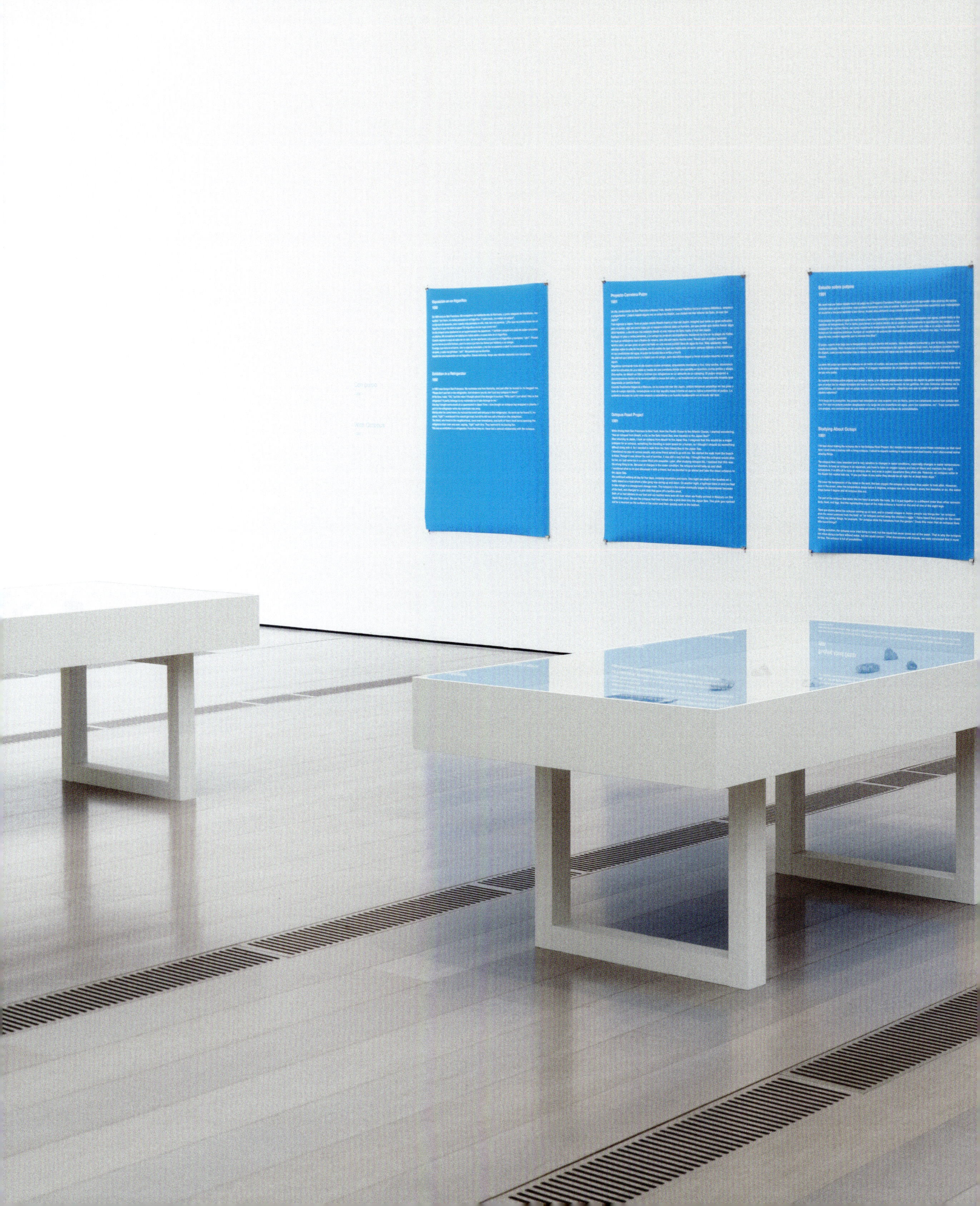

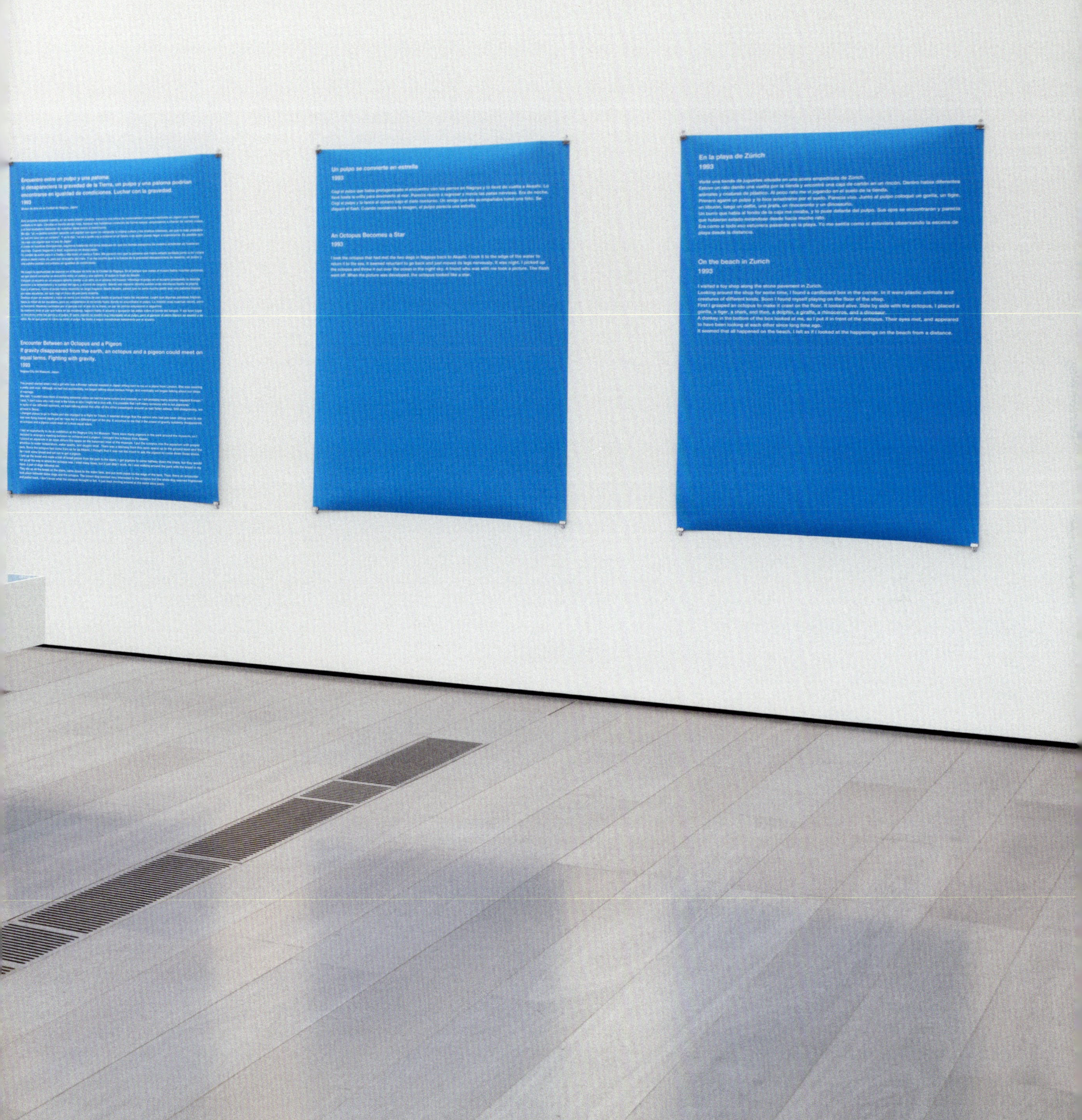

Encuentro entre un pulpo y una paloma:
si desapareciera la gravedad de la Tierra, un pulpo y una paloma podrían
encontrarse en igualdad de condiciones. Luchar con la gravedad.
1993

Encounter Between an Octopus and a Pigeon
If gravity disappeared from the earth, an octopus and a pigeon could meet on
equal terms. Fighting with gravity.
1993
Nagoya City Art Museum, Japan

Un pulpo se convierte en estrella
1993

An Octopus Becomes a Star
1993
I took the octopus that had met the two dogs in Nagoya back to Akashi. I took it to the edge of the water to return it to the sea. It seemed reluctant to go back and just moved its legs nervously. It was night. I picked up the octopus and threw it out over the ocean in the night sky. A friend who was with me took a picture. The flash went off. When the picture was developed, the octopus looked like a star.

En la playa de Zúrich
1993

On the beach in Zurich
1993
I visited a toy shop along the stone pavement in Zurich.
Looking around the shop for some time, I found a cardboard box in the corner. In it were plastic animals and creatures of different kinds. Soon I found myself playing on the floor of the shop.
First I grasped an octopus to make it crawl on the floor. It looked alive. Side by side with the octopus, I placed a gorilla, a tiger, a shark, and then, a dolphin, a giraffe, a rhinoceros, and a dinosaur.
A donkey in the bottom of the box looked at me, as I put it in front of the octopus. Their eyes met, and appeared to have been looking at each other since long time ago.
It seemed that all happened on the beach. I felt as if I looked at the happenings on the beach from a distance.

Exposición en un frigorífico
1990

En 1990, vivía en San Francisco. Mi compañero de habitación era de Kentucky y, justo después de instalarse, me suplicó: «Por favor, no metas pescado en el frigorífico. Y sobre todo, ¡no metas un pulpo!».
Le dije que de acuerdo, pero cuanto más pensaba en ello, más raro me parecía. ¿Por qué no podía meter en el frigorífico lo que me diera la gana? El frigorífico era tan suyo como mío.
Un día compré unos eperlanos en un supermercado de Japantown. Y también compré una pata de pulpo envuelta en plástico. Mi compañero de habitación había salido y lo puse todo en el frigorífico.
Cuando regresó a casa, al cabo de un rato, vio los eperlanos y el pulpo en el frigorífico, y exclamó: «¡Ah!». Pensé que tal vez se pondría furioso, pero lo único que hizo fue llamar por teléfono a un amigo.
El amigo, que vivía en el barrio, vino a casa de inmediato, y los dos se pusieron a abrir la nevera alternativamente, sin parar, y cada vez gritaban: «¡Ah!». Me pareció que se divertían.
Aquello fue una exposición en un frigorífico. Desde entonces, tengo una relación especial con los pulpos.

Exhibition in a Refrigerator
1990

In 1990, I was living in San Francisco. My roommate was from Kentucky, and just after he moved in, he begged me, 'Please don't put fish in the refrigerator. And whatever you do, don't put any octopus in there!'
At the time, I said, 'OK', but the more I thought about it, the stranger it seemed. Why can't I put what I like in the refrigerator? It partly belongs to my roommate but it also belongs to me.
One day, I bought some smelt at a supermarket in Japantown. I also bought an octopus leg wrapped in plastic. I put it in the refrigerator while my roommate was away.
Shortly after he came home, he noticed the smelt and octopus in the refrigerator. As soon as he found it, he yelled, 'Ugh!' I wondered if he would get mad, but all he did was call a friend on the telephone.
The friend, who lived in the neighbourhood, came over immediately and both of them took turns opening the refrigerator door over and over, saying, 'Ugh!' each time. They seemed to be having fun.
This was an exhibition in a refrigerator. Since then, I have had a special relationship with the octopus.

Proyecto Carretera Pulpo
1991

Un día, conduciendo de San Francisco a Nueva York, desde el oceáno Pacífico hacia el océano Atlántico, empecé
a preguntarme: ¿Habrá viajado alguna vez un pulpo de Akashi, una ciudad del mar Interior de Seto, al mar del Japón?
Tras regresar a mi país, llevé un pulpo desde Akashi hasta el mar del Japón. Imaginé que sería un gran esfuerzo para
un pulpo, algo así como viajar por el espacio exterior para un humano, así que pensé que debía hacer algo difícil
también, y decidí que iría andando desde el mar Interior de Seto hasta el mar del Japón.
Expliqué mi plan a varias personas, y un amigo se ofreció a acompañarme. Iniciamos la ruta en la playa de Kobe. Aunque
ya estábamos casi a finales de verano, ese día aún hacía mucho calor. Pensé que el pulpo también tendría calor, así que
puse un poco de hielo en una nevera portátil llena de agua de mar. Más adelante, tras estudiar la vida de los pulpos, me
di cuenta de que eso había sido un error porque, debido a los cambios en las condiciones del agua, el pulpo se tumbó
boca arriba y murió.
Me planteé qué debía hacer y lo hablé con mi amigo, pero decidimos seguir y llevar el pulpo muerto al mar del Japón.
Seguimos caminando todo el día durante cuatro jornadas, atravesando montañas y ríos. Una noche, dormimos entre
los arbustos de una isleta en medio de una carretera donde una pandilla en bicicleta corría arriba y abajo. Otra noche,
estalló un tifón y tuvimos que refugiarnos en un almacén de un *camping*. El pulpo empezó a descomponerse dentro
de la nevera portátil a causa del calor y se transformó en una masa amorfa rosada que desprendía un hedor terrible.
Cuando finalmente llegamos a Maizuru, en la costa del mar del Japón, ambos teníamos ampollas en los pies y todo
el cuerpo dolorido. Dejamos en el mar aquella masa informe en que se había convertido el pulpo. La sustancia
viscosa de color rosa empezó a extenderse y se hundió rápidamente en el fondo del mar.

Octopus Road Project
1991

While driving from San Francisco to New York, from the Pacific Ocean to the Atlantic Ocean, I started wondering, has
an octopus from Akashi, a city on the Seto Inland Sea, ever travelled to the Sea of Japan?
After returning to my country, I took an octopus from Akashi to the Sea of Japan. I imagined that this would be a major
endeavour for an octopus, something akin to travelling in outer space for a human, so I thought I should do something
difficult along with it. I decided to walk from the Seto Inland Sea to the Sea of Japan.
I mentioned my plan to various people, and a friend asked to come with me. We started our walk from the beach in Kobe.
Though it was almost the end of summer, it was still a very hot day. I thought the octopus might also be hot, so I put some
ice in a cooler filled with seawater. Later, after researching octopuses, I realised that this was the wrong thing to do. Due
to the changes in the water condition, the octopus turned belly up and died.
I discussed what to do with my friend, and we decided to go ahead and take the dead octopus to the Sea of Japan.
We walked all day for four days, crossing mountains and rivers. One night, we slept in the bushes on a traffic island on
a road where a bike gang was racing up and down. On another night, a typhoon blew in and we had to take refuge in a
campground storage room. The octopus in the cooler eventually began to decompose because of the heat, turning into
a pink blob that gave off a terrible smell.
Both of us had blisters on our feet and our bodies were sore all over when we finally arrived in Maizuru on the coast of
the Sea of Japan Sea. We put the octopus that had turned into a pink blob into the Sea of Japan. The pink goo spread
out for a moment on the surface of the water and then quickly sank to the bottom.

Estudio sobre pulpos
1991

Me sentí mal por haber dejado morir al pulpo del Proyecto Carretera Pulpo, así que decidí aprender más acerca de estas criaturas para que en el próximo viaje pudiera mantener con vida al animal. Hablé con profesionales expertos que trabajaban en acuarios y me puse también a leer libros. Acabé descubriendo unas cosas sorprendentes.

A los pulpos les gusta el agua de mar limpia y son muy sensibles a los cambios de las condiciones del agua, sobre todo a los de temperatura. Por lo tanto, para tener a un pulpo dentro de un acuario, es necesario aportar oxígeno e instalar muchos filtros, así como asegurar la temperatura idónea. Es difícil mantener con vida a un pulpo; suelen morir incluso en los acuarios públicos. Aunque un vendedor de pulpos del mercado de pescado de Akashi me dijo: «Si los pones en agua de mar, pueden aguantar por lo menos tres días».

Cuanto más baja sea la temperatura del agua dentro del acuario, menos oxígeno consume el pulpo y, por lo tanto, más fácil resulta su cuidado. Pero, incluso en el océano, cuando la temperatura del agua desciende bajo cero, los pulpos pueden morir. En Akashi, cada pocas décadas más o menos, la temperatura del agua cae por debajo de cero grados y todos los pulpos mueren.

La parte del pulpo que parece la cabeza es, de hecho, el cuerpo, así que sus miembros están distribuidos de una forma distinta a la de otros animales: cuerpo, cabeza y patas. Y el órgano reproductor de un ejemplar macho se encuentra en el extremo de una de sus ocho patas.

Existen muchas historias sobre pulpos que suben a tierra, y en algunas poblaciones costeras de Japón la gente cuenta cosas como que un pulpo les ha robado boniatos del huerto o se ha llevado los huevos de las gallinas. He oído historias similares en la costa italiana, por ejemplo que un pulpo se llevó los tomates de un jardín. ¿Significa eso que al pulpo le gustan los pequeños objetos redondos?

A lo largo de la evolución, los pulpos han intentado en alguna ocasión vivir en tierra, pero los calamares nunca han salido del mar. Por eso los pulpos pueden desplazarse a lo largo de una superficie sin agua, pero los calamares, no. Tras comentar esta idea con mis amigos, nos convencimos de que debe ser cierto. El pulpo está lleno de posibilidades.

Studying About Octopuses
1991

I felt bad about the octopus's death in the Octopus Road Project. I decided to learn more about these creatures so that next time I could make a journey with a living octopus. I talked to experts working in aquariums, read books and discovered some amazing things.

The octopus likes clean seawater and is very sensitive to changes in water conditions, especially changes in water temperature. Therefore, to keep an octopus in an aquarium, you need an oxygen supply, lots of filters and to maintain the right temperature. It is difficult to keep an octopus alive and even in public aquariums, they often die. However, an octopus seller in the Akashi fish market told me, 'If you put them in seawater they should be all right for at least three days.'

The lower the temperature of the water in the tank, the less oxygen the octopus consumes, thus it is easier to look after. However, even in the ocean, when the temperature drops below zero degrees, octopuses can die. At Akashi, every few decades or so, the water drops below zero degrees and all the octopuses die out.

The part of the octopus that looks like the head is actually the body. So it is put together in a different order than other animals: body, head and legs. And the reproductive organ of the male octopus is found on the end of one of the eight legs.

There are stories of octopuses coming onto land, and in coastal villages in Japan, people say things like an octopus stole the sweet potatoes from the field or an octopus carried away the chicken's eggs. I have heard people on the coast of Italy say similar things, for example, an octopus stole the tomatoes from the garden. Does this mean that an octopus likes small, round things?

During evolution, the octopus once tried living on land, but the squid has never left the water. That is why the octopus can move along a surface without water, but the squid cannot. After discussions with friends, we were convinced that this must be true. The octopus is full of possibilities.

Encuentro entre un pulpo y una paloma:
si desapareciera la gravedad de la Tierra, un pulpo y una paloma podrían
encontrarse en igualdad de condiciones. Luchar contra la gravedad
1993

Museo de Arte de la Ciudad de Nagoya, Japón

Este proyecto empezó cuando, en un vuelo desde Londres, conocí a una chica de nacionalidad coreana residente en Japón que estaba sentada a mi lado. Llevaba un bonito abrigo rosa. Aunque nos habíamos conocido de forma casual, empezamos a charlar de varias cosas, y al final acabamos hablando de nuestras ideas sobre el matrimonio.
Me dijo: «Yo no podría concebir casarme con alguien con quien no compartiera la misma cultura y los mismos intereses, así que lo más probable es que me case con un coreano». Y yo le dije: «No sé a quién voy a conocer en el futuro o de quién puedo llegar a enamorarme. Es posible que me case con alguien que no sea de Japón».
A pesar de nuestras diferencias, seguimos hablando del tema después de que los demás pasajeros a nuestro alrededor se hubieran dormido. Cuando llegamos a Seúl, seguíamos en desacuerdo.
Yo cambié de avión para ir a Osaka y ella tomó un vuelo a Tokio. Me pareció raro que la persona que había estado sentada junto a mí volara ahora a Japón como yo, pero por otra parte del cielo. Y se me ocurrió que si la fuerza de la gravedad desapareciera de repente, un pulpo y una paloma podrían encontrarse en igualdad de condiciones.

Me surgió la oportunidad de exponer en el Museo de Arte de la Ciudad de Nagoya. En el parque que rodea el museo había muchas palomas, así que decidí concertar un encuentro entre un pulpo y una paloma. El pulpo lo traje de Akashi.
Coloqué un acuario en un espacio abierto similar a un atrio en el sótano del museo. Introduje el pulpo en el acuario, prestando la debida atención a la temperatura y la calidad del agua, y al nivel de oxígeno. Desde ese espacio abierto subían unas escaleras hasta la planta baja y el parque. Como el pulpo había recorrido un largo trayecto desde Akashi, pensé que no sería mucho pedir que una paloma bajara por esas escaleras, así que cogí un trozo de pan para atraerla.
Deshice el pan en pedazos y tracé un rastro con las migas desde el parque hasta las escaleras. Logré que algunas palomas bajaran hasta la mitad de las escaleras, pero no completaron el recorrido hasta donde se encontraba el pulpo. Lo intenté unas cuantas veces, pero no funcionó. Mientras caminaba por el parque con el pan en la mano, un par de perros empezaron a seguirme. Se comieron todas las migas que había en las escaleras, bajaron hasta el acuario y apoyaron las patas sobre el borde del tanque. Y así tuvo lugar un encuentro entre los perros y el pulpo. El perro marrón se mostró muy interesado en el pulpo, pero el perro blanco pareció asustarse y se retiró. No sé qué pensó ni cómo se sintió el pulpo. Se limitó a seguir moviéndose lentamente por el acuario.

Encounter Between an Octopus and a Pigeon:
If Gravity Disappeared From the Earth, an Octopus and a Pigeon Could Meet
on Equal Terms. Fighting With Gravity
1993

Nagoya City Art Museum, Japan

This project started when I sat next to a young Korean woman residing in Japan on a plane from London. She was wearing a pretty pink coat. Although we had met accidentally, we began talking about various things, and eventually shared our ideas about marriage. She said, 'I couldn't even think of marrying someone unless we had the same culture and interests, so I will probably marry another Korean.' I said, 'I don't know who I will meet in the future or who I might fall in love with. It is possible that I will marry someone who is not Japanese.'
In spite of our different opinions, we continued talking after all the other passengers around us had fallen asleep. Still disagreeing, we arrived in Seoul.
I changed planes to go to Osaka and she changed to a flight for Tokyo. It seemed strange that the person who had just been sitting next to me was now flying toward Japan just as I was, but in a different part of the sky. It occurred to me that if the power of gravity suddenly disappeared, an octopus and a pigeon could meet on more equal terms.

I had an opportunity to do an exhibition at the Nagoya City Art Museum. There were many pigeons in the park around the museum, so I decided to arrange a meeting between an octopus and a pigeon. I brought the octopus from Akashi.
I placed an aquarium in an atrium-like space on the basement level of the museum. I put the octopus into the aquarium with proper attention to water temperature, water quality and oxygen levels. There was a stairway from this open space up to the ground level and the park. Since the octopus had come all the way from Akashi, I thought it would not be too much to ask the pigeon to come down these stairs. So I took some bread and set out to get a pigeon.
I tore up the bread and made a trail of pieces from the park to the stairs. I got pigeons to come halfway down the stairs, but they would not go all the way to where the octopus was. I tried many times, but it just didn't work. As I was walking around the park with the bread in my hand, a pair of dogs followed me.
They ate all the bread on the stairs, came down to the water tank, and put both paws on the edge of the tank. Thus, an encounter took place between some dogs and the octopus. The brown dog seemed very interested in the octopus but the white dog seemed frightened and pulled back. I don't know what the octopus thought or felt. It just kept moving around at the same slow pace.

Un pulpo se convierte en estrella
1993

Cogí el pulpo que había protagonizado el encuentro con los perros en Nagoya y lo llevé de vuelta a Akashi. Lo acerqué hasta la orilla para devolverlo al mar. Parecía reacio a regresar y movía las patas nervioso. Era de noche. Cogí el pulpo y lo lancé al océano bajo el cielo nocturno. Un amigo que me acompañaba tomó una foto. Se disparó el *flash*. Cuando revelamos la imagen, el pulpo parecía una estrella.

An Octopus Becomes a Star
1993

I took the octopus that had met the two dogs in Nagoya back to Akashi. I took it to the edge of the water to return it to the sea. It seemed reluctant to go back and moved its legs nervously. It was night. I picked up the octopus and threw it out over the ocean in the night sky. A friend I was with took a picture. The flash went off and when the picture was developed, the octopus looked like a star.

En la playa de Zúrich
1993

Visité una tienda de juguetes situada en una acera empedrada de Zúrich.
Estuve un rato dando una vuelta por la tienda y encontré una caja de cartón en un rincón. Dentro había diferentes animales y criaturas de plástico. Al poco rato, me vi jugando en el suelo de la tienda.
Primero agarré un pulpo y lo hice arrastrarse por el suelo. Parecía vivo. Junto al pulpo coloqué un gorila, un tigre, un tiburón, luego un delfín, una jirafa, un rinoceronte y un dinosaurio.
Un burro que había al fondo de la caja me miraba, y lo puse delante del pulpo. Sus ojos se encontraron y parecía que hubieran estado mirándose desde hacía mucho tiempo.
Era como si todo eso estuviera pasando en una playa. Yo me sentía como si estuviera observando la escena de playa desde la distancia.

On the Beach in Zurich
1993

I visited a toy shop along the stone pavement in Zurich.
Looking around the shop for some time, I found a cardboard box in the corner. In it were plastic animals and creatures of all kinds. Soon I found myself playing on the floor of the shop.
First, I made an octopus crawl on the floor. It looked alive. Beside the octopus, I placed a gorilla, a tiger and a shark, then a dolphin, a giraffe, a rhinoceros and a dinosaur.
A donkey at the bottom of the box looked at me, so I put it in front of the octopus. Their eyes met as if they had been looking at each other for a long time.
It felt like everything was happening on a beach and that I was watching from a distance.

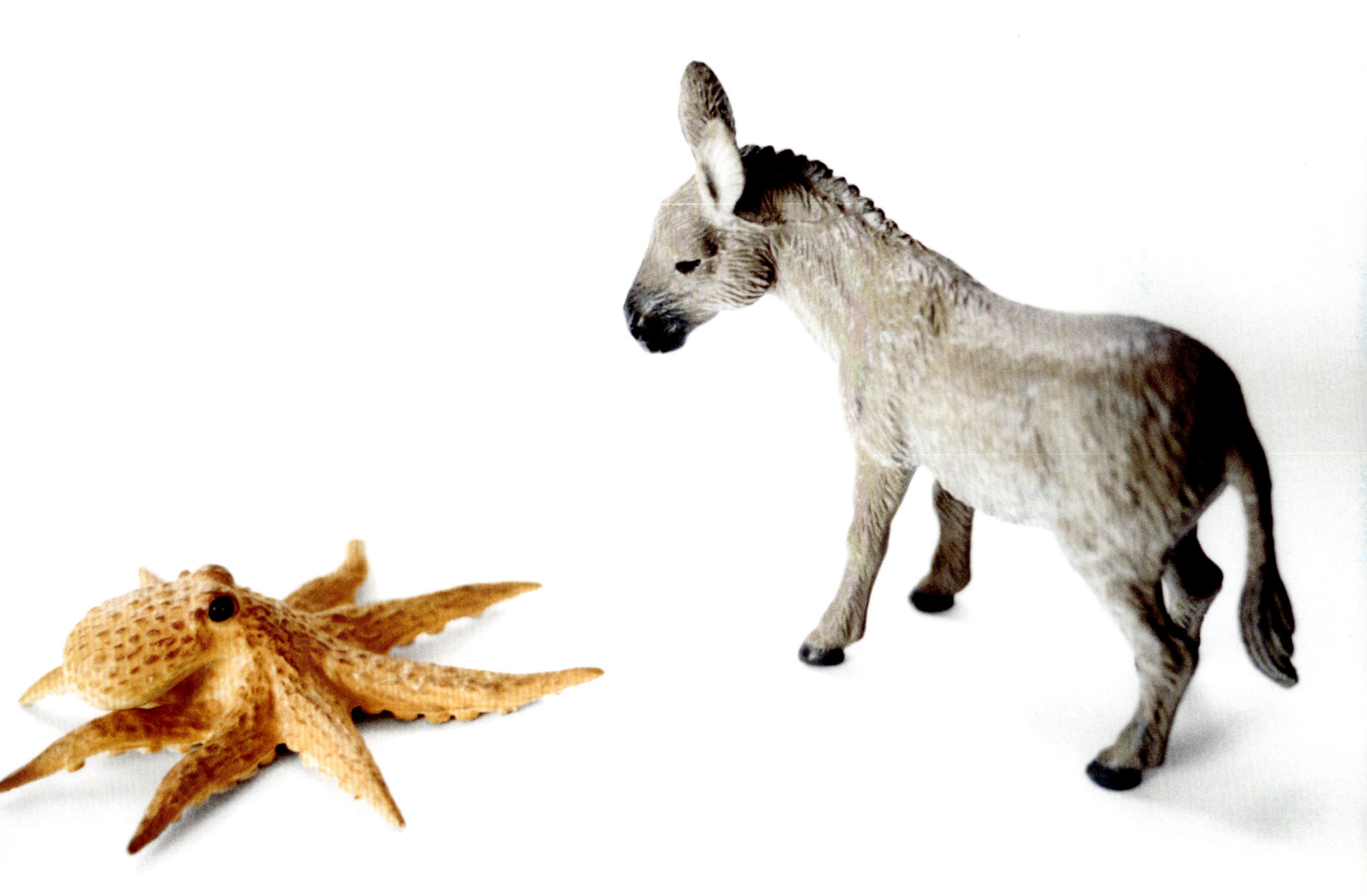

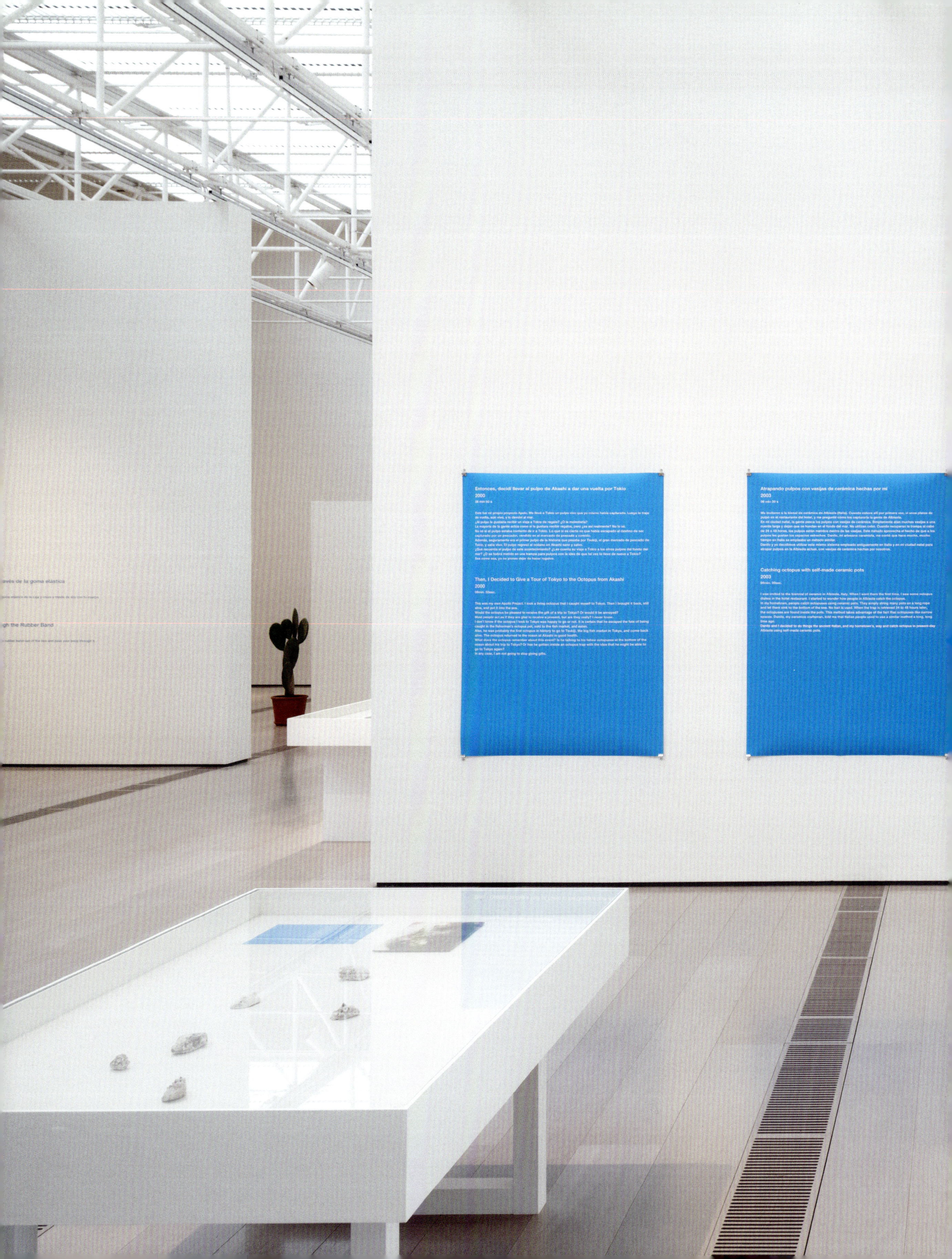
avés de la goma elástica

gh the Rubber Band

Entonces, decidí llevar al pulpo de Akashi a dar una vuelta por Tokio
2000
06 min 50 s

Este fue mi propio proyecto Apolo. Me llevé a Tokio un pulpo vivo que yo mismo había capturado. Luego lo traje de vuelta, aún vivo, y lo devolví al mar.
¿Al pulpo le gustaría recibir un viaje a Tokio de regalo? ¿O le molestaría?
La mayoría de la gente actúa como si le gustara recibir regalos, pero ¿es así realmente? No lo sé.
No sé si el pulpo estaba contento de ir a Tokio. Lo que sí es cierto es que había escapado al destino de ser capturado por un pescador, vendido en el mercado de pescado y comido.
Además, seguramente era el primer pulpo de la historia que pasaba por Tsukiji, el gran mercado de pescado de Tokio, y salía vivo. El pulpo regresó al océano en Akashi sano y salvo.
¿Qué recuerda el pulpo de este acontecimiento? ¿Les cuenta su viaje a Tokio a los otros pulpos del fondo del mar? ¿O se habrá metido en una trampa para pulpos con la idea de que tal vez lo lleve de nuevo a Tokio?
Sea como sea, yo no pienso dejar de hacer regalos.

Then, I Decided to Give a Tour of Tokyo to the Octopus from Akashi
2000
06min. 50sec.

This was my own Apollo Project. I took a living octopus that I caught myself to Tokyo. Then I brought it back, still alive, and put it into the sea.
Would the octopus be pleased to receive the gift of a trip to Tokyo? Or would it be annoyed?
Most people act as if they are glad to receive a present, but are they really? I never know.
I don't know if the octopus I took to Tokyo was happy to go or not. It is certain that he escaped the fate of being caught in the fisherman's octopus pot, sold to the fish market, and eaten.
Also, he was probably the first octopus in history to go to Tsukiji, the big fish market in Tokyo, and come back alive. The octopus returned to the ocean at Akashi in good health.
What does the octopus remember about this event? Is he talking to his fellow octopuses at the bottom of the ocean about his trip to Tokyo? Or has he gotten inside an octopus trap with the idea that he might be able to go to Tokyo again?
In any case, I am not going to stop giving gifts.

Atrapando pulpos con vasijas de cerámica hechas por mí
2003
06 min 30 s

Me invitaron a la bienal de cerámica de Albisola (Italia). Cuando estuve allí por primera vez, vi unos platos de pulpo en el restaurante del hotel, y me pregunté cómo los capturaría la gente de Albisola.
En mi ciudad natal, la gente pesca los pulpos con vasijas de cerámica. Simplemente atan muchas vasijas a una cuerda larga y dejan que se hundan en el fondo del mar. No utilizan cebo. Cuando recuperan la trampa al cabo de 24 o 48 horas, los pulpos están metidos dentro de las vasijas. Este método aprovecha el hecho de que a los pulpos les gustan los espacios estrechos. Danilo, mi artesano ceramista, me contó que hace mucho, mucho tiempo en Italia se empleaba un método similar.
Danilo y yo decidimos utilizar este mismo sistema empleado antiguamente en Italia y en mi ciudad natal para atrapar pulpos en la Albisola actual, con vasijas de cerámica hechas por nosotros.

Catching octopus with self-made ceramic pots
2003
06min. 30sec.

I was invited to the biennial of ceramic in Albisola, Italy. When I went there the first time, I saw some octopus dishes in the hotel restaurant. I started to wonder how people in Albisola catch the octopus.
In my hometown, people catch octopuses using ceramic pots. They simply string many pots on a long rope and let them sink to the bottom of the sea. No bait is used. When the trap is retrieved 24 to 48 hours later, the octopuses are found inside the pots. This method takes advantage of the fact that octopuses like narrow spaces. Danilo, my ceramics craftsman, told me that Italian people used to use a similar method a long, long time ago.
Danilo and I decided to do things the ancient Italian, and my hometown's, way and catch octopus in present-day Albisola using self-made ceramic pots.

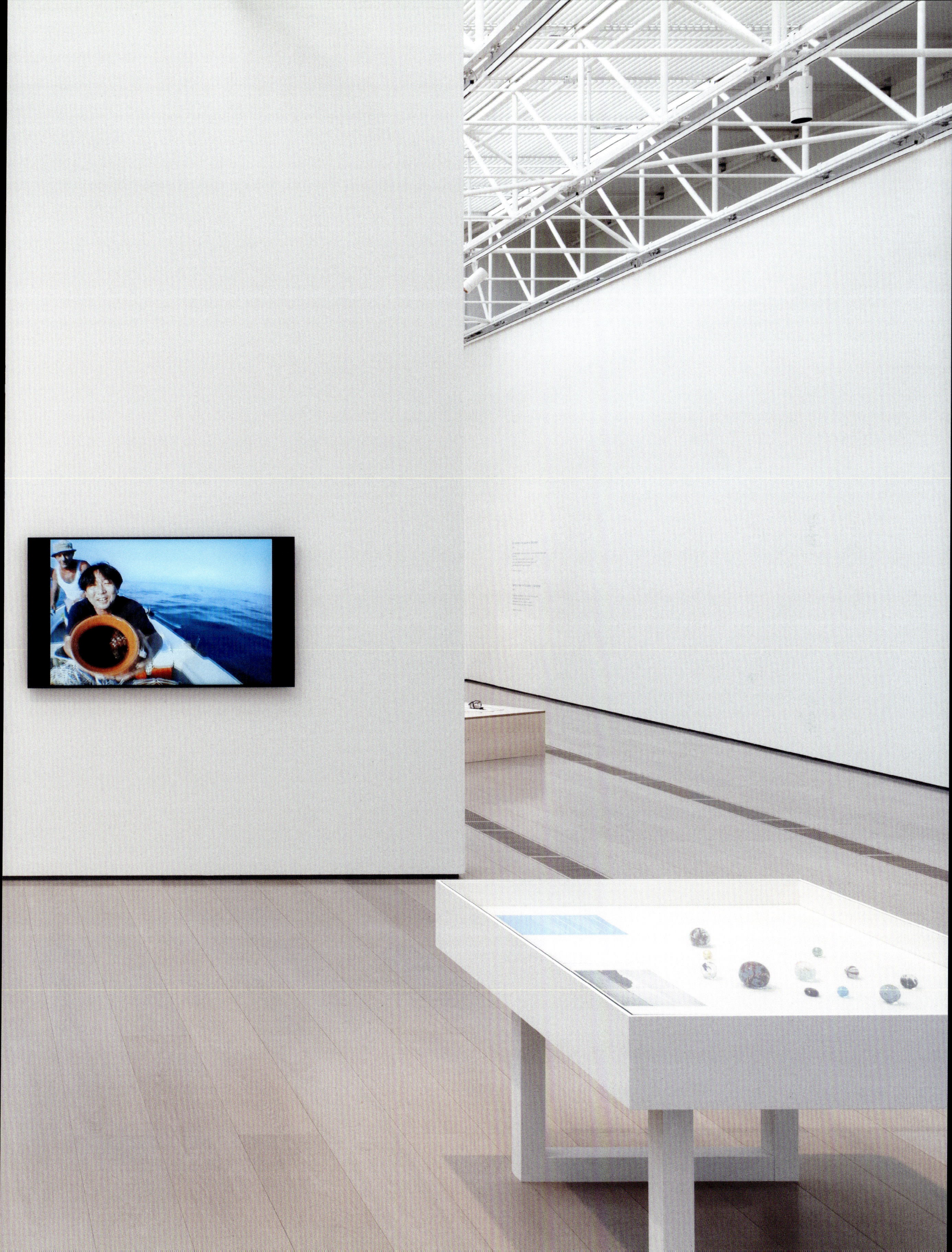

Entonces, decidí llevar al pulpo de Akashi a dar una vuelta por Tokio   2000

Este fue mi propio proyecto Apolo. Me llevé a Tokio un pulpo vivo
que yo mismo había capturado. Luego lo traje de vuelta, aún vivo, y lo
devolví al mar.
¿Al pulpo le gustaría recibir de regalo un viaje a Tokio? ¿O le
molestaría?
La mayoría de la gente actúa como si le gustara recibir regalos, pero
¿es así realmente? No lo sé.
No sé si el pulpo estaba contento de ir a Tokio. Lo que sí es cierto es
que había escapado al destino de ser capturado por un pescador,
vendido en el mercado de pescado y comido.
Además, seguramente era el primer pulpo de la historia que pasaba
por Tsukiji, el gran mercado de pescado de Tokio, y salía vivo. El pulpo
regresó al océano en Akashi sano y salvo.
¿Qué recuerda el pulpo de este acontecimiento? ¿Les cuenta su viaje
a Tokio a los otros pulpos del fondo del mar? ¿O se habrá metido en una
trampa para pulpos con la idea de que tal vez lo lleve a Tokio de nuevo?
Sea como sea, yo no pienso dejar de hacer regalos.

This was my own Apollo Project. I took a living octopus that I caught
myself to Tokyo. Then I brought it back, still alive, and put it into
the sea.
Would the octopus be pleased to receive the gift of a trip to Tokyo? Or
would it be annoyed?
Most people act as if they are glad to receive a present, but are they
really? I never know.
I don't know if the octopus I took to Tokyo was happy to go or not. It
is certain that he escaped the fate of being caught in the fisherman's
octopus pot, sold to the fish market, and eaten.
Also, he was probably the first octopus in history to go to Tsukiji, the
big fish market in Tokyo, and come back alive. The octopus returned to
the ocean at Akashi in good health.
What does the octopus remember about this event? Is he talking to his
fellow octopuses at the bottom of the ocean about his trip to Tokyo?
Or has he gotten inside an octopus trap with the idea that he might be
able to go to Tokyo again?
In any case, I am not going to stop giving gifts.

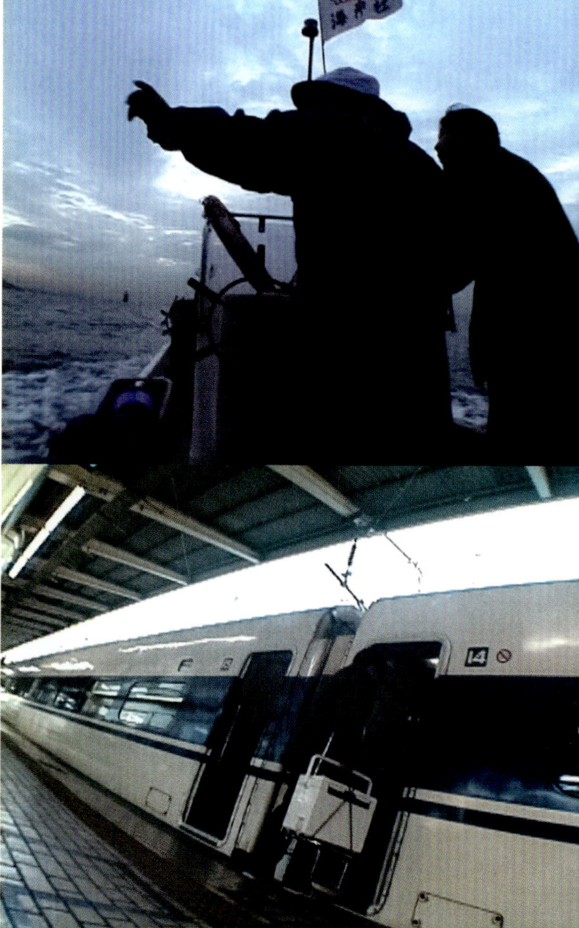

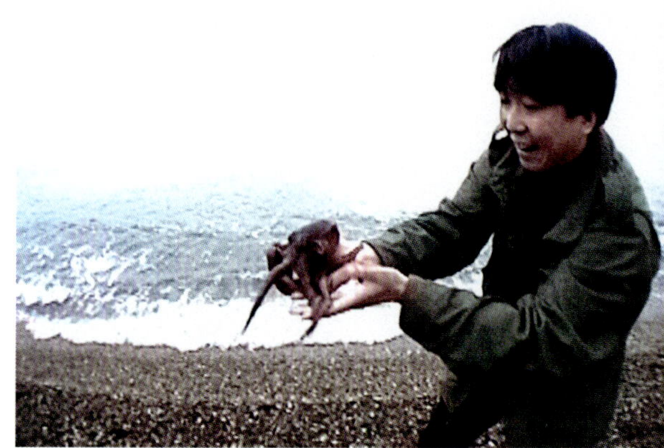

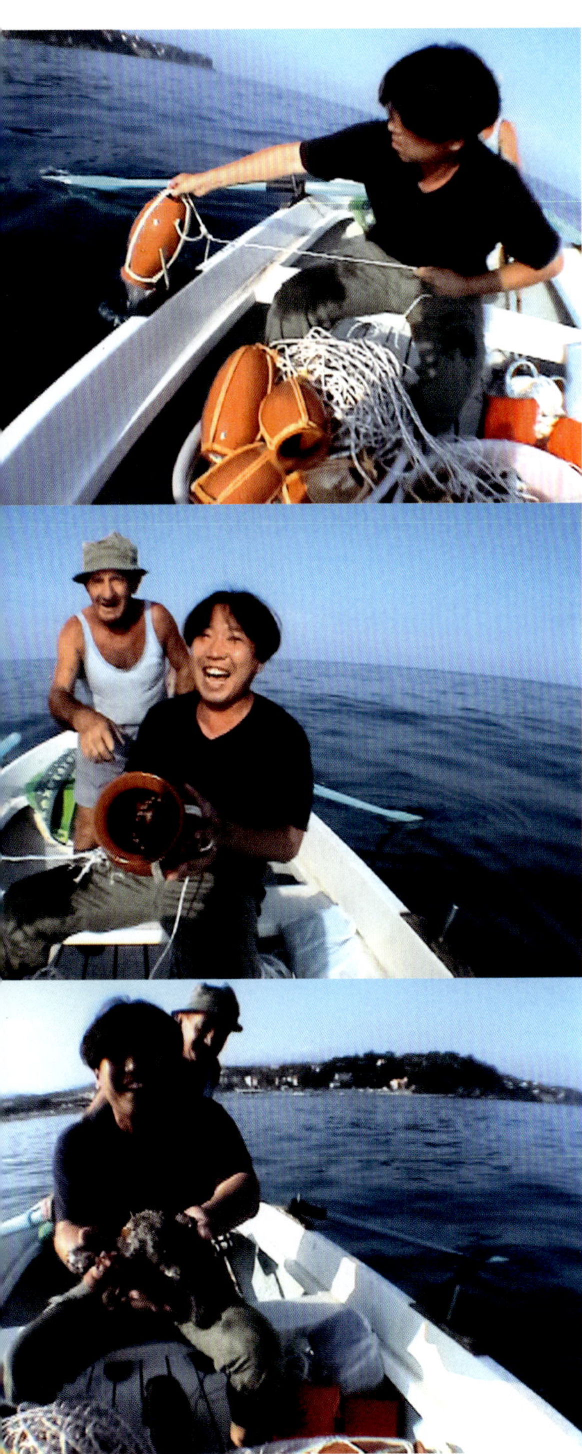

Me invitaron a la bienal de cerámica de Albisola (Italia). Cuando estuve allí por primera vez, vi unos platos de pulpo en el restaurante del hotel, y me empecé a preguntar cómo los capturaba la gente de Albisola.
En mi ciudad natal, la gente pesca los pulpos con vasijas de cerámica. Simplemente, atan muchas vasijas a una cuerda larga y dejan que se hundan en el fondo del mar. No utilizan cebo. Cuando recuperan la trampa, al cabo de 24 o 48 horas, los pulpos están metidos dentro de las vasijas. Este método aprovecha el hecho de que a los pulpos les gustan los espacios estrechos. Danilo, mi artesano ceramista, me contó que hace mucho mucho tiempo en Italia se empleaba un método similar.
Danilo y yo decidimos utilizar este mismo sistema empleado antiguamente en Italia y en mi ciudad natal para atrapar pulpos en la Albisola actual, con vasijas de cerámica hechas por nosotros.

I was invited to the biennial of ceramic in Albisola, Italy. When I went there the first time, I saw some octopus dishes in the hotel restaurant. I started to wonder how people in Albisola catch the octopus.
In my hometown, people catch octopuses using ceramic pots. They simply string many pots on a long rope and let them sink to the bottom of the sea. No bait is used. When the trap is retrieved 24 to 48 hours later, the octopuses are found inside the pots. This method takes advantage of the fact that octopuses like narrow spaces. Danilo, my ceramics craftsman, told me that Italian people used to use a similar method a long, long time ago.
Danilo and I decided to do things the ancient Italian, and my hometown's, way and catch octopus in present-day Albisola using self-made ceramic pots.

Piedra del pulpo   2003

Los pulpos tienen por costumbre recoger piedras y conchas del fondo del mar. Al subir
una vasija utilizada para atrapar pulpos, a veces hay pulpos agarrados a ella. A veces
la vasija está llena de pulpos. A algunos pulpos les gustan las piedras, otros prefieren
las conchas. Algunos sostienen trozos de cristal roto, o piedras de color rojo. Yo
colecciono estos objetos y los admiro.

Octopuses have a habit of picking up stones and shells from the bottom of the sea.
When you pull up an octopus pot, sometimes you will find octopuses holding them.
Sometimes the pot is full of them. Some octopuses like stones, and others prefer
shells. Some are holding pieces of broken glass, or holding red coloured stones.
I collect theses things and admire them.

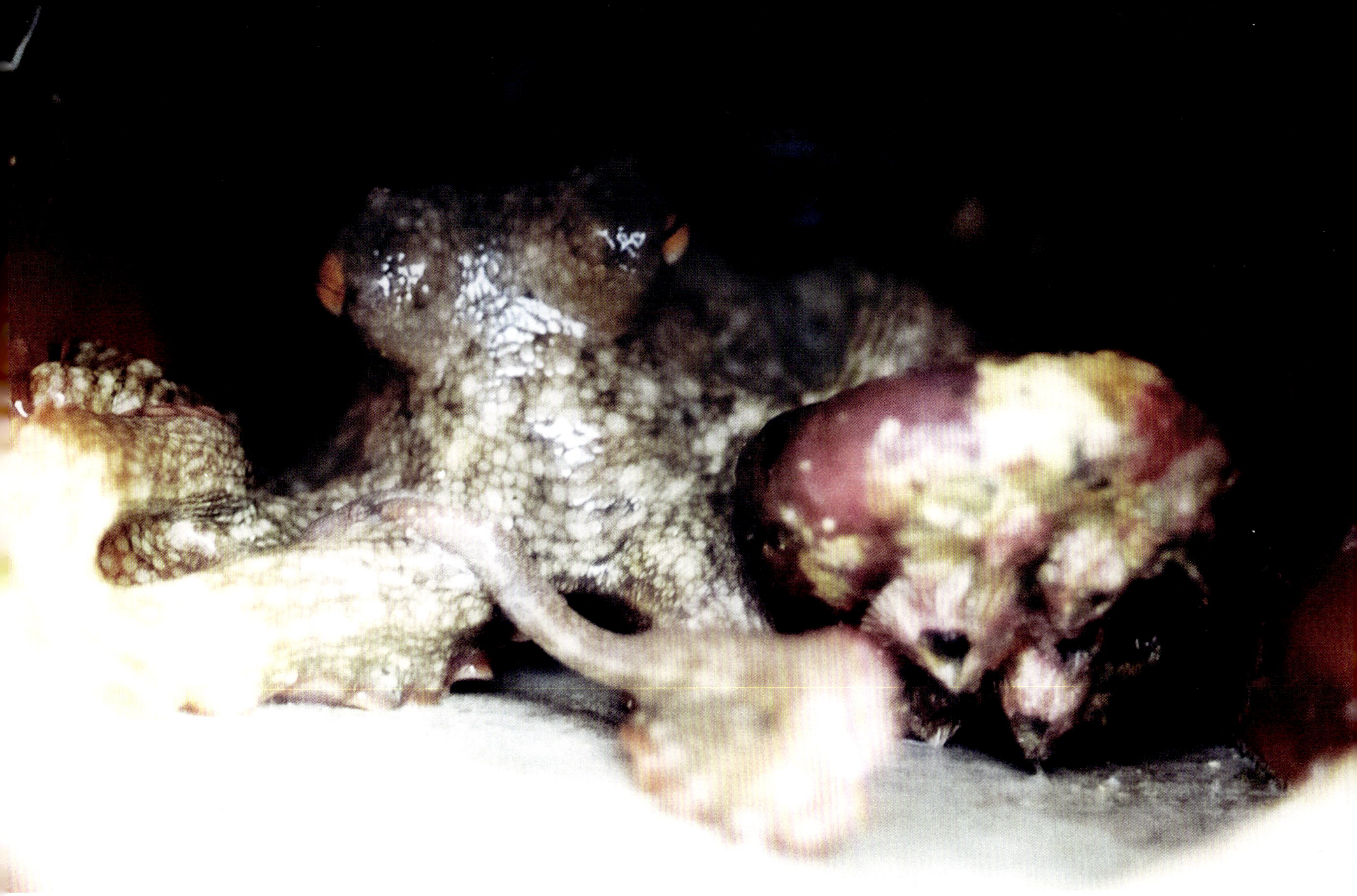

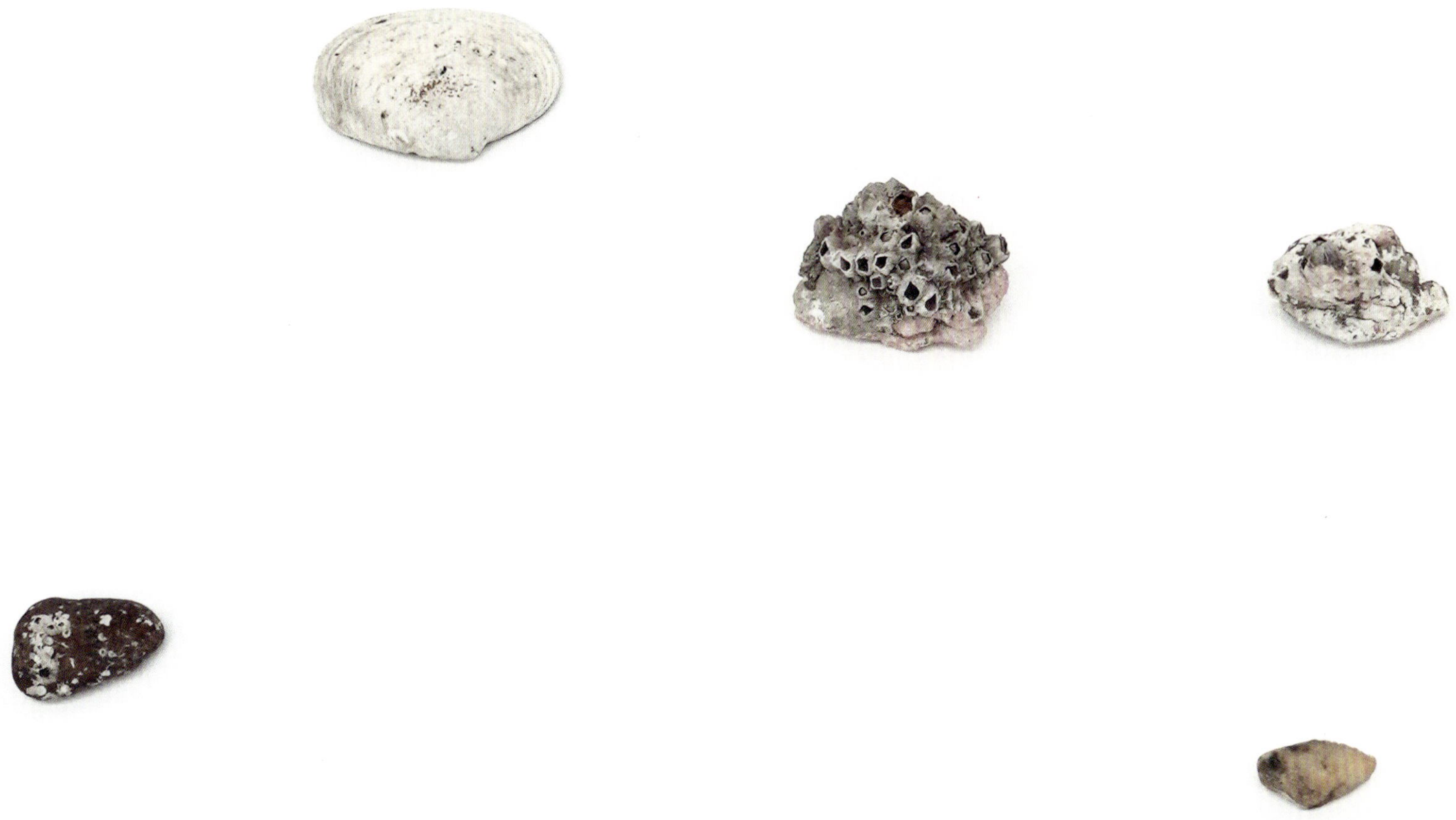

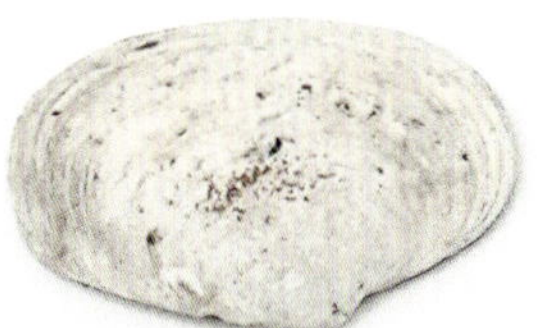
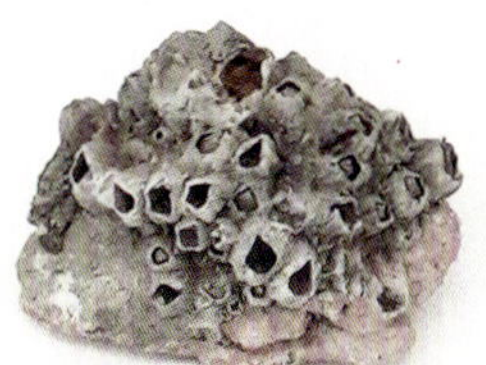
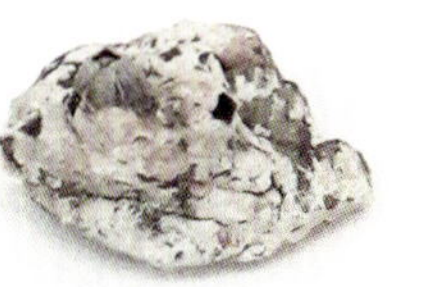
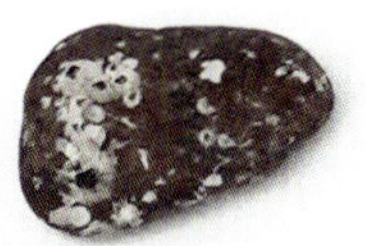
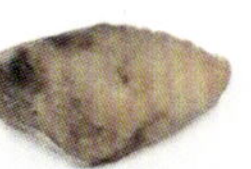

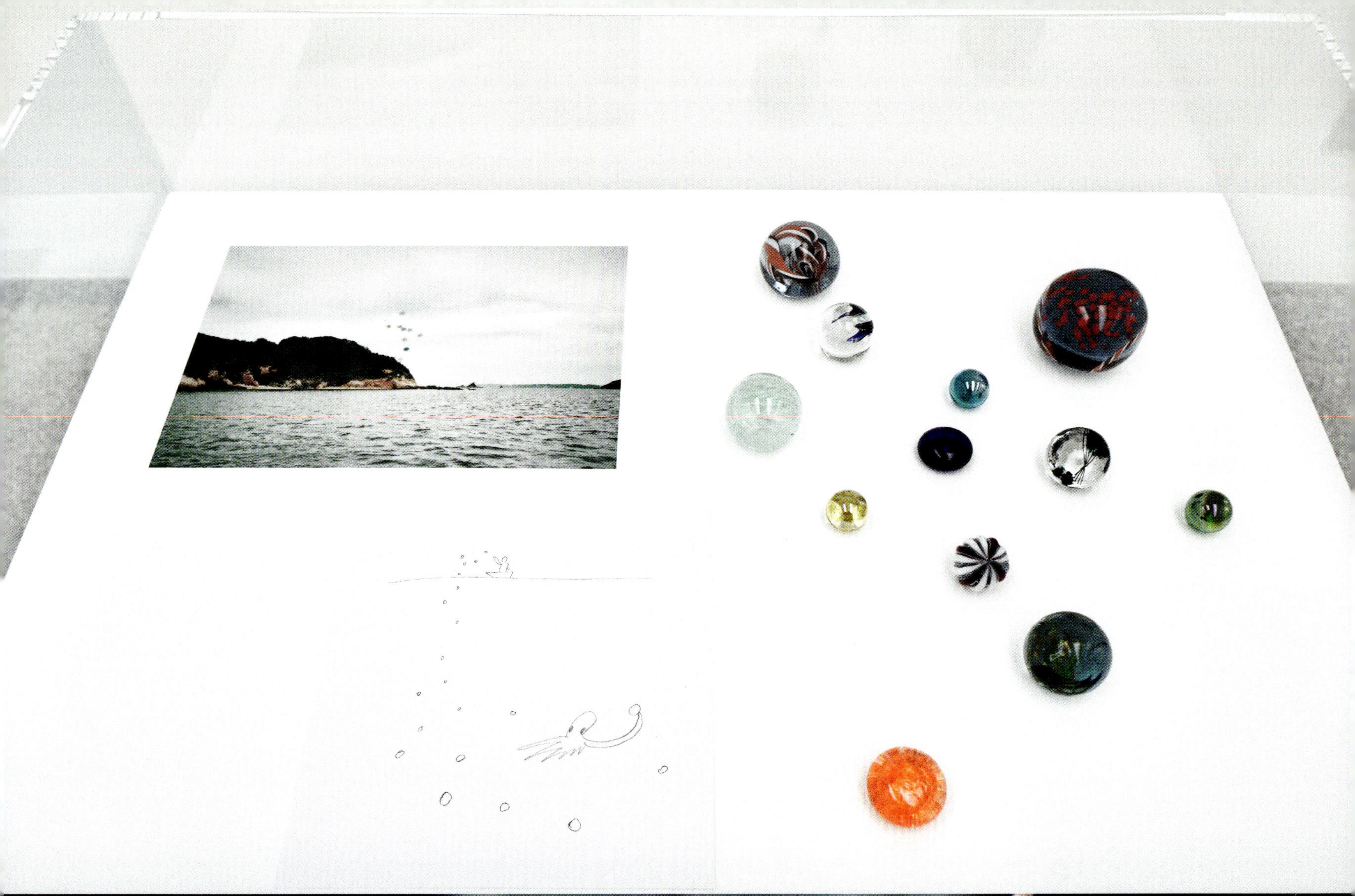

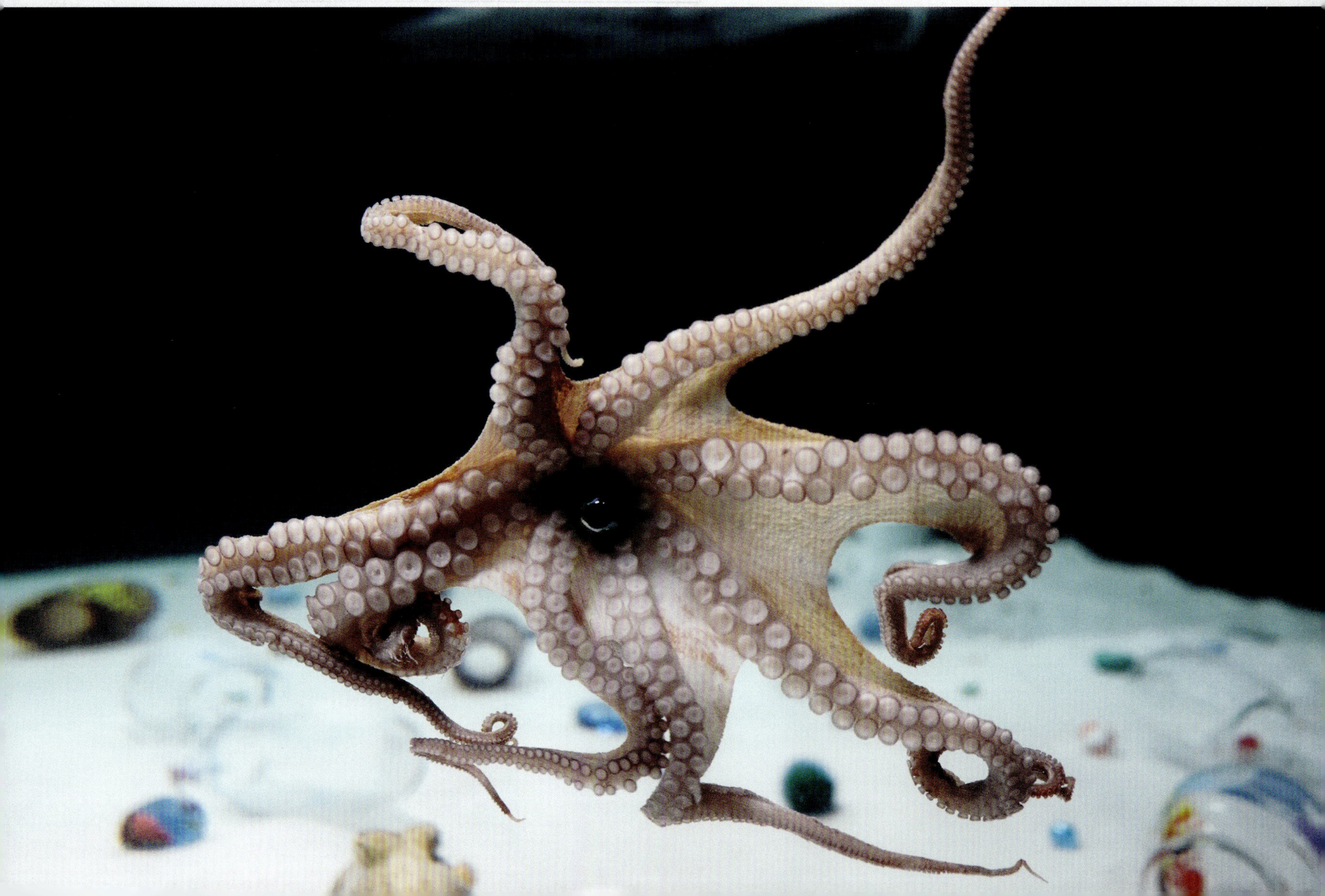

Escultura para pulpos: explorando sus colores favoritos   2010

Escultura para pulpos: explorando sus colores favoritos – Acuario en Kobe   2019

Los pulpos suelen recoger piedras y conchas marinas en el fondo del océano. Yo decidí hacerles algunas piezas escultóricas.
Si un pulpo se encuentra ante uno de estos trozos de cristal de diferentes colores, ¿lo mirará fijamente con sus ojos felinos? ¿Lo agarrará con uno de sus ocho tentáculos? ¿Lo llevará a una vasija para atrapar pulpos? ¿Y cuál será su color favorito? En la inmensidad del lecho marino, ¿puede un pequeño trozo de cristal conectar a un hombre y a un pulpo?

Octpuses often pick up stones and seashells on the ocean floor. I decided to make some pieces of sculpture for them.
When an octopus encounters one of these different coloured glass pieces on the seabed, would he gaze into it with his catlike eyes? Would he grab it with one of his eight tentacles? Would he carry it along into an octopus pot? And what would be his favourite colour? On the wide reaches of the ocean floor, can a small glass piece connect a man and an octopus?

Las vasijas grandes atrapan pulpos grandes, las vasijas pequeñas
atrapan pulpos pequeños.
¿Las vasijas de colores atraparán pulpos de colores?
¿Las vasijas transparentes atraparán pulpos transparentes?
¿Qué clase de pulpo es el pulpo de Santander?

Producido por la Fundación Botín

Big jars catch big octopuses, small jars catch small octopuses.
Do colourful jars catch colourful octopuses?
Do transparent jars catch transparent octopuses?
What kind of octopus is the octopus in Santander?

Produced by Fundación Botín

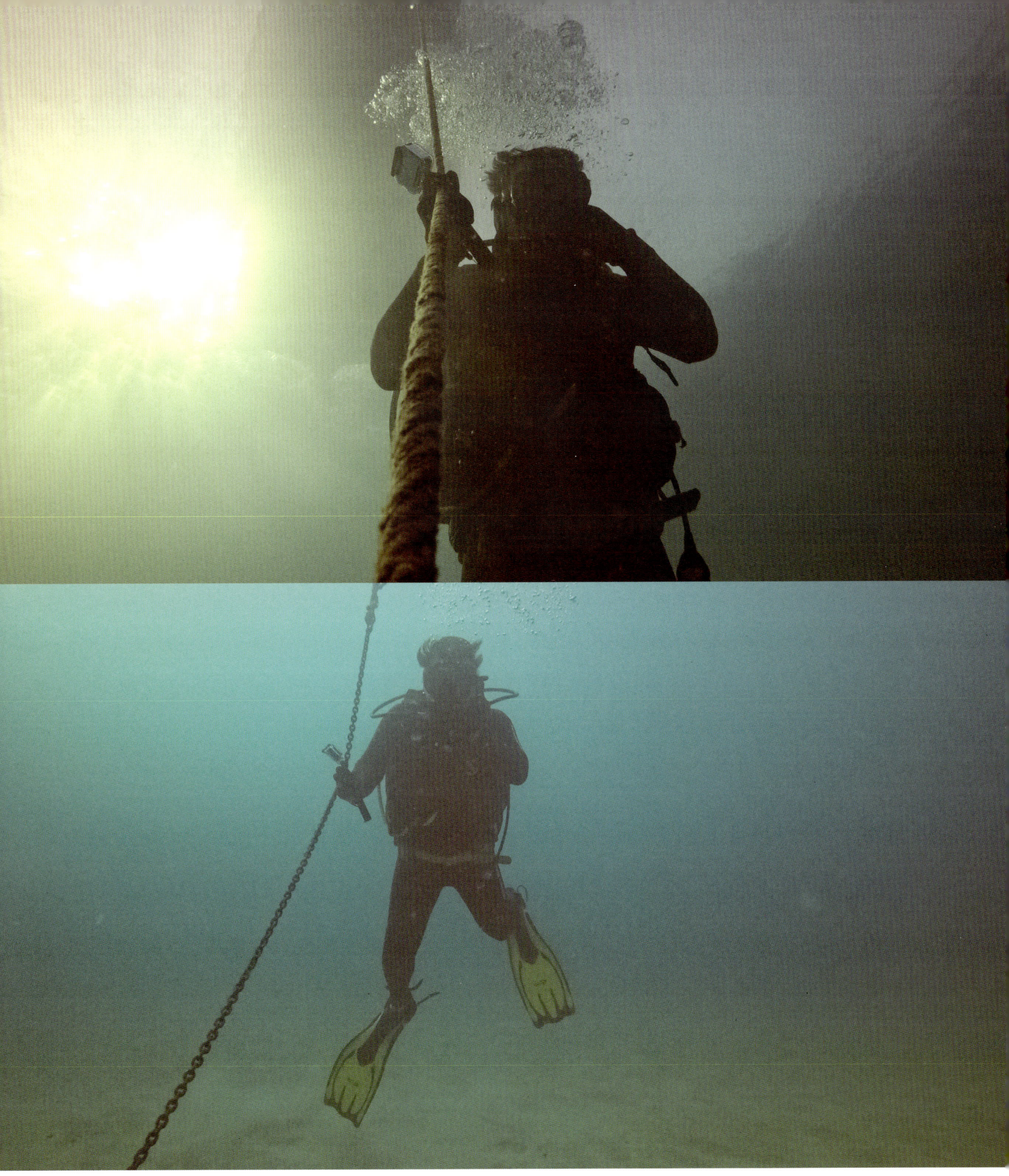

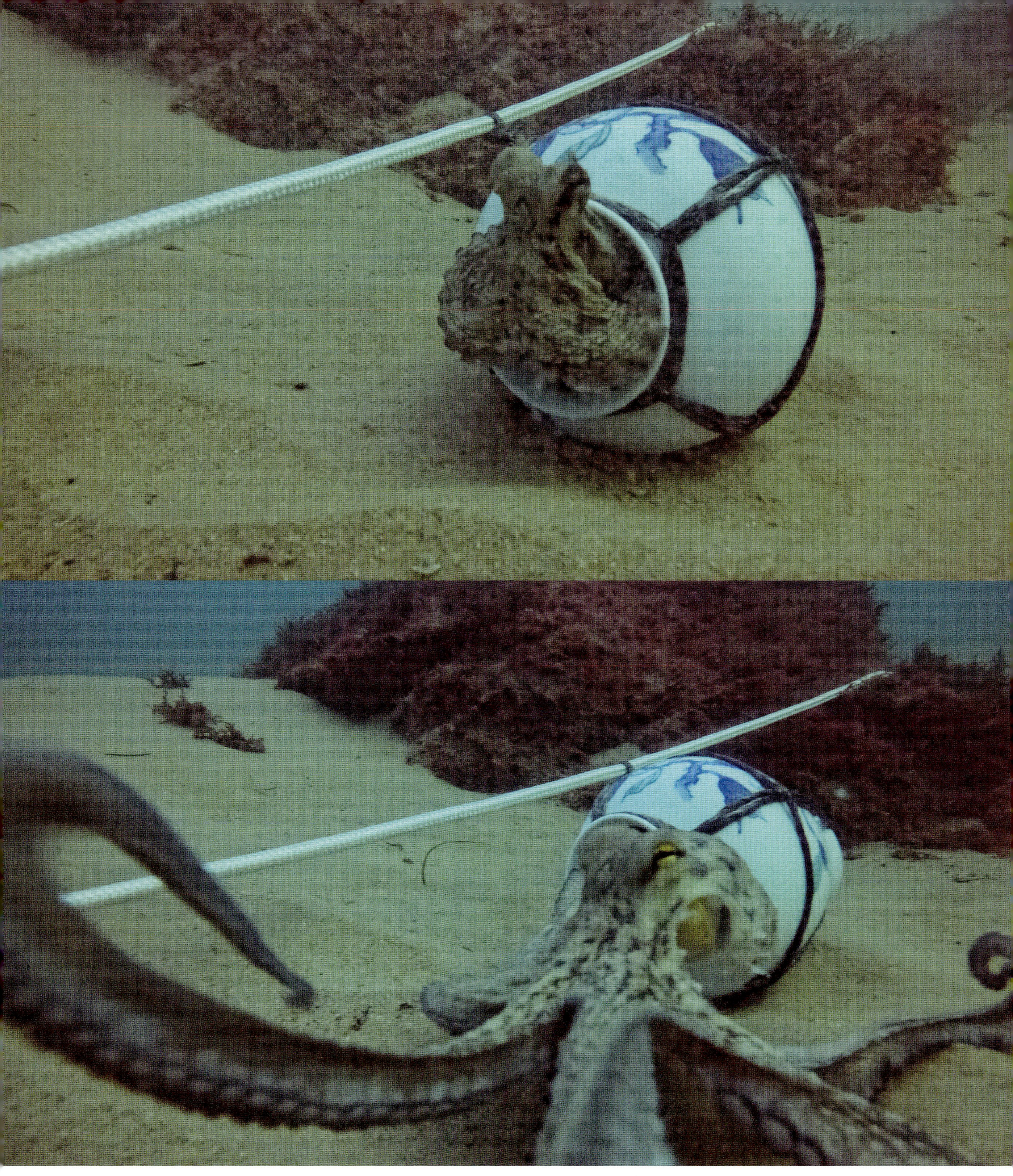

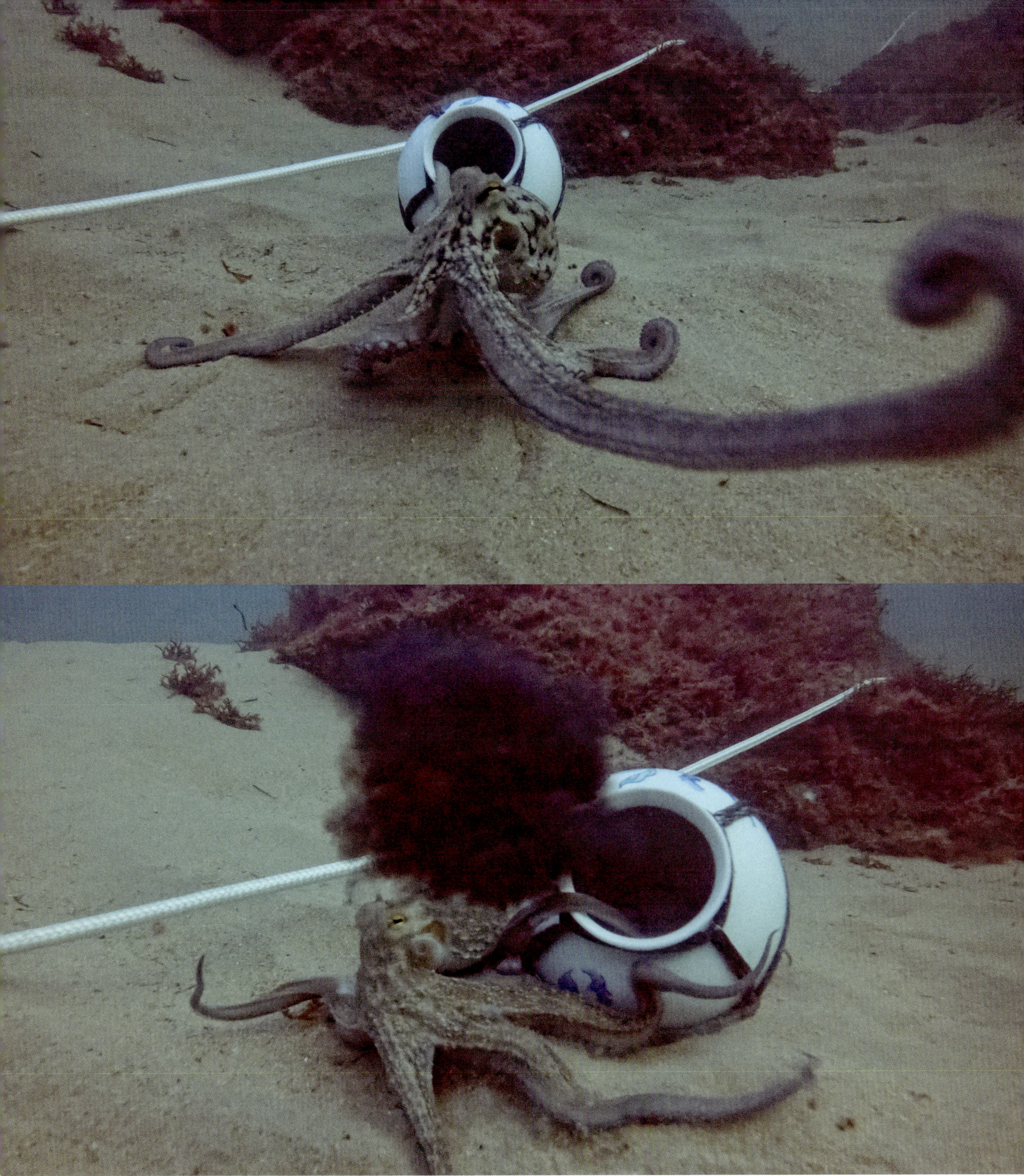

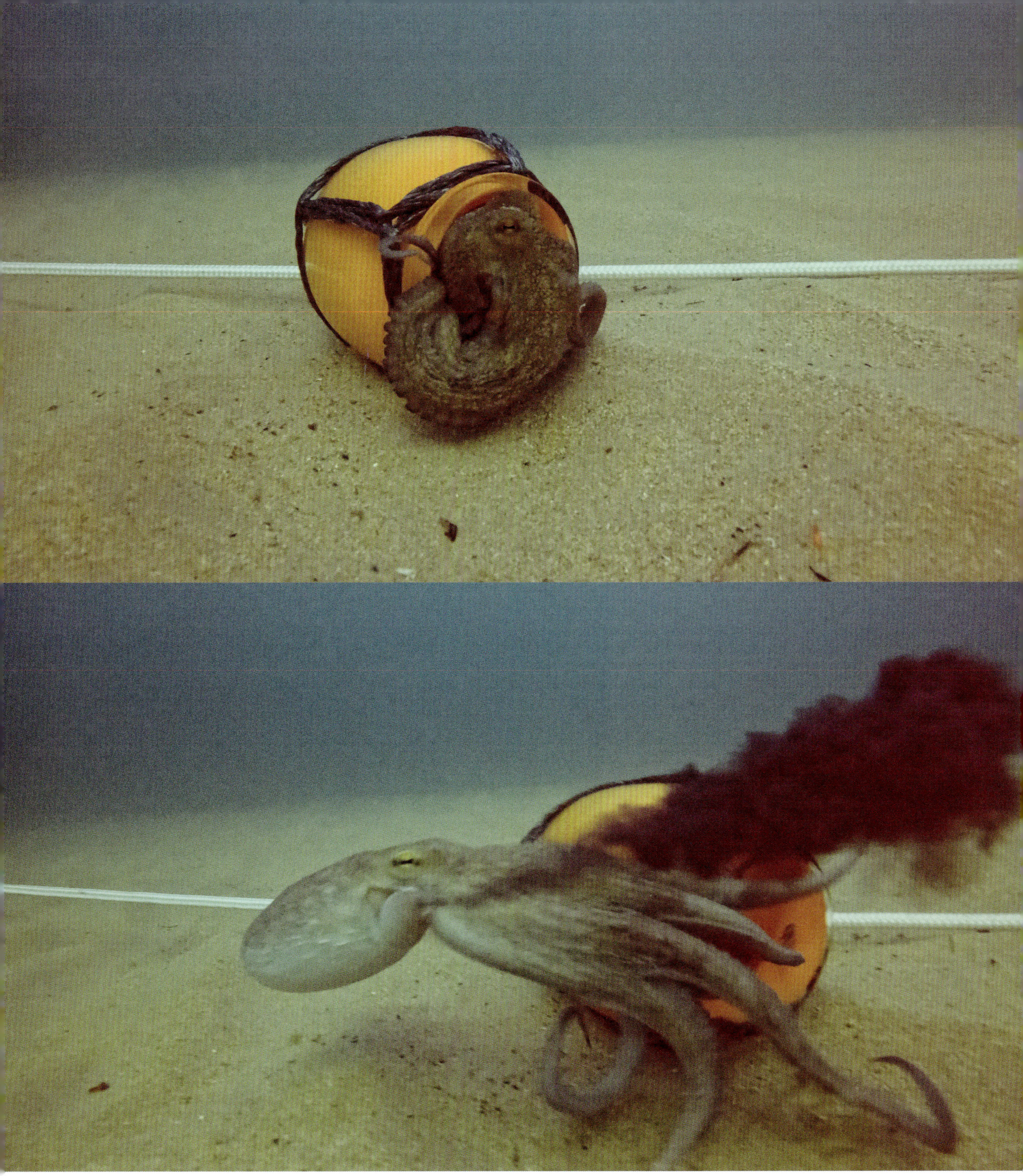

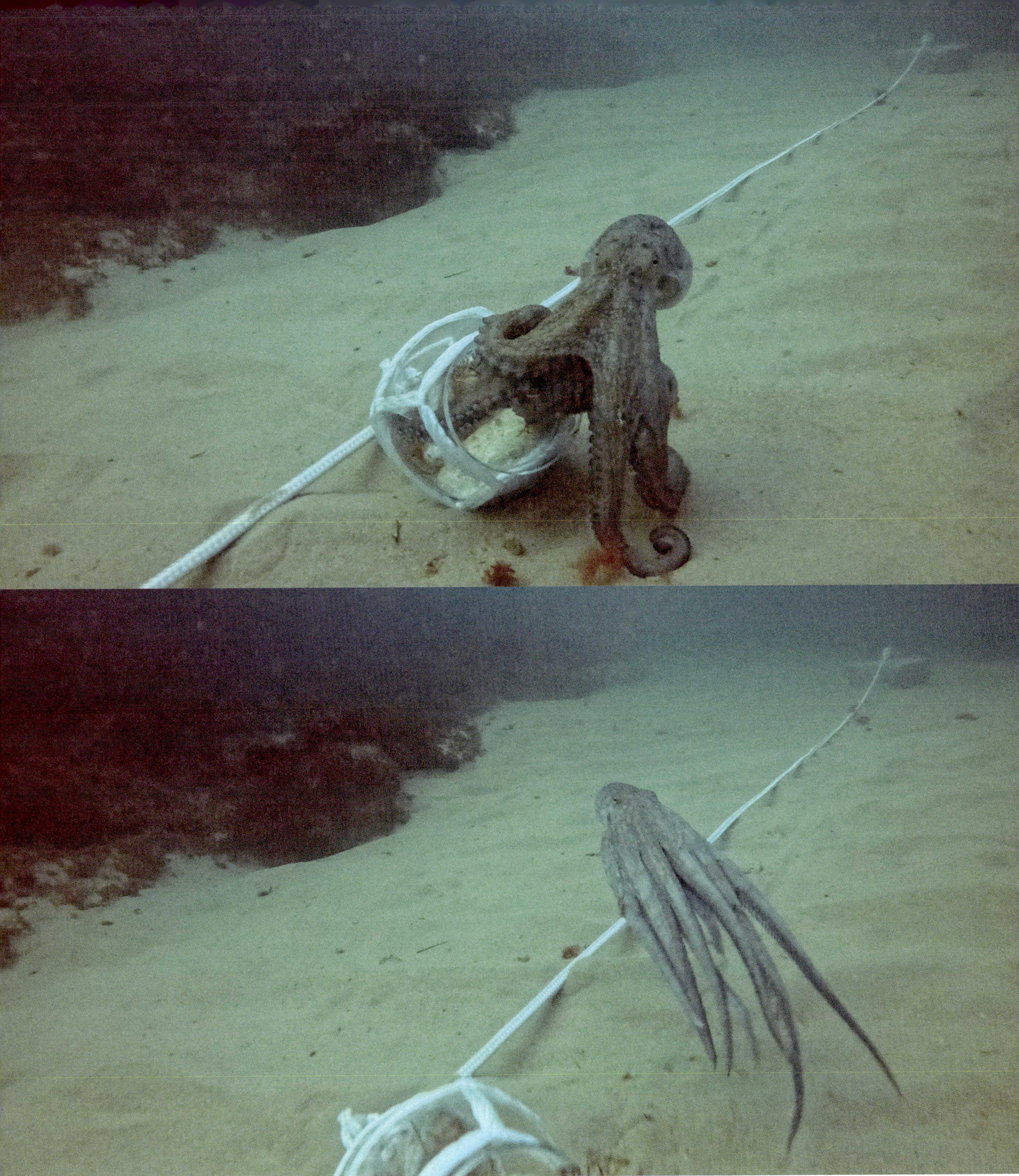

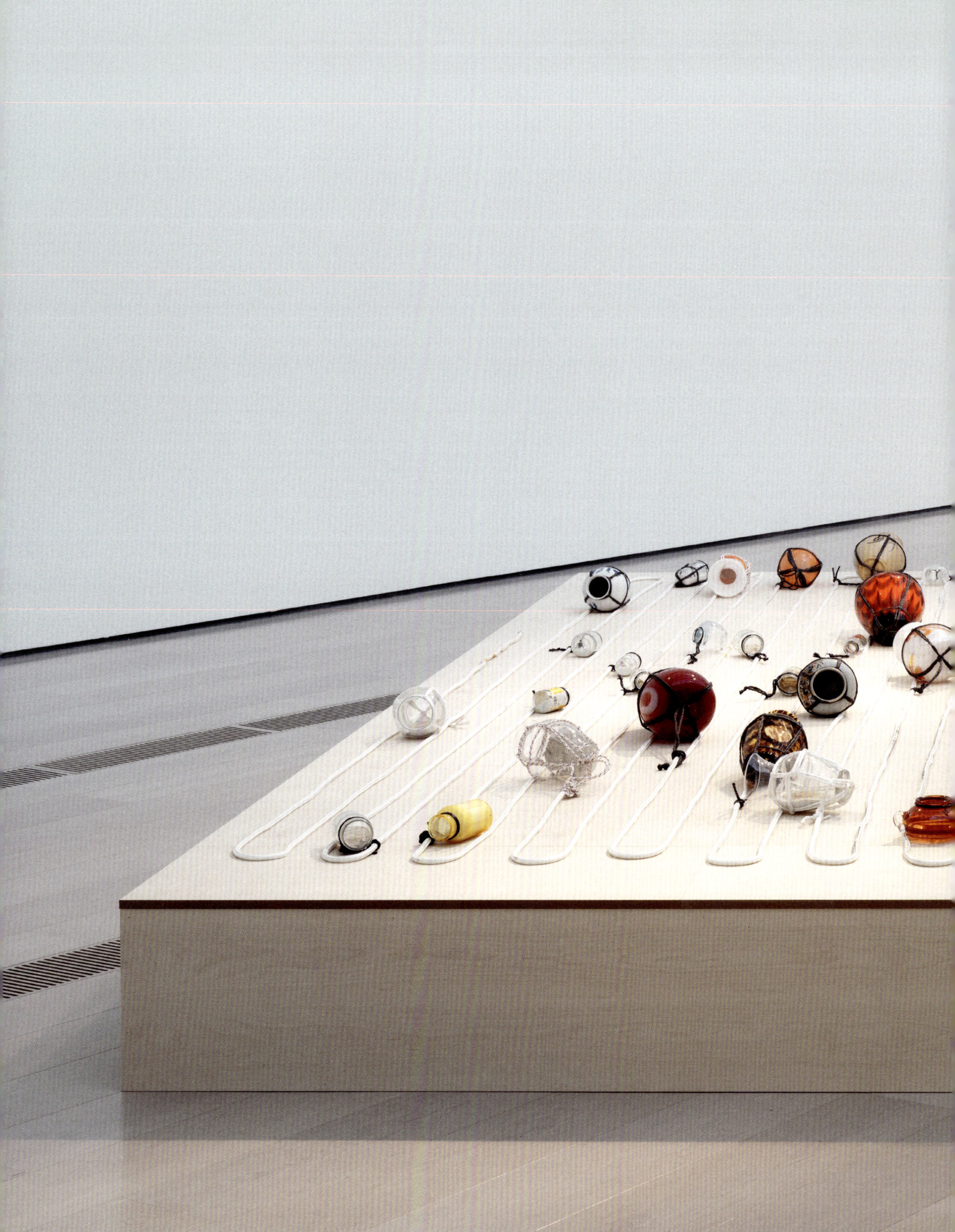

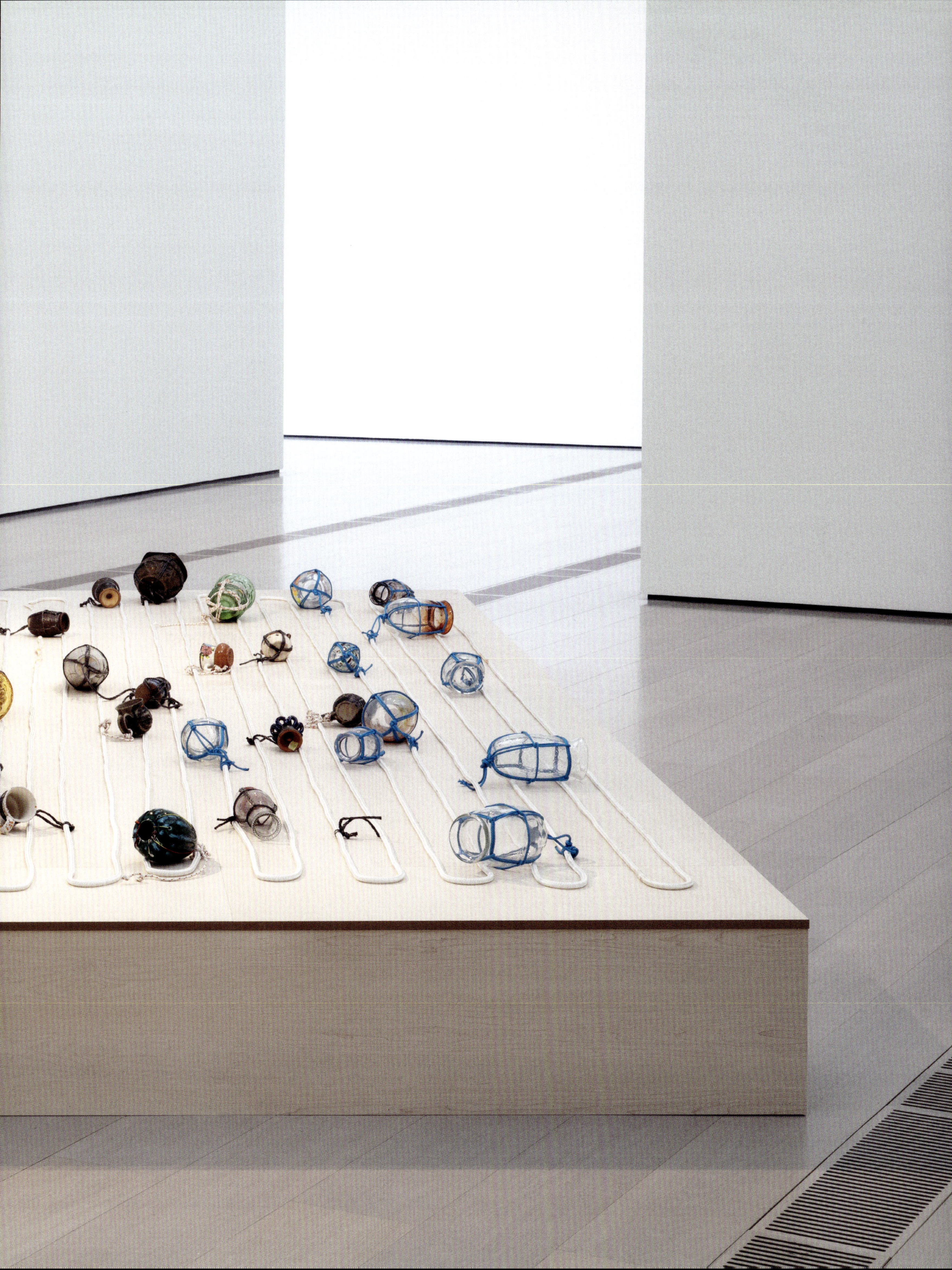

Paz en la cama   2024

Hice dos formas humanas con rocas y tierra de dos lugares lejanos. Encuentro entre roca
y roca, tierra y tierra. Luna de miel de roca. Luna de miel de tierra.
Cuando observé la escena, de repente recordé la frase «Las personas mueren y regresan
a la tierra». Tal vez esas dos figuras de tierra eran personas en realidad. Esta obra es un
monumento a los que han nacido y han muerto hasta ahora, nuestros antepasados.
Asimismo, si se dan encuentros de personas en la cama, nacerán nuevas personas y la
humanidad continuará en el futuro. Esta obra es también un monumento al futuro.
Y me doy cuenta de que ya he visto a estas dos personas anteriormente en otro lugar: John
Lennon y Yoko Ono en el Hotel Hilton de Ámsterdam, en 1969. Yo nací en plena guerra de
Vietnam y, más de cincuenta años más tarde, sigue habiendo guerras en Ucrania, en Gaza
y en otras partes del mundo. Paz en la cama al cabo de 55 años. Dentro de cincuenta años,
y dentro de cien años, ¿seguirá la guerra?

I made two human forms with rocks and soil from two distant places. Encounter between rock
and rock, soil and soil. Honeymoon of rock. Honeymoon of soil.
As I looked at the scene, I suddenly remembered the phrase 'people die and return to the soil'.
Maybe these two people of soil were really people. This work is a monument to those who
have been born and died so far, our ancestors.
At the same time, when people meet on the bed, new people will be born and humanity will
continue into the future. This work is also a monument to the future.
And I realize that I have seen these two people somewhere before: John Lennon and Yoko
Ono at the Hilton Hotel in Amsterdam, 1969. I was born in the middle of the Vietnam War, and
50 years later, there is still fighting in Ukraine, Gaza and other parts of the world. Bed Peace
after 55 years. 50 years from now, and 100 years from now, will the fighting still be going on?

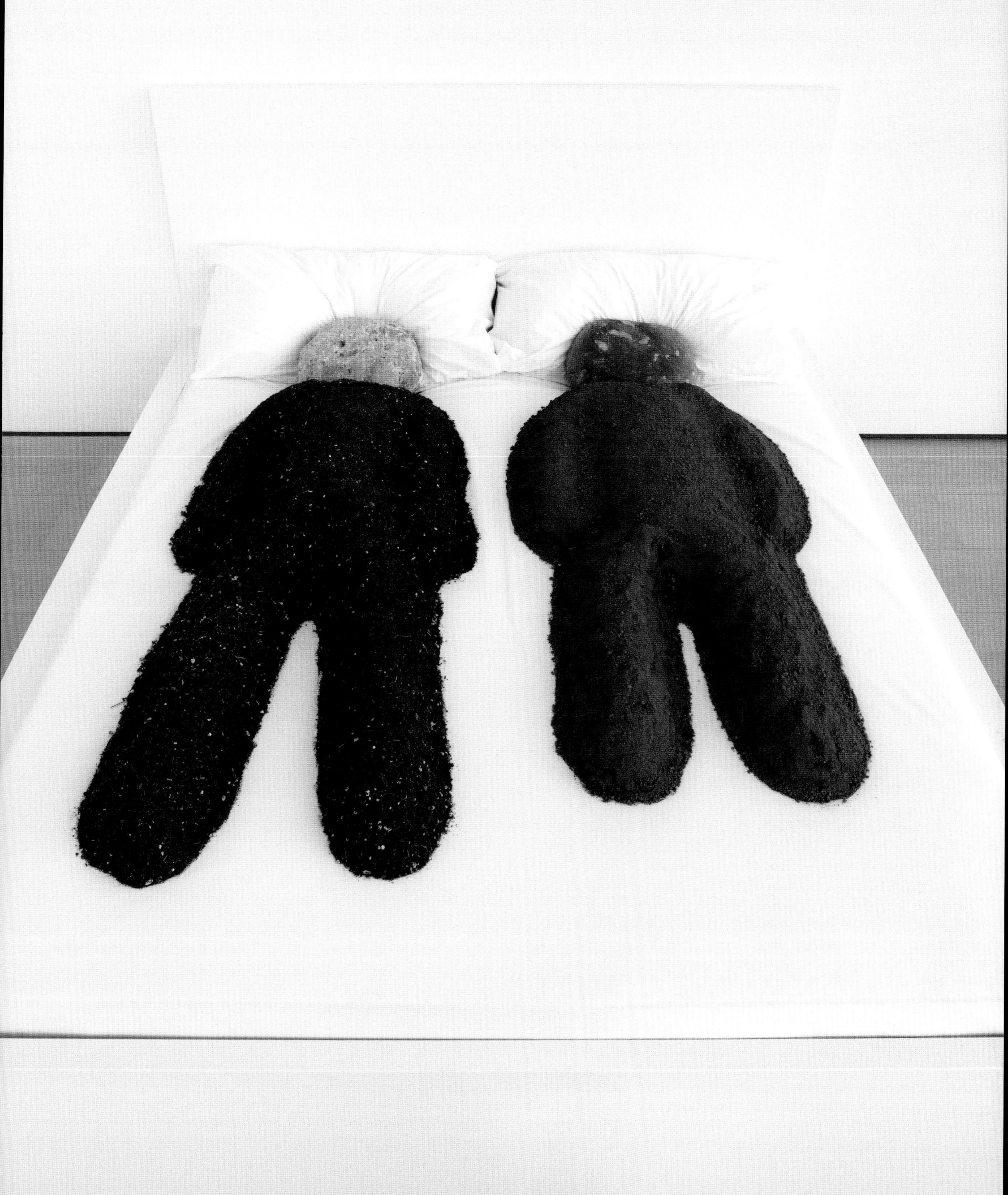

Algo que flota / Algo que se hunde   2024

Something that Floats / Something that Sinks

Hay limas que flotan y otras que se hunden. Hay cítricos que flotan y otros que se hunden.
Me di cuenta de ello estando en la cocina, y me pareció misterioso.
Así que decidí crear una obra sobre algo misterioso, dejarlo en el misterio y que la gente
lo experimentara tal y como es.
(Más tarde, descubrí que, aparte de las limas que flotaban y las que se hundían, había un
tercer tipo, las limas que nadaban).

Producido por la Fundación Botín
Especial agradecimiento a la Todolí Citrus Fundació

Some limes float and some sink. Some citrus fruits float and some sink. This is something
I noticed when I was in the kitchen, and found mysterious.
So I decided to make a piece about something mysterious, leave it mysterious and have
people experience it as just as is.
(Later I discovered that besides the floating and sinking limes, there was yet another kind,
the swimming limes.)

Produced by Fundación Botín
With thanks to Todolí Citrus Fundació

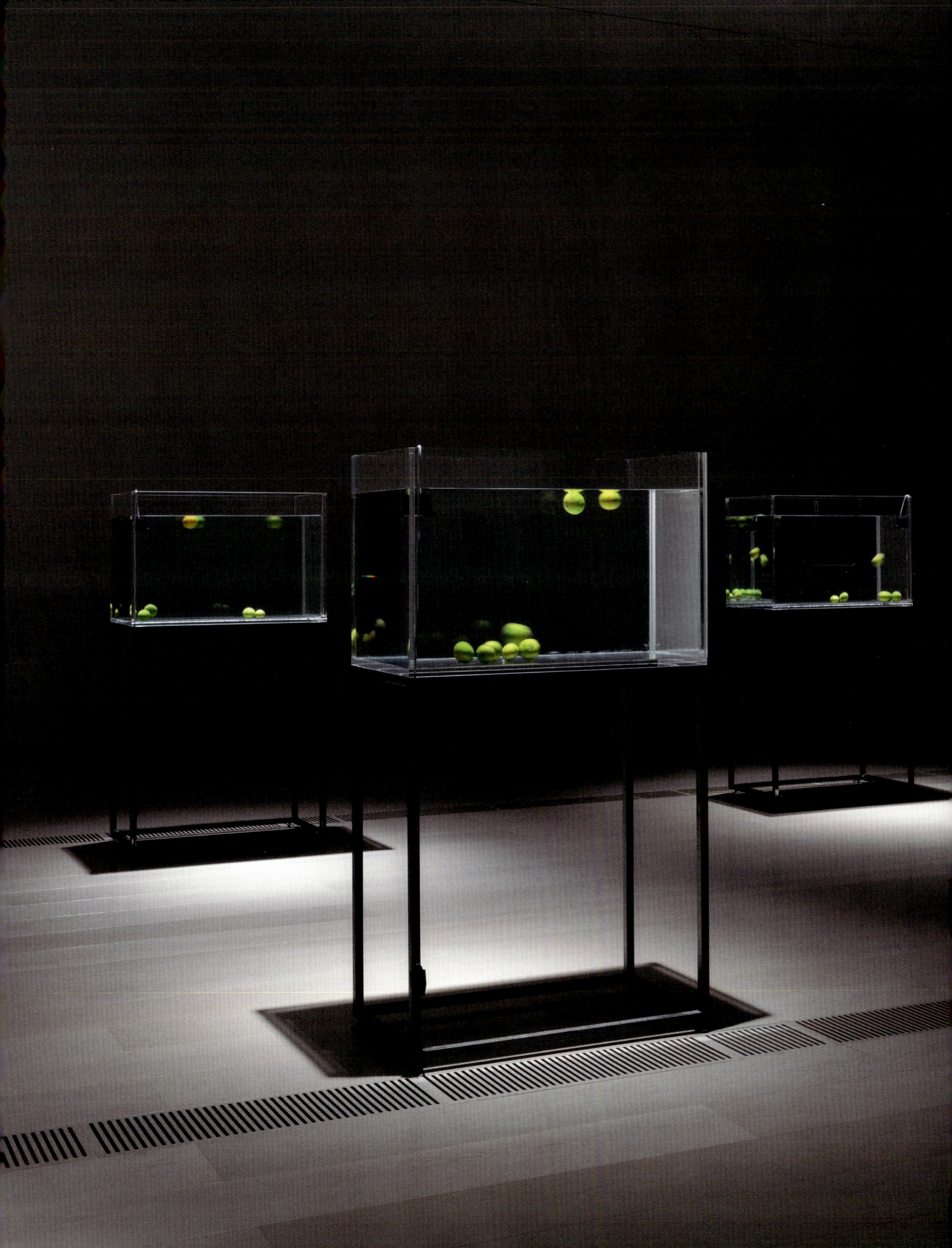

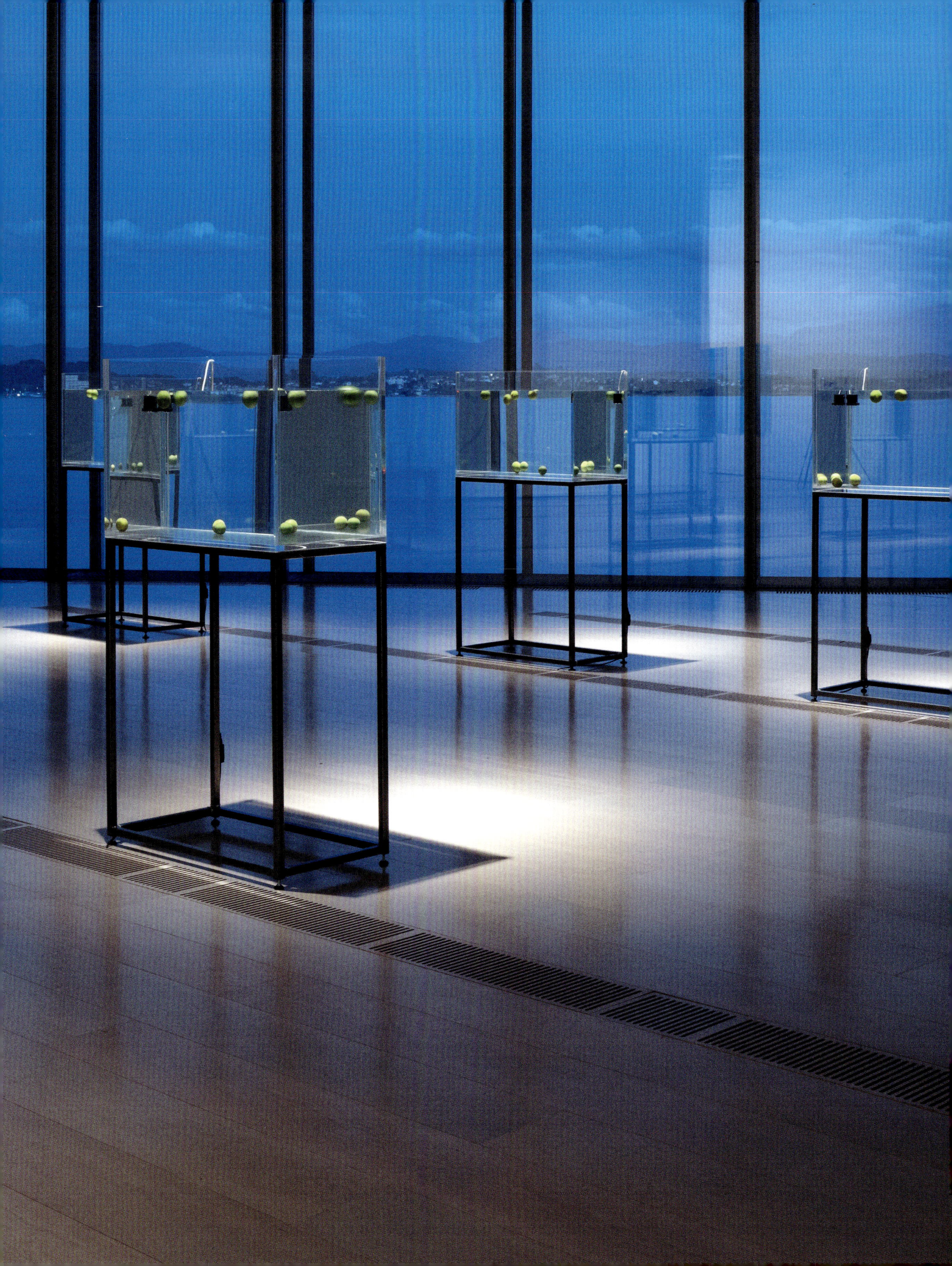

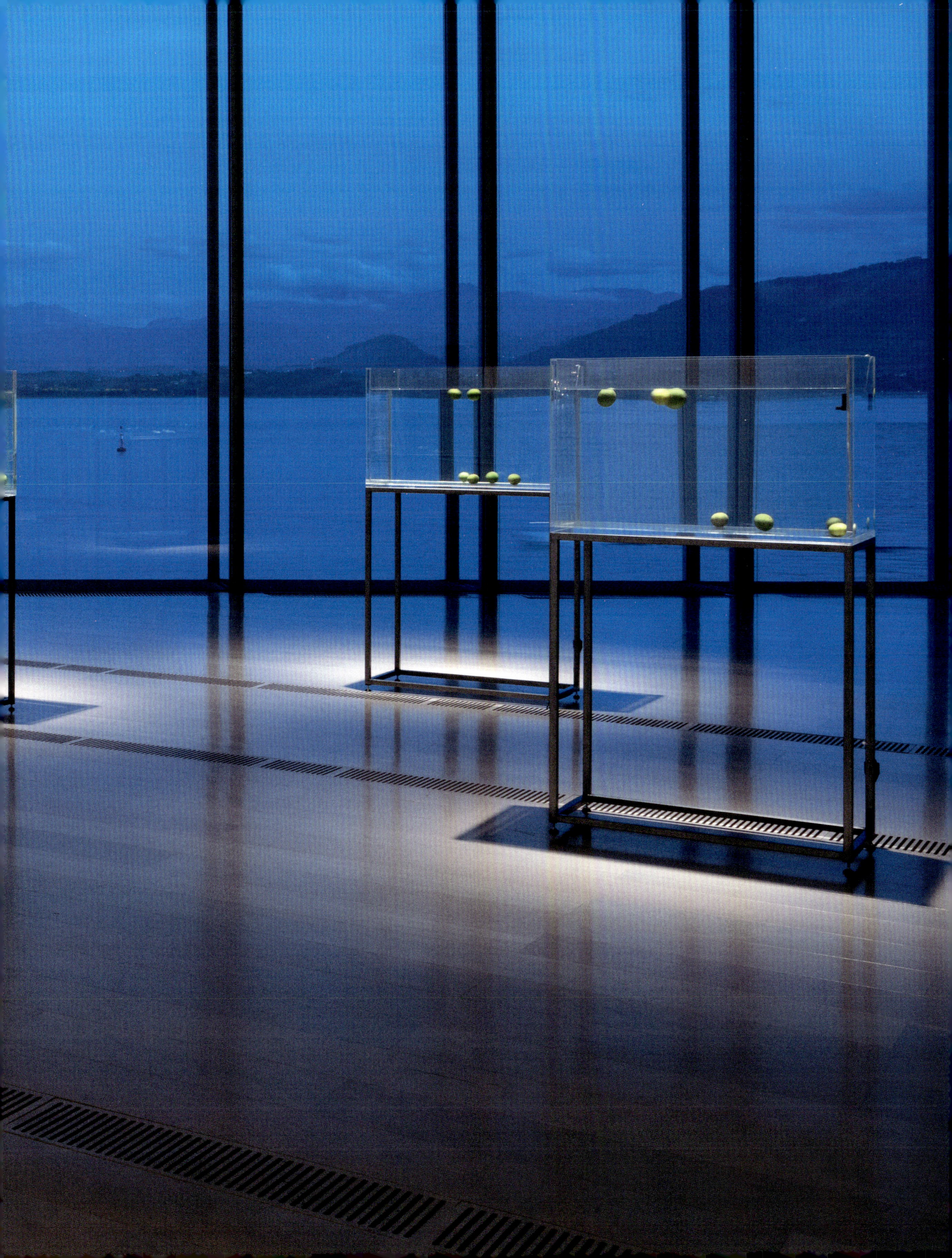

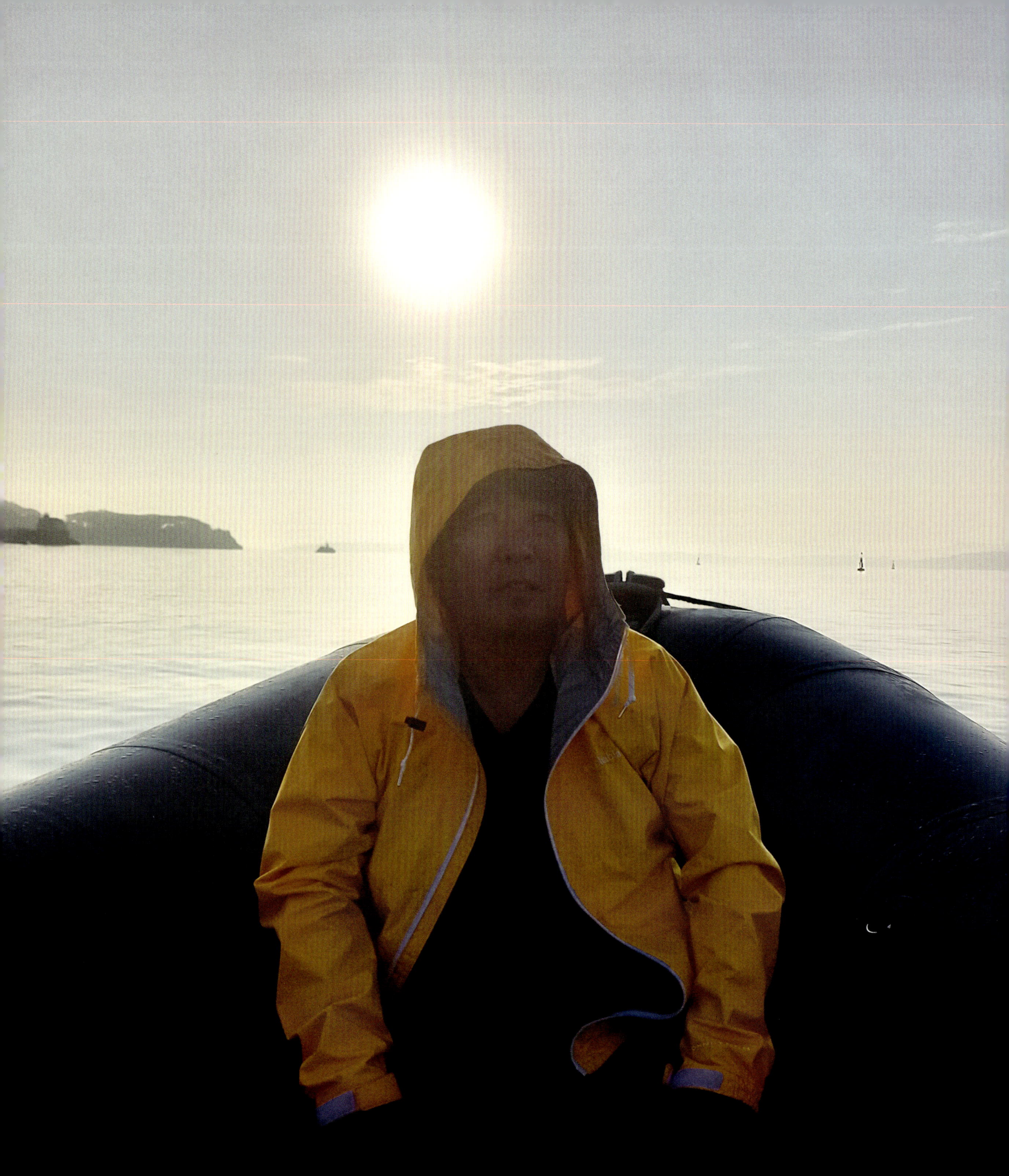

Octopus

Citrus

Human

Bárbara Rodríguez Muñoz
[BRM]

Shimabuku
[SHI]

BRM   The title of the show *Octopus, Human, Citrus* reflects on the three new works we are producing that involve local communities, human and non-human. Here, I am understanding 'community' in a broader, multispecies sense: the octopuses that inhabit the underwater rocks by the liminal waters between Santander's bay and the Cantabrian open sea; the humans that have crafted kites with you to collectively fly them on a Sunday morning; and finally, the various species of citruses carefully selected from Todolí Citrus Fundació to live in eight fish-tanks for the duration of the show. As we prepare for the opening of your exhibition, I am wondering who the main or primary audience of your work is: those 'protagonists' that participated in your experiments, the visitors we will soon welcome or even yourself, as you develop a relationship of proximity with different life forms?

SHI   In my art-making, I think my work is very good when I feel myself to be the best audience. When, first of all, I myself am surprised, when my eyes are opened and my heart dances. Yes, surprise is beautiful. I feel that my work is created when I can give it a form that I can share with people, and sometimes even with non-humans. At the same time, I think the people and animals who participate in my work can be collaborators and spectators at the same time. My work is often structured like a letter to a particular person or creature, which can also be seen by a third party. What is interesting this time is that all the self-portrait kites of the workshop participants themselves in the new work for this exhibition, *Flying People (Santander)*, are displayed on the wall, so that they are simultaneously on the side of the viewer and the performer. They come with their friends and family and are pleased to discover their own image and at the same time, they get to see it. I think that interrelationship is interesting.

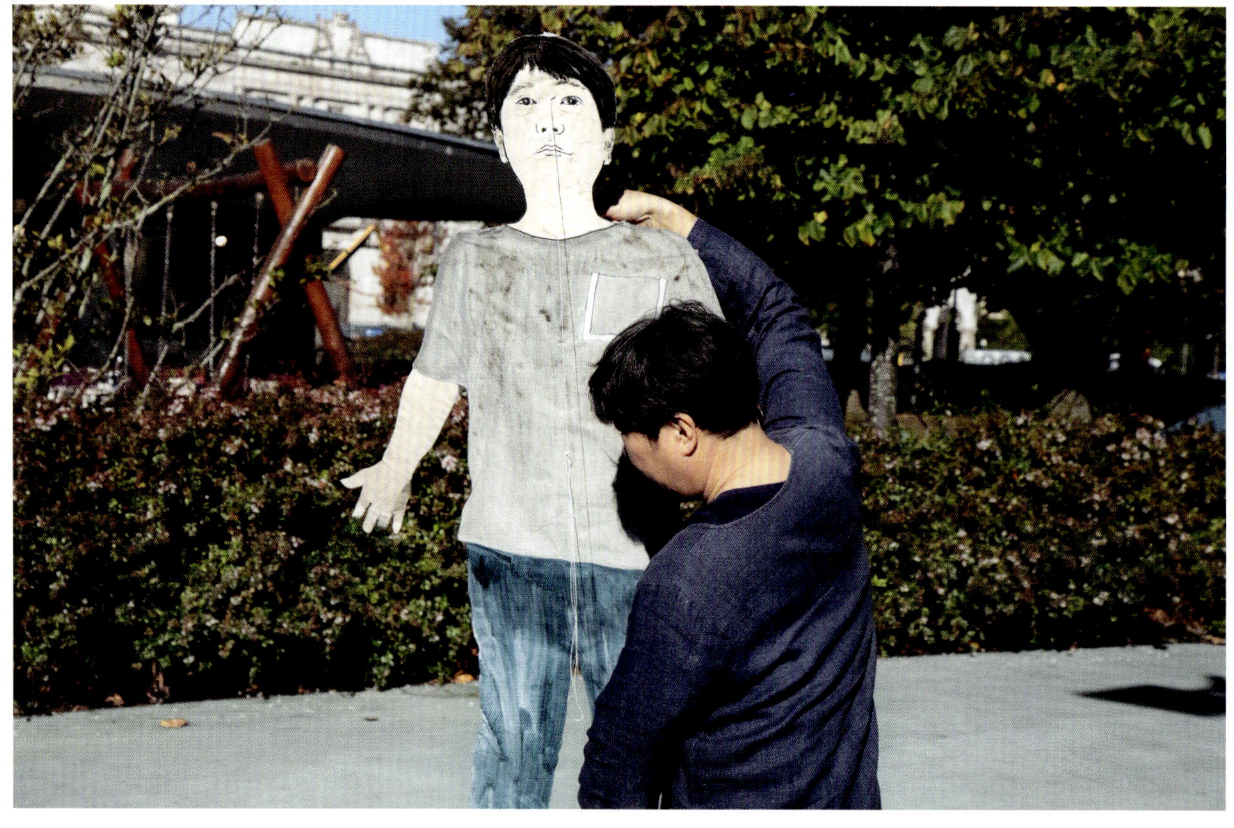

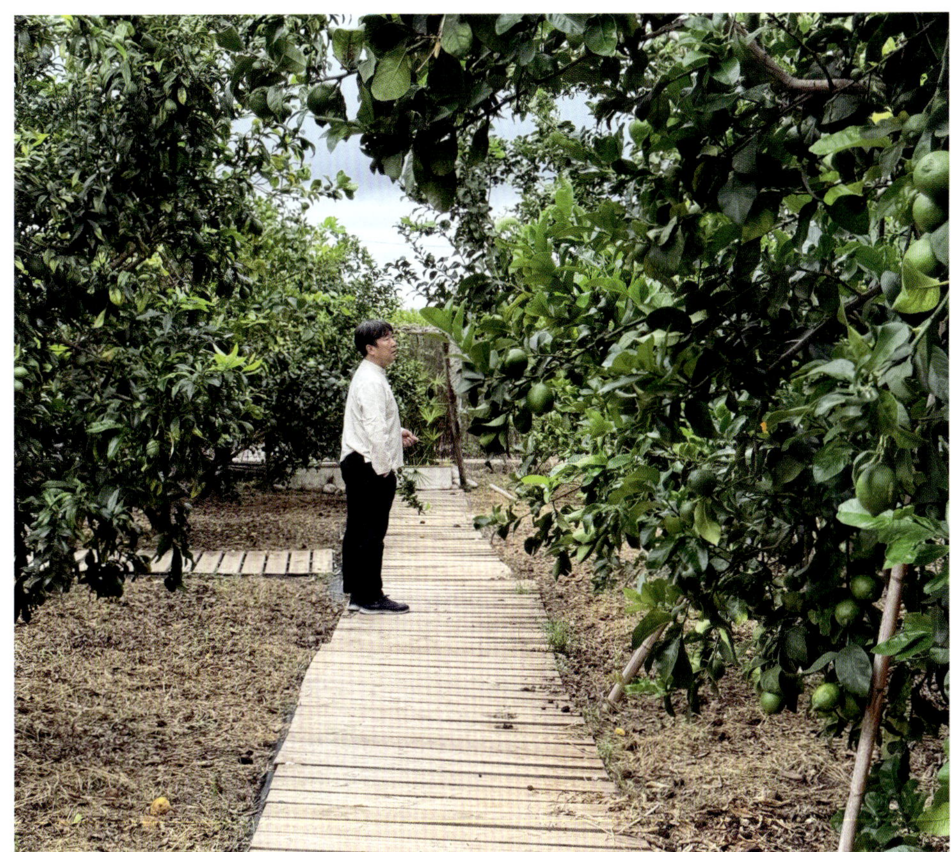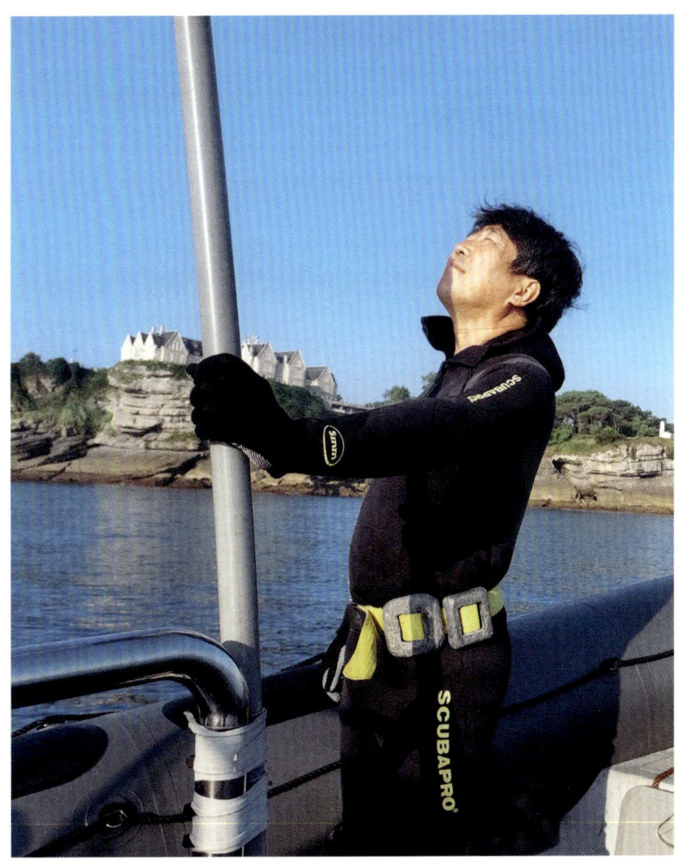

BRM El título de la muestra, *Pulpo, cítrico, humano*, reflexiona sobre las tres nuevas obras que tenemos en producción y que implican a las comunidades locales, humanas y no humanas. Aquí, me refiero a «comunidad» en un sentido más amplio y multiespecie: el pulpo que habita en las rocas submarinas de las aguas intersticiales entre la bahía de Santander y el mar abierto del Cantábrico; los humanos que han construido unas cometas contigo para volarlas colectivamente una mañana de domingo y, finalmente, las diferentes especies de cítricos de la Todolí Citrus Fundació seleccionadas cuidadosamente que vivirán en ocho acuarios durante el transcurso de la muestra. Mientras nos preparamos para la inauguración de tu exposición, me pregunto cuál es el público principal de tu obra: esos «protagonistas» que han participado en tus experimentos, los visitantes que pronto recibiremos aquí o incluso tú mismo, puesto que desarrollas una relación de proximidad con diferentes formas de vida.

SHI En mi forma de hacer arte, creo que mi trabajo es muy bueno cuando siento que yo soy mi mejor público. Cuando ante todo yo mismo me sorprendo, cuando se me abren los ojos y mi corazón baila. Sí, la sorpresa es bella. Siento que mi obra se crea cuando consigo darle una forma que puedo compartir con la gente, y a veces incluso con los no humanos. Además, pienso que las personas y los animales que participan en mi obra pueden ser a la vez colaboradores y espectadores. Mi trabajo se estructura a menudo como una carta dirigida a una persona o una criatura en particular, que también puede ver un tercero. Esta vez lo interesante es que todas las cometas con el autorretrato de los participantes en el taller que realizamos para esta nueva obra, *Gente volando (Santander)*, están expuestas en la pared, de modo que simultáneamente están en el lado del espectador y del *performer*. Vienen aquí con sus amigos y familiares, y les gusta descubrir su propia imagen y, al mismo tiempo, poder verla. Esa interrelación me parece interesante.

BRM Let´s talk about octopuses. Your work has engaged with these animals since 1990 when your flatmate in San Francisco was perplexed by the presence of an octopus in your fridge. Since then, you have caught octopus with self-made ceramic pots in Italy and taken an octopus on a meandering journey from Akashi to Tokyo. I am interested in how your relationship with this species has evolved over time and the role of curiosity and attention in this line of work, which I sense is at its core?

SHI Yes, about 35 years ago, when I was 20 years old and studying at art school in San Francisco, I remember very well that my roommate from Kentucky, where there was no ocean, was averse to eating fish and octopus and did not want them in the fridge we shared. It was his country, the USA, too, so at first I followed his style and didn't bring fish and octopus into the house, but I gradually started to think it was strange and one day when I put octopus legs in the fridge to eat them, he wasn't angry but puzzled and interested. That was the moment when I became clear about the interesting effects of putting 'foreign objects' in front of people. At the same time, I realised that I myself did not know much about octopuses. This was despite the fact that octopus was a speciality of the western side of Kobe, where I grew up. And I thought that I should know more about octopuses. When I went back home to Kobe, I would make many discoveries as I came into contact with local fishermen. For example, octopuses pick up stones and shells at the bottom of the sea. By doing something, they discover something, which leads to the next piece. I think it is a repetition of that. It is not limited to octopus artworks. I'm not really interested in polishing the skills and flaunting them, like a lot of art in the past. I think it is interesting and beautiful to discover things I didn't know. To do this, I have to put myself in a neutral state, free of assumptions, open to something new, stare and listen carefully.

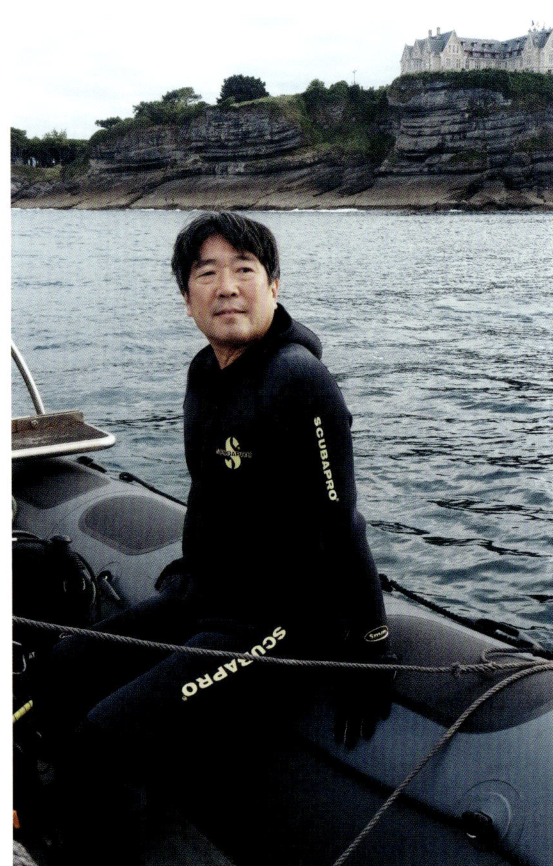

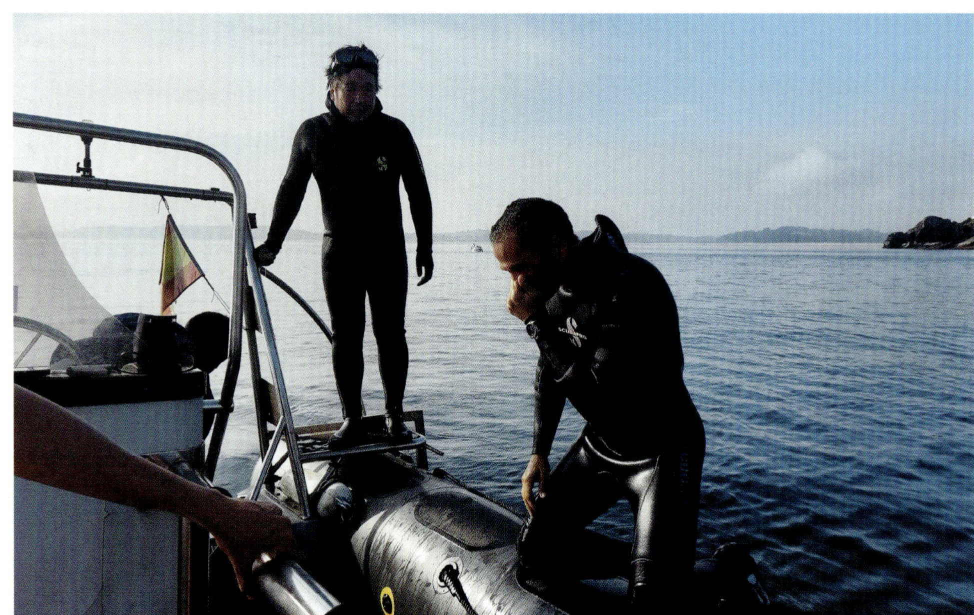

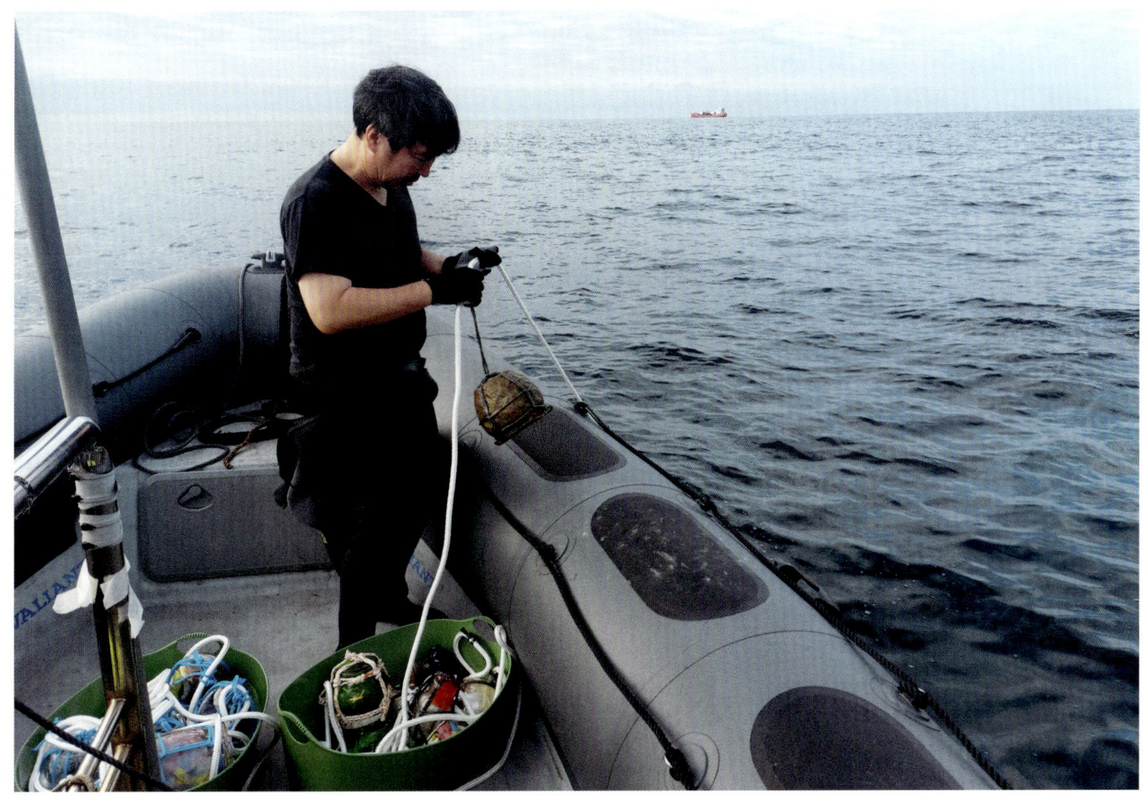

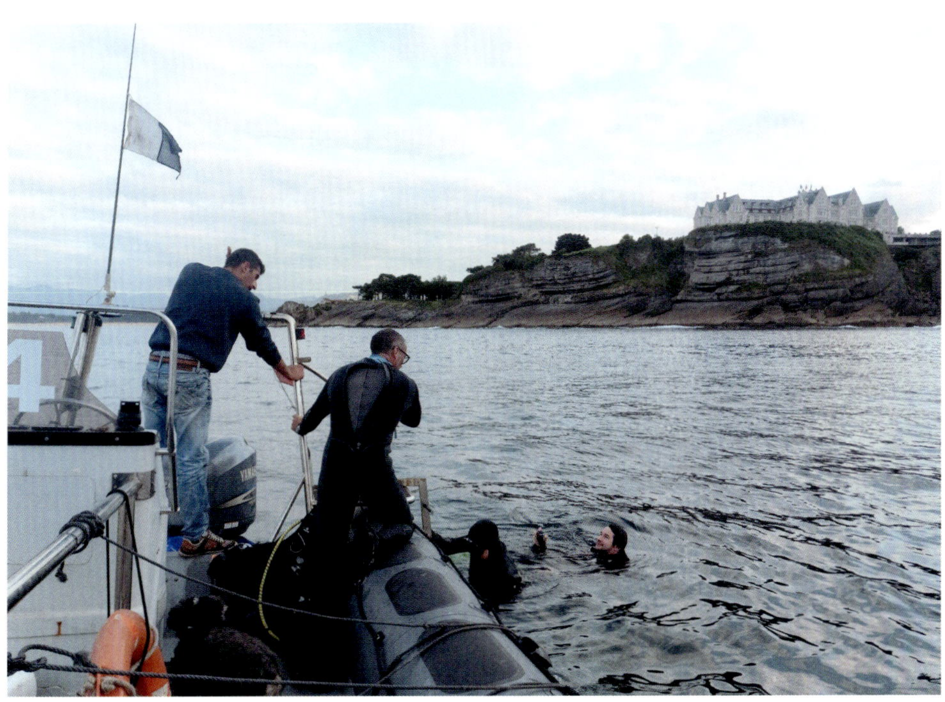

SHI Sí, hace unos treinta y cinco años, cuando yo tenía veinte y estudiaba en la escuela de arte de San Francisco, recuerdo muy bien que mi compañero de piso, que era de Kentucky, donde no hay mar, tenía aversión a comer pescado y pulpo, y no quería verlos en la nevera que compartíamos. Además, estábamos en Estados Unidos, su país, y al principio respeté su postura y nunca traía pescado ni pulpo a casa, pero luego empecé a pensar que aquello era raro, y un día metí unas patas de pulpo en la nevera para comérmelas, pero él no se enfadó, solo se extrañó y después se mostró interesado. Ese fue el momento en que fui consciente de los interesantes efectos que tenía el hecho de poner «objetos extraños» delante de la gente. Al mismo tiempo, me di cuenta de que yo mismo no sabía mucho de pulpos. Y eso que el pulpo es un plato típico de la zona oeste de Kobe, donde crecí. Y pensé que tenía que saber más sobre ellos. Cuando volví a casa, a Kobe, entré en contacto con los pescadores locales y descubrí muchas cosas. Por ejemplo, que los pulpos recogen piedras y conchas en el fondo del mar. Al hacer algo, descubres algo, y eso lleva a la siguiente pieza. Creo que, en mi caso, se repite el modelo, y no solo en las obras relacionadas con los pulpos. No me interesa mucho pulir mis habilidades y hacer ostentación de ellas, como se hacía con muchas obras de arte en el pasado. Me parece interesante y hermoso descubrir cosas que no sabía. Para ello, tengo que situarme en un estado neutro, libre de suposiciones, abierto a lo nuevo, y observar y escuchar con atención.

BRM Hablemos de los pulpos. En tu obra has trabajado con estos animales desde 1990, cuando tu compañero de piso en San Francisco quedó estupefacto ante la presencia de un pulpo en vuestra nevera. Desde entonces, has capturado pulpos en Italia con vasijas de cerámica hechas por ti mismo, o te has llevado a un pulpo de viaje de Akashi a Tokio. Me interesa saber cómo ha evolucionado con el tiempo tu relación con esta especie y el papel que juegan la curiosidad y la atención en esta línea de trabajo, que creo que es el núcleo de todo.

145

BRM For this exhibition, you conceived a sculpture for *Santander´s Octopuses*, a long row of colourful glass vases, hoping they may want to inhabit or explore them. You plunged into the sea to visit the octopuses and emerged looking happy, I really thought you had found many! I sense now that something deeper happened underwater. I am curious about the gaps between intention and concretisation in this work: what you expected, what we achieved?

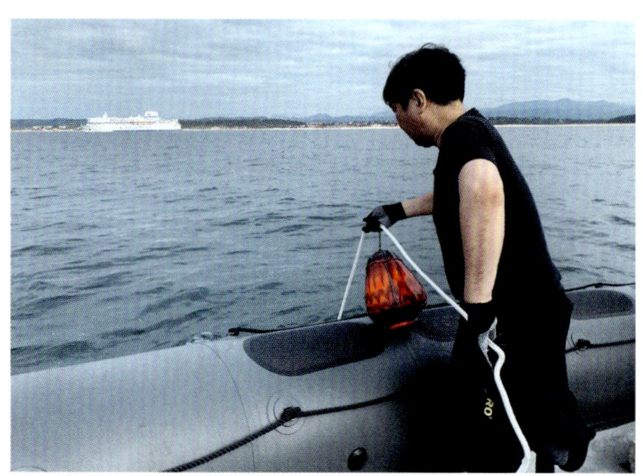
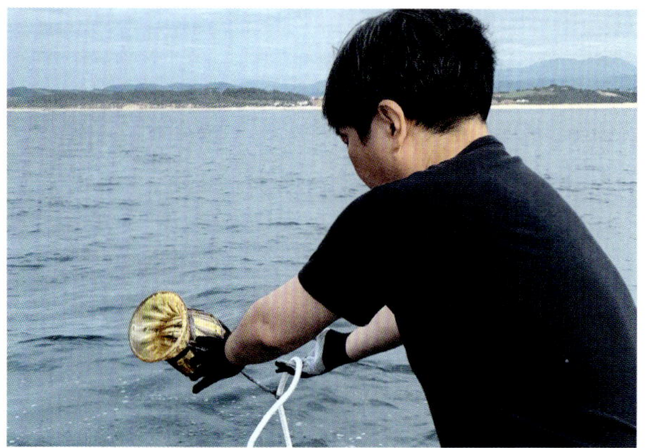

SHI The idea for this work came from the octopus's habit of picking up stones and shells at the bottom of the sea, as discussed earlier. Some octopuses only pick up shells and some pick up the mouths of broken beer bottles, so I wondered what would happen if I lined up coloured glass balls and jars at the bottom of the sea where octopuses live. So in July, I decided to set up 50 or so jars of various colours and shapes on ropes at the bottom of Santander's seabed and dive into the sea to see what happens. I wanted to visit a world inhabited by octopuses. The sea in Santander is different from the sea in Okinawa, where I usually dive, as it is very cold, even in summer, and for the first time in my life, I had to wear a hood, which caused me to hurt my ears on the first dive. So I couldn't relax much and didn't see any octopus on that first dive, but I was happy that I was in Santander's waters, on the bottom of the ocean, where not many tourists would visit, and that I had formed a special relationship with it. Eventually, the octopuses were found and videographed by our diver, Chote, who supported the project. One octopus was amused by the Japanese jar I had provided and acted as if it had been his home all along. Incidentally, after my ear injury, my ears have been ringing all the time, but I think this is the price to pay for having the octopuses in the film. That makes this piece unforgettable.

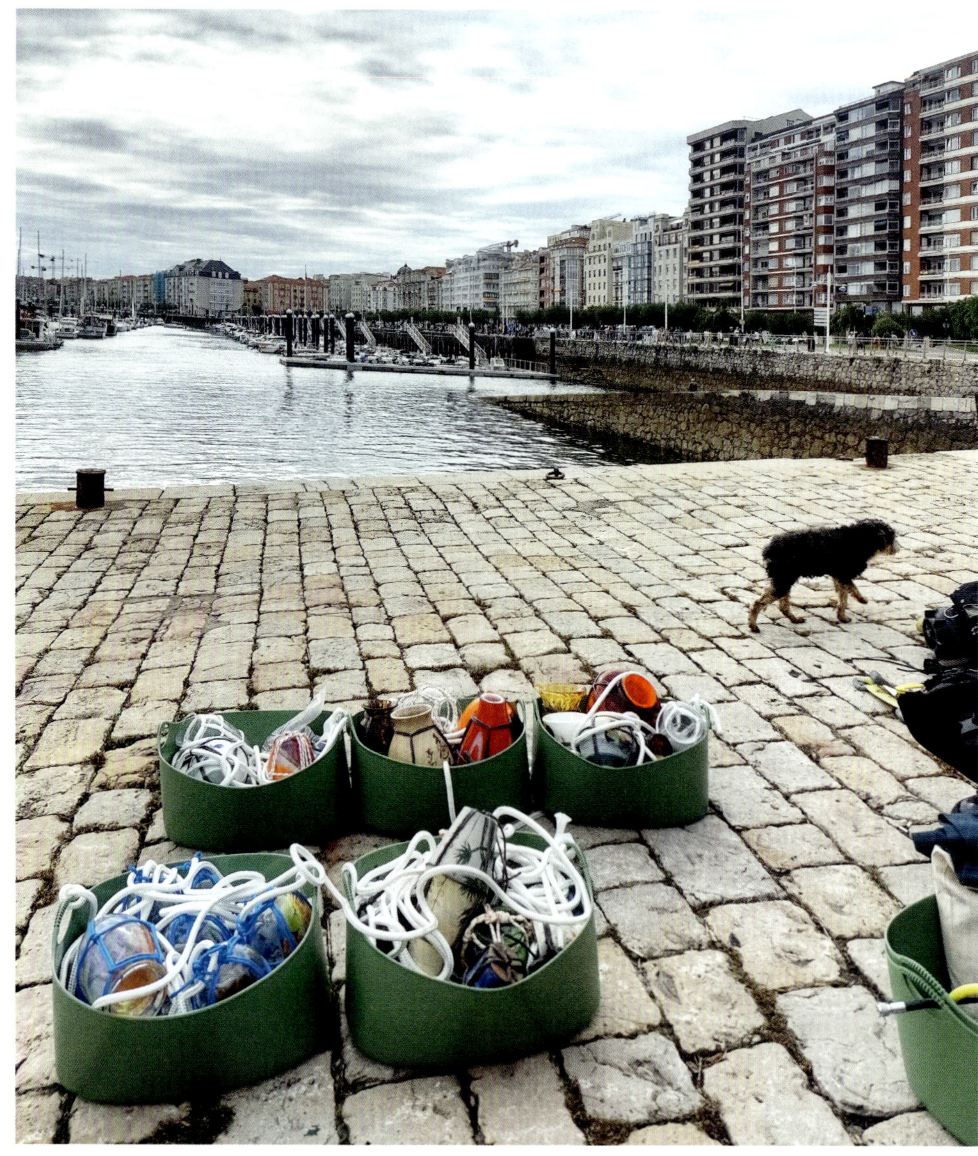

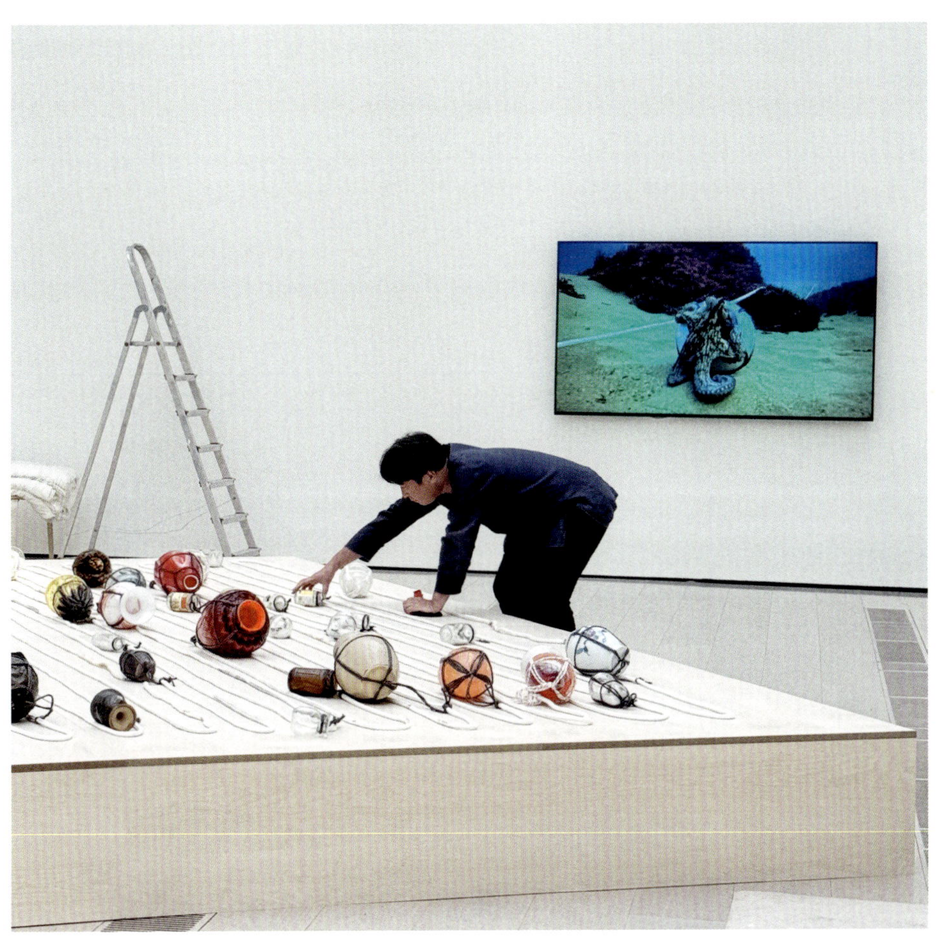

BRM Para esta exposición, has creado una escultura para los pulpos de Santander, una larga hilera de tarros coloridos de cristal, con la esperanza de que quisieran habitarlos o explorarlos. Te zambulliste en el mar para visitar a los pulpos y saliste con cara de felicidad. ¡Realmente pensé que habías encontrado un montón! Ahora intuyo que bajo el agua ocurrió algo más profundo. Siento curiosidad por las brechas entre la intención y la concreción de esta obra: lo que esperabas y lo que hemos logrado.

SHI La idea de esta obra surgió de la costumbre de los pulpos de recoger piedras y conchas en el fondo del mar, de la que ya hemos hablado. Algunos pulpos solo recogen conchas y otros los cuellos de botellas de cerveza rotas, así que me pregunté qué pasaría si alineara bolas y tarros de cristal de colores en el lecho marino donde viven los pulpos. Así que en julio decidí colocar medio centenar de tarros de distintos colores y formas atados en cuerdas en el fondo del mar de Santander y sumergirme para ver qué pasaba. Quería visitar un mundo habitado por pulpos. El mar de Santander es distinto al de Okinawa, donde suelo bucear, ya que es muy frío, incluso en verano. Por primera vez en mi vida tuve que llevar capucha, y en la primera inmersión me hice daño en los oídos. Así que no pude relajarme mucho, y en esa primera inmersión no vi a ningún pulpo, pero estaba contento de estar en aguas cantábricas, en el fondo del mar, donde no acuden muchos turistas, y de haber entablado una relación especial con él. Finalmente, el submarinista Chote, colaborador del proyecto, encontró a un pulpo y lo filmó. A otro le hizo gracia el tarro japonés que le había proporcionado y se comportó como si hubiera sido siempre su hogar. Por cierto, después de mi lesión auditiva, me siguen pitando los oídos, pero creo que es el precio a pagar por poder tener a los pulpos en la película. Eso hace que la pieza sea inolvidable.

147

BRM   Over the last week, the Art team at Centro Botín has collaborated with your assistant, Masayo, and a group of local artists–Mina K., Asier Puntiverio, Juan Carlos Rodríguez and Marta Valledor–to help 120 people, ranging from security and office teams at Centro Botín to local families and friends, to draw themselves to scale and make 120 kites. I am sure that most of them have never had this type of diagnostic relation with their own image. Tell me about your experience witnessing the process, what is revealed about people´s attention and style, about the atmosphere created?

SHI   As a matter of fact, Masayo and I were worried before we came to Santander about whether we would be able to make 120 kites in five days and whether that many people would turn up, but that was unnecessary. We staggered the times and booked in advance, with a target of 25 people per day. People of all ages, many of them parents and children, joined us. Already when each portrait photo was taken and projected life-size on the wall using a projector, people seemed to have a special feeling of meeting their 'other self'. They then traced their life-size self with a pencil and took time to colour it in. This was a different kind of self-confirmation process from looking at themselves in the mirror. Each of us has a different level of painting skill and style, and I like the individuality and non-homogeneity of it. I did mention that if you put the paint on too thickly, like Van Gogh, it makes the kite heavier and harder to fly, so that was a word of caution.

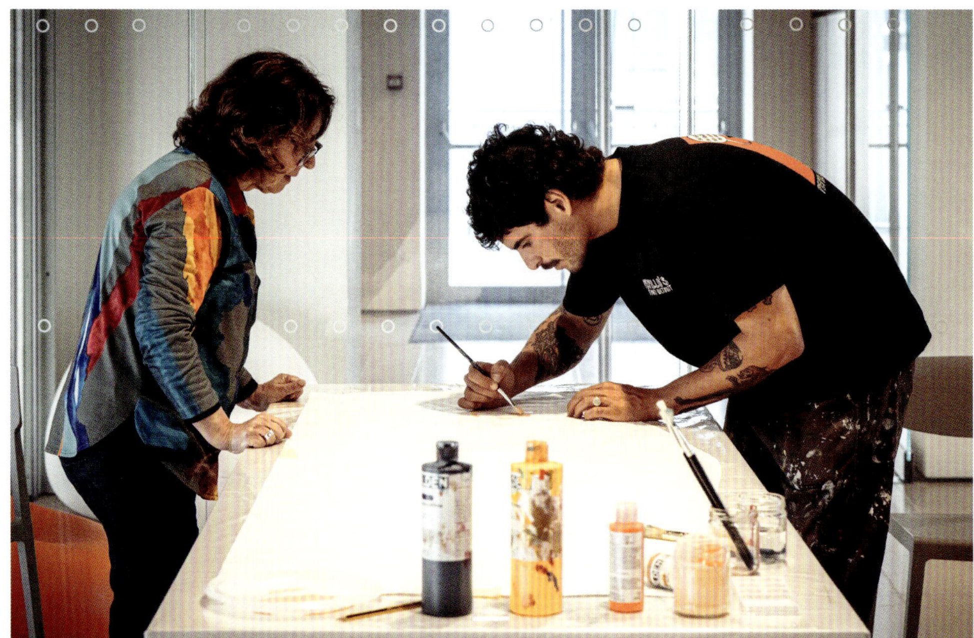

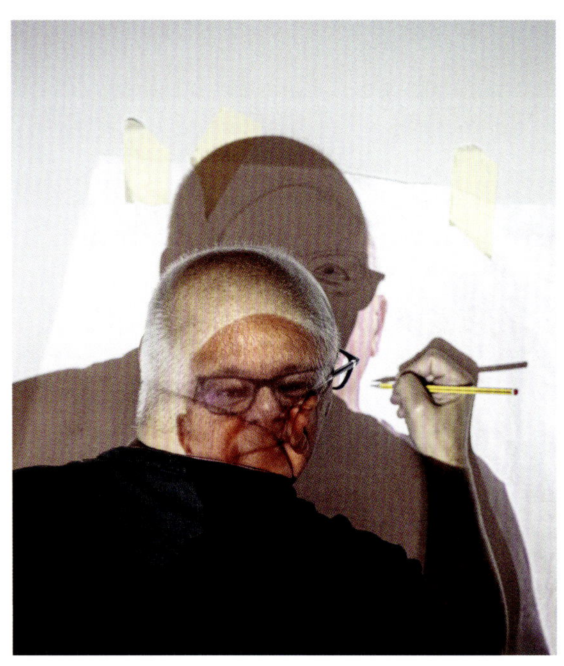

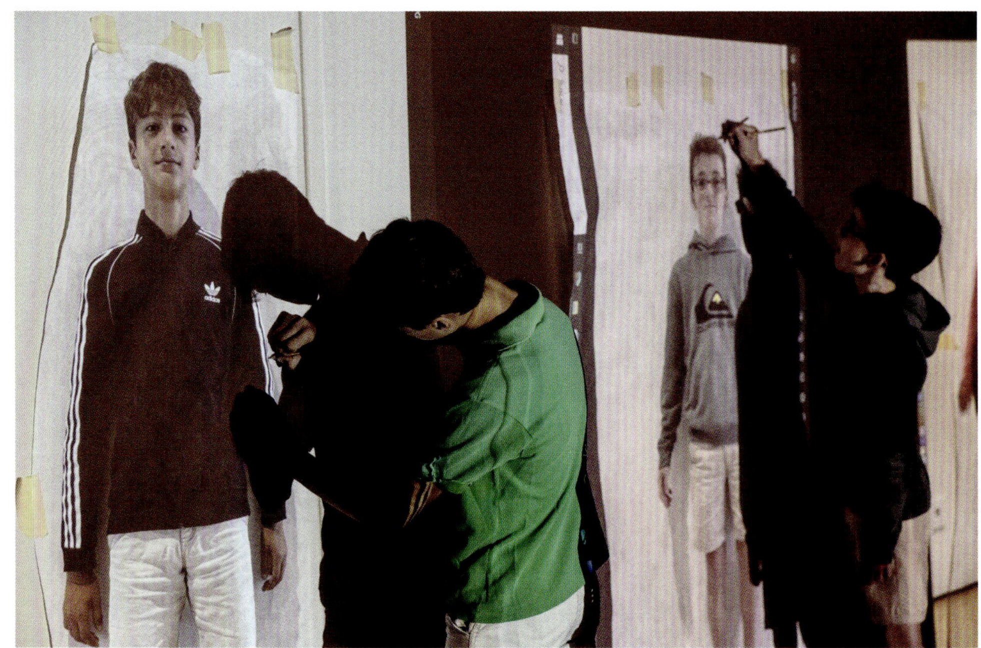

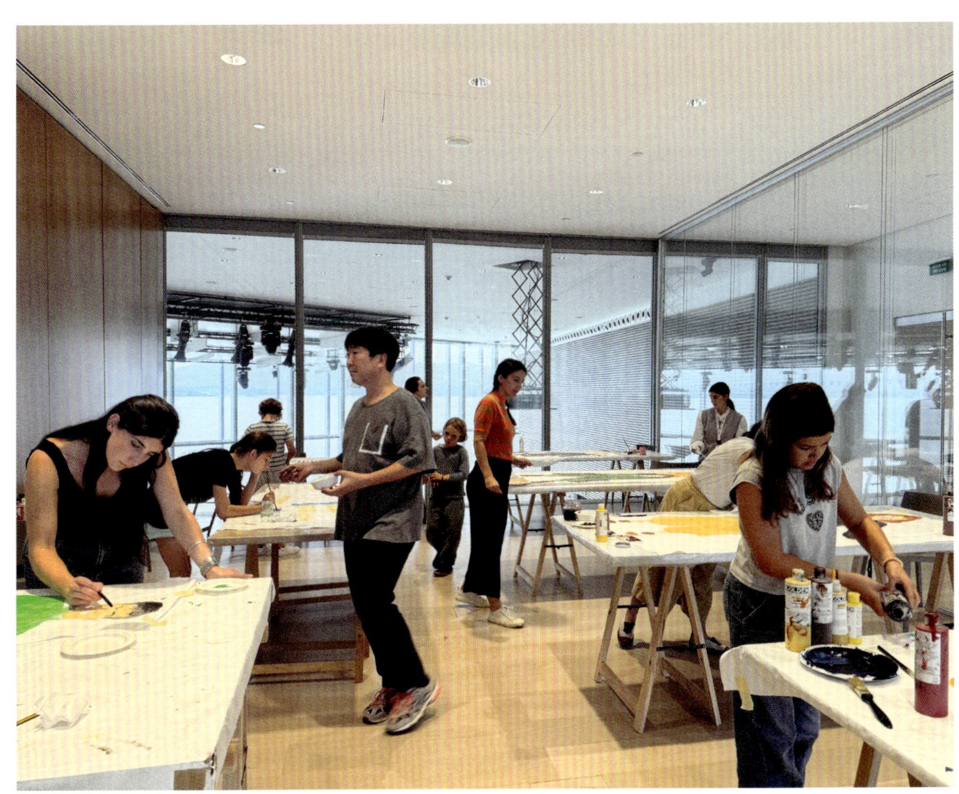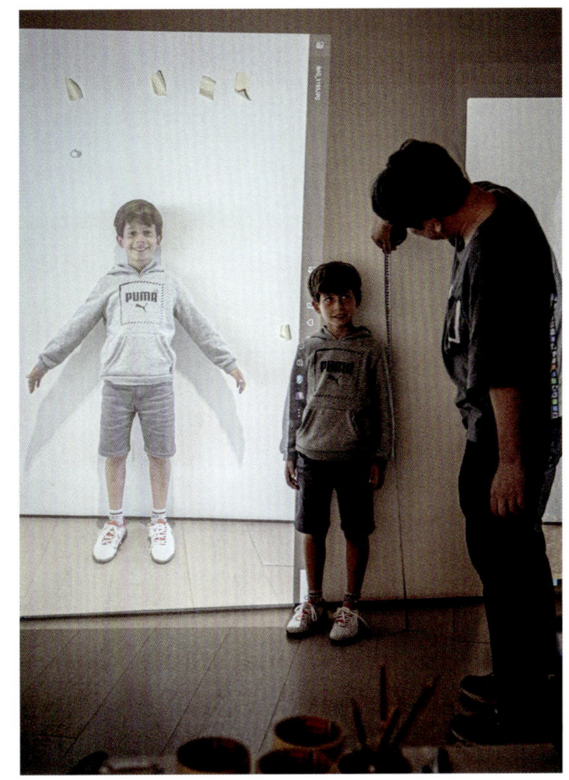

BRM Durante la última semana, el equipo artístico del Centro Botín ha colaborado con tu ayudante Masayo y un grupo de artistas locales (Mina K., Asier Puntiverio, Juan Carlos Rodríguez y Marta Valledor) para ayudar a 120 personas, desde miembros de los equipos de seguridad y de las oficinas del Centro Botín hasta familias y amigos de la zona, a dibujarse a escala y construir 120 cometas. Estoy segura de que la mayoría de ellos nunca han tenido este tipo de relación diagnóstica con su propia imagen. Háblame de tu experiencia presenciando el proceso, de lo que revela acerca de la atención y la actitud de la gente, de la atmósfera que se crea.

SHI De hecho, antes de venir a Santander, Masayo y yo estábamos preocupados sobre si seríamos capaces de hacer 120 cometas en cinco días y si acudiría tanta gente, pero no había necesidad alguna. Distribuimos los horarios y lo organizamos con antelación, con un objetivo de 25 personas al día. Participó gente de todas las edades, muchos de ellos padres e hijos. Ya cuando se tomaba la foto de cada retrato y se mostraba a tamaño real en la pared con un proyector, la gente parecía tener una sensación especial al encontrarse con su otro yo. A continuación, dibujaban a lápiz su yo a tamaño natural y se tomaron su tiempo para colorearlo. Fue un proceso de autoconfirmación distinto al de mirarse al espejo. Cada uno de nosotros tiene un nivel diferente de habilidad y estilo al pintar, y me gusta la individualidad y la no homogeneidad de ello. Sí mencioné, a modo de advertencia, que si la pintura queda demasiado espesa, como Van Gogh, la cometa pesa más y es más difícil de volar.

149

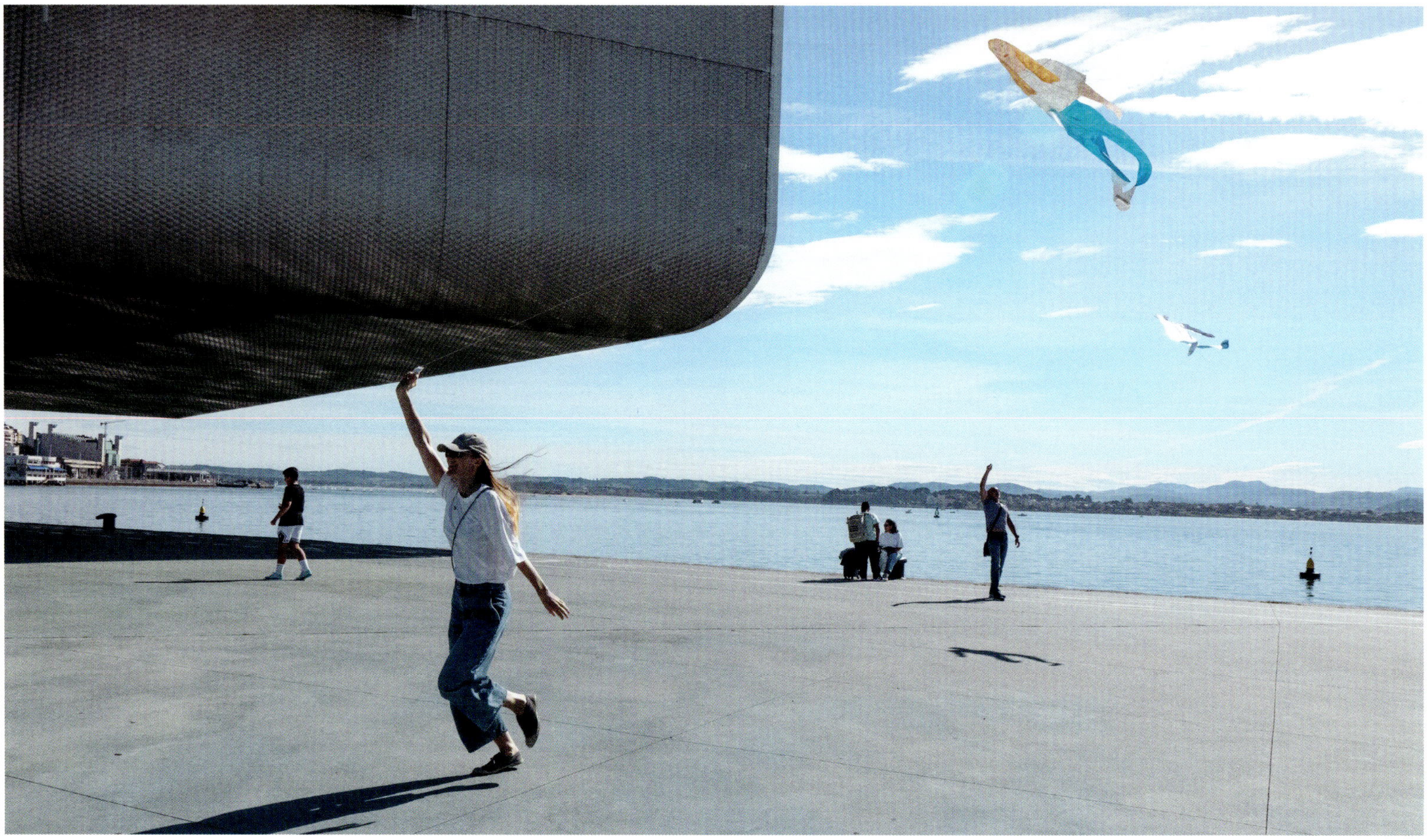

BRM   Then we flew them together, patiently waiting for the right wind stream. You insisted that people should run less; slow down, look at their own image projected in the sky. It felt so uplifting and liberating. You are now making a video work with this participatory activity footage. What are you looking for in the video to transmit this feeling of collective elation?

SHI   The first step to flying a kite successfully is to watch the wind. You have to assess the strength of the wind and which direction it is blowing from before you run in the direction the wind is blowing. Then, after the kite is in the air, you have to watch the kite. If you keep running and the kite gets too much wind, it will fall. It is not just a case of running around and the kite will fly. So on the day of this kite-flying event, I shouted, 'Look at the wind! Look at yourself!' over and over again. But some people still ran around and didn't get much kite flying but they still seemed to be having a good time. It was interesting and even beautiful to see people who normally don't seem to get any exercise running around the square looking like they were having fun. Kites have a magical power to bring adults back to their childhood. That's why I wanted to include people running around the square in this film, even though it wasn't planned. Today, it is commonplace for people to fly in aeroplanes, but I believe that the longing for people to fly like birds without the use of tools is a primitive human desire. A human kite flying in the sky is flat and two-dimensional, but by capturing it in a two-dimensional video image, I think it looks as if a real live person is flying in the sky. I hope that this will also touch the primitive emotions of the people who see this image and evoke feelings of longing.

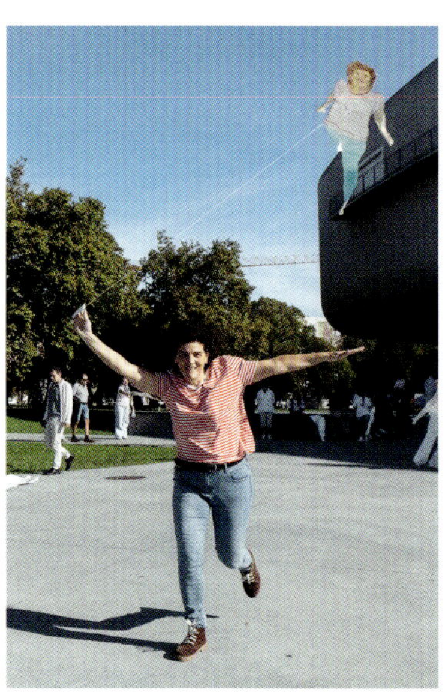

 Luego las volamos juntos, esperando pacientemente la corriente de viento adecuada. Tú insistías en que la gente debía correr menos, ir más despacio, mirar su propia imagen proyectada en el cielo. Fue muy estimulante y liberador. Ahora estás realizando un vídeo con las imágenes de esta actividad participativa. ¿Cómo se conseguirá en el vídeo transmitir esta sensación de euforia colectiva?

 El primer paso para volar una cometa con éxito es vigilar el viento. Tienes que valorar su fuerza, en qué dirección sopla antes de ponerte a correr en esa misma dirección. Después, una vez que la cometa esté en el aire, tienes que controlarla. Si sigues corriendo y la cometa recibe demasiado viento, se caerá. Para que la cometa vuele, no basta con correr. Así que el día del vuelo de las cometas grité: «¡Mira el viento! Mírate a ti mismo» una y otra vez. Aunque algunas personas seguían corriendo y no lograban volar bien la cometa, aun así parecía que se lo pasaban bien. Era interesante e incluso bonito ver a gente que no parece que haga ejercicio habitualmente corriendo por la plaza con cara de estar divirtiéndose. Las cometas tienen un poder mágico que devuelve a los adultos a su infancia. Por eso en esta película quise incluir a gente corriendo por la plaza, aunque no estaba planeado. Hoy en día, es habitual que la gente vuele en aviones, pero creo que el anhelo de las personas de volar como pájaros sin mediar aparatos es un deseo humano primitivo. Una cometa humana volando en el cielo es plana y bidimensional, y al capturarla en una imagen de vídeo bidimensional, creo que parece como si una persona real estuviera volando en el cielo. Espero que esto también despierte las emociones primitivas de la gente que vea esta imagen y evoque sentimientos de anhelo.

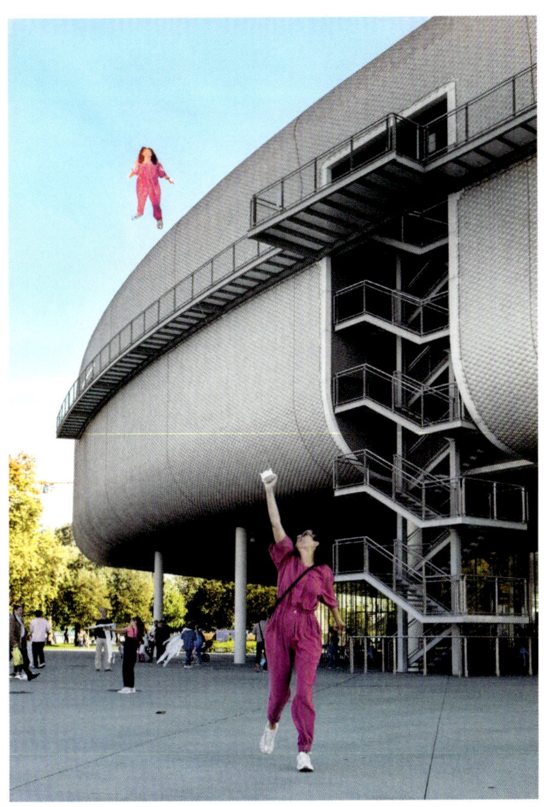

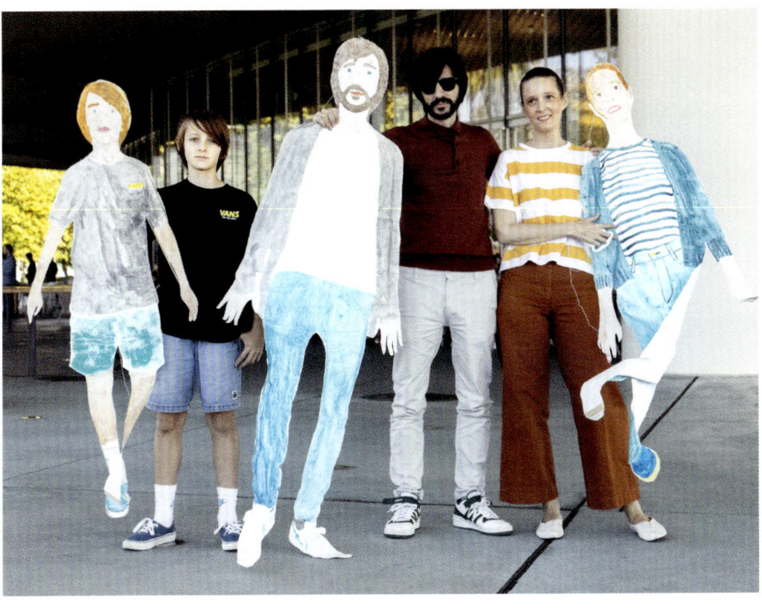

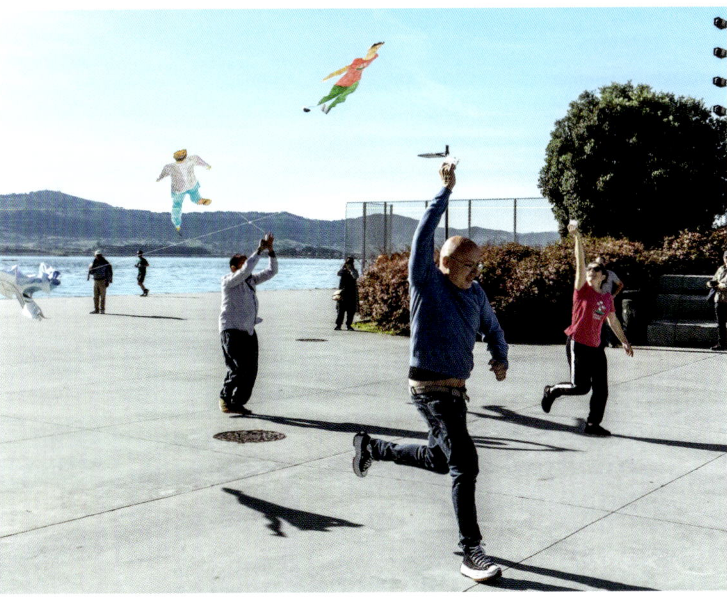

Humano

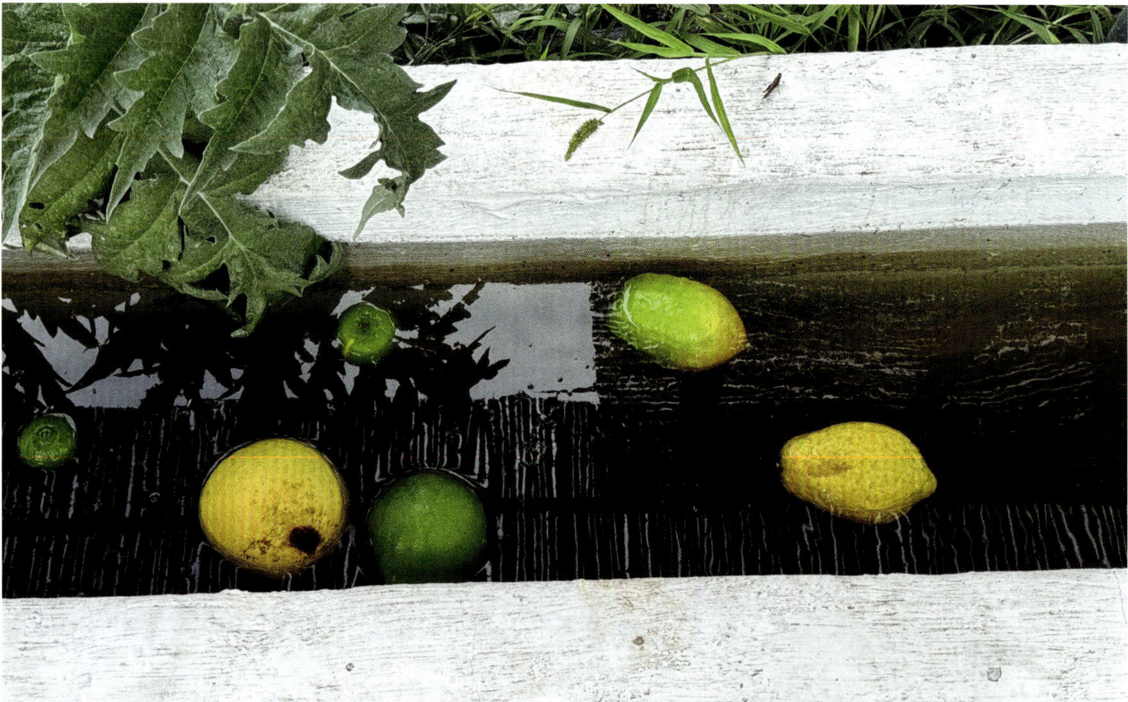

BRM You have visited Todolí Citrus Fundació in Valencia twice this year, in spring and early autumn, to select varieties of citrus fruits for your installation *Something that Floats / Something that Sinks*. Thanks to these trips, we learnt that finger lime and Mexican lime are citruses that sink and that with the mandarins called Clemevillas, some sink and some do not. Even with this information, you tend to relinquish control to nature. I wonder if the seasons and the process of maturity would have a role to play in the citrus that we choose as the exhibition progresses.

SHI Todolí Citrus Fundació has hundreds of citrus varieties from all over the world, growing by the thousands, which really amazes me. There they even grow the Okinawan variety of Seekwasar, which is a speciality of Okinawa, where I live. It was a difficult task to find which of these varieties would be suitable for my work this time. I visited in spring, but the species I found in spring may not exist in autumn and winter, when this exhibition is held. So in the end, I asked the people working on site to test the citruses with a bucket of water to see if they would float or sink, and then send them about every two weeks. It's harder to find something that sinks than it is to find something that floats, but what's interesting is that some limes and oranges from the same tree will float and some will sink. This is really strange, and I interpret it as being similar to children born to the same parents, or siblings, being good at athletics or mathematics. I think the variety of citrus fruits will increase in the coming winter and spring, and the colours will also increase from green to yellow and orange, so it is natural that the colours of my work will also change. Basically, I like things that change, things that don't stay the same, things that are moving. And I hope that in that sea-facing room at Centro Botín, they can create a new harmony every day, overlapping with the seascape, which changes with time and the seasons.

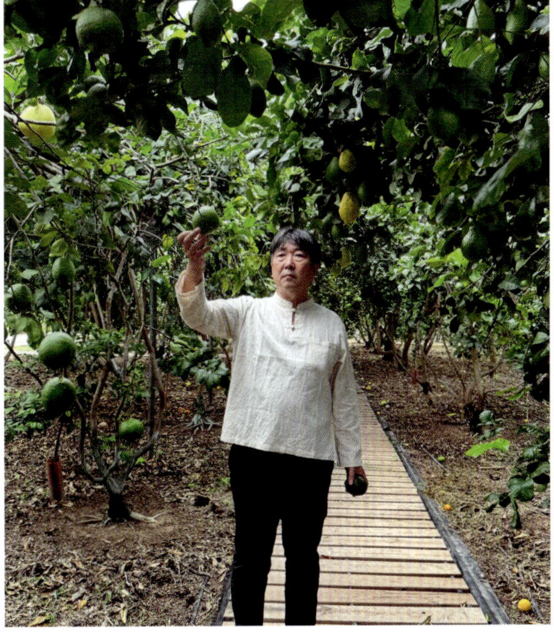

BRM   Este año has visitado un par de veces la Todolí Citrus Fundació de Valencia, en primavera y a principios de otoño, para seleccionar variedades de cítricos para tu instalación *Algo que flota / Algo que se hunde*. Gracias a estos viajes, hemos aprendido que el caviar cítrico y el limero son cítricos que se hunden, mientras que en el caso de las mandarinas llamadas clemenvillas, algunas se hunden y otras no. Incluso con esta información, tiendes a ceder el control a la naturaleza. Me pregunto si las estaciones y el proceso de maduración jugarán un papel a medida que avance la exposición en los cítricos que elegimos.

SHI   Todolí Citrus Fundació tiene cientos de variedades de cítricos de todo el mundo, que cultiva por miles, y eso me fascina. Allí crían incluso la variedad seekwasa, una especialidad de Okinawa, donde yo vivo. Esta vez fue difícil decidir cuál de estas variedades sería adecuada para mi obra. Visité la fundación en primavera, pero las variedades que encontré en primavera puede que no existan en otoño e invierno, cuando se celebra esta exposición. Así que al final pedí a la gente que trabajaba *in situ* que probara a meter los cítricos en un cubo de agua para ver si flotaban o se hundían, y que luego los enviaran cada dos semanas. Es más difícil encontrar algo que se hunde que algo que flota, pero lo interesante es que algunas limas y naranjas del mismo árbol flotan y otras se hunden. Esto es muy extraño, y yo lo interpreto como algo similar a que niños nacidos de los mismos padres, o hermanos, puedan ser buenos en atletismo o en matemáticas. Creo que la variedad de cítricos aumentará en el próximo invierno y en primavera, y sus colores también pasarán del verde al amarillo y al naranja, así que es natural que los colores de mi obra también cambien. Básicamente, me gustan las cosas que cambian, las que no permanecen igual, las que están en movimiento. Y espero que en esa sala frente al mar del Centro Botín puedan crear una nueva armonía cada día, superponiéndose al paisaje marino, que cambia con el tiempo y las estaciones.

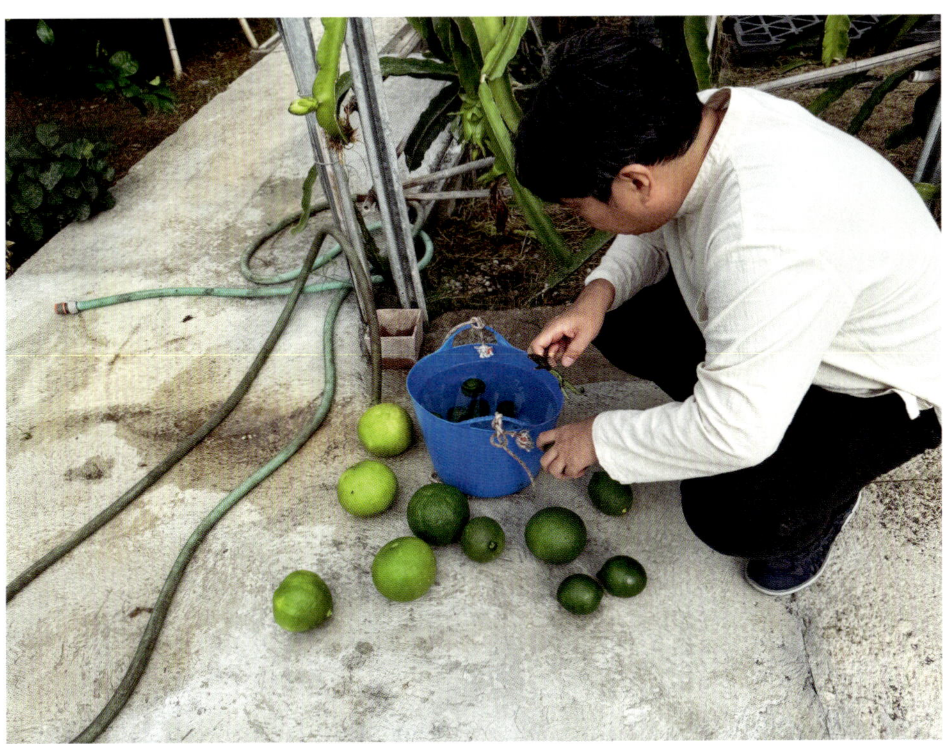

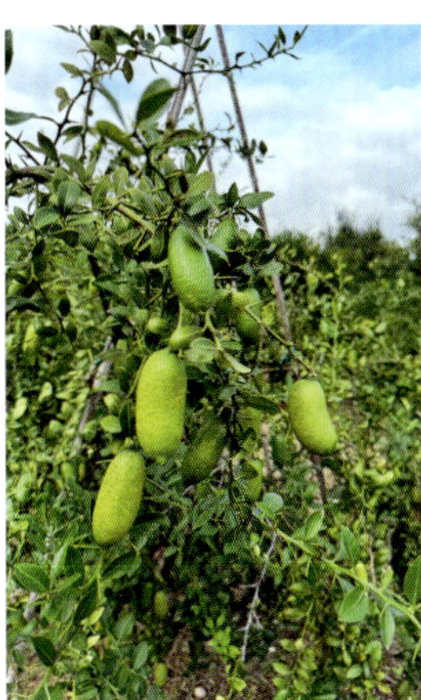

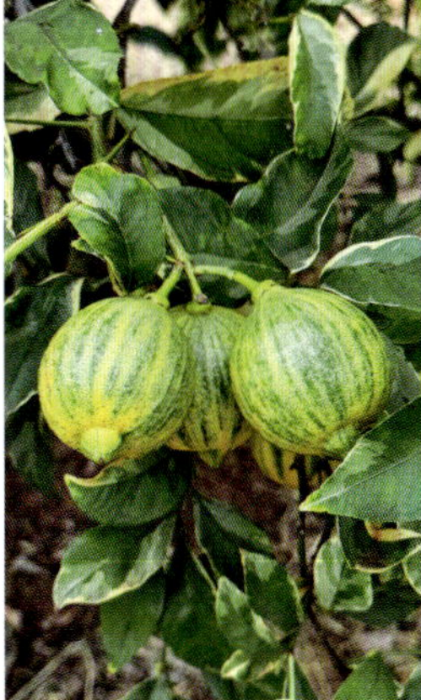

Fotografía con las katiuskas puestas
(Okinawa)
Photograph Wearing Rain Boots (Okinawa)
2014
Impresión cromogénica, madera, clips,
katiuskas
Type C-print, wood, clips, rain boots
175 × 100 × 47 cm
Cortesía del artista y Galerie Barbara Wien,
Berlín
Courtesy of the artist and Galerie Barbara
Wien, Berlin
[pp. 64-65]

Cuando el cielo era mar
When Sky Was Sea
2002
Impresión cromogénica sobre aluminio,
texto en vinilo
Type C-print on aluminium, vinyl text
77 × 106 × 4,6 cm
Colección / Collection Claude et Monique
Chaix , Francia / France
Cortesía Air de Paris, Romainville
Courtesy Air de Paris, Romainville
[pp. 66-67]

Cuando el cielo era mar
When Sky Was Sea
2002
Mini DV transferido a HD (color, sonido)
Mini DV transferred to HD (color, sound)
2' 17''
Cortesía del artista y Air de Paris, Romainville
Courtesy of the artist and Air de Paris,
Romainville
[pp. 66-67]

Volándome
Flying Me
2006
Mini DV transferido a HD (color, sonido)
Mini DV transferred to HD (color, sound)
3' 33''
Cortesía del artista, Prats Nogueras
Blanchard, Madrid, y Air de Paris, Romainville
Courtesy of the artist, Prats Nogueras
Blanchard, Madrid and Air de Paris,
Romainville
[pp. 66-67]

Gente volando (Santander)
Flying People (Santander)
2024
Vídeo en HD (color, sonido), cometas
HD video (color, sound), kites
2' 10''
Cortesía del artista
Courtesy of the artist
[pp. 34, 68-73]

Viaje por Europa con una ceja afeitada
Tour of Europe with One Eyebrow Shaved
1991
Fotografía en blanco y negro sobre aluminio,
texto enmarcado
B&W photograph on aluminium, framed text
77 × 105 × 4,6 cm
Marco del texto / Text frame
31,2 × 22,5 × 3 cm
Colección particular, Taiwán / Private collection,
Taiwan
Cortesía Amanda Wilkinson, Londres
Courtesy Amanda Wilkinson, London
[pp. 74-75]

Simbiosis (jacinto y pez telescopio negro)
Symbiosis (Hyacinth & Black Gold Fish)
1992
Impresión cromogénica sobre aluminio
Type C-print on aluminium
76 × 54 × 4,7 cm
Colección / Collection SCP AMARANTE -
Catherine Hellier Du Verneuil, Francia / France
Cortesía Air de Paris, Romainville
Courtesy Air de Paris, Romainville
[pp. 76-77]

Konnichiwa (hola)
Konnichiwa (Hello)
1993
Impresión cromogénica sobre aluminio, texto
enmarcado
Type C-print on aluminium, framed text
77 × 110 × 4,6 cm
Marco del texto / Text frame
31,2 × 22,5 × 3 cm
Cortesía del artista y Amanda Wilkinson,
Londres
Courtesy of the artist and Amanda Wilkinson,
London
[p. 78]

Sentado sobre la ola
Sitting on the Wave
1998
Impresión cromogénica sobre aluminio,
texto enmarcado
Type C-print on aluminium, framed text
77 × 113 × 4,6 cm
Marco del texto / Text frame
31,2 × 22,5 × 3 cm
Cortesía del artista y Air de Paris, Romainville
Courtesy of the artist and Air de Paris,
Romainville
[p. 79]

Navidad en el hemisferio sur
Christmas in the Southern Hemisphere
1994
Vinilo en pared, texto en vinilo
Wall vinyl, vinyl text
300 × 451 cm
Cortesía del artista y Air de Paris, Romainville
Courtesy of the artist and Air de Paris,
Romainville
[pp. 80-81]

Con pájaros al amanecer
With Birds at Dawn
1999
Impresión cromogénica sobre aluminio,
texto enmarcado
Type C-print on aluminium, framed text
77 × 106 × 4,6 cm
Marco del texto / Text frame
31,2 × 22,5 × 3 cm
Colección / Collection Dorith et Serge Galuz,
France
Cortesía Air de Paris, Romainville
Courtesy Air de Paris, Romainville
[pp. 82-83]

El viaje del pepino
Cucumber Journey
2000
Impresión cromogénica sobre aluminio,
bandera sobre tabla de madera, dibujos en
papel enmarcados, texto en vinilo, mini DV
transferido a HD (color, sonido)
Type C-print on aluminium, flag on wooden
board, framed drawings on paper, vinyl text,
mini DV transferred to HD (color, sound)
9' 41"
Medidas variables
Various dimensions
Cortesía del artista y Air de Paris, Romainville
Courtesy of the artist and Air de Paris,
Romainville
[pp. 84-85]

Remix de samba cubana (por Nomura Makoto)
Cuban Samba Remix (by Nomura Makoto)
2023
Latas y sistema de sonido, texto en vinilo
Tin cans and sound system, vinyl text
3' 00"
Medidas variables
Various dimensions
Cortesía del artista, Prats Nogueras Blanchard,
Madrid, y Galleria Zero..., Milán
Courtesy of the artist, Prats Nogueras
Blanchard, Madrid and y Galleria Zero..., Milano
[pp. 86-87]

Caqui y tomate
Kaki and Tomato
2008
Impresión cromogénica sobre aluminio
Type C-print on aluminium
35,5 × 45,1 × 3,75 cm
Colección / Collection Claude et Monique
Chaix, Francia / France
Cortesía Air de Paris, Romainville
Courtesy Air de Paris, Romainville
[pp. 88-89]

Exposición para los monos
Exhibition for the Monkeys
1992
Cibachrome sobre aluminio, texto en vinilo
Cibachrome on aluminium, vinyl text
77 × 77 × 4,6 cm
Cortesía del artista y Air de Paris, Romainville
Courtesy of the artist and Air de Paris,
Romainville
[pp. 90-91]

Los monos de las nieves de Texas, ¿se
acordarán de las montañas nevadas?
The Snow Monkeys of Texas: Do Snow
Monkeys Remember Snow Mountains?
2016
Vídeo en HD (color, sonido), texto en vinilo,
6 cactus Opuntia en macetas
HD video (color, sound), vinyl text,
6 Opuntia cactus on pots
Medidas variables
Various dimensions
20'
Copia de exposición
Exhibition copy
[pp. 92-93]

La postura de los monos de las nieves
The Snow Monkeys Stance
2016
Impresión digital con inyección de tintas
en papel Hahnemühle sobre aluminio
Digital inkjet print on Hahnemühle
on aluminium
142 × 97 × 4,6 cm
Cortesía del artista y Air de Paris, Romainville
Courtesy of the artist and Air de Paris,
Romainville

Herramientas humanas
Human Tools
2015 / 2024
4 herramientas de piedra, 2 iPhone, 1 iPad
4 stone tools, 2 iPhone, 1 iPad
Vitrina / Vitrine
200 × 65 × 82 cm
Colección del artista
Collection of the artist
[pp. 94-95]

Cruzando a través de la goma elástica
Passing Through the Rubber Band
2000
Plataforma circular de madera, caja de gomas
elásticas, texto en vinilo
Circular wooden platform, rubber band box,
vinyl text
Ø 90 cm
Cortesía del artista y Amanda Wilkinson,
Londres
Courtesy of the artist and Amanda Wilkinson,
London
[pp. 96-99]

Amanecer en Mt. Artsonje
Sunrise at Mt. Artsonje
2007
Película de 8 mm transferida a vídeo en HD
(color), texto en vinilo
8mm film transferred to HD video (color), vinyl
text
3' 30"
Cortesía del artista y Air de Paris, Romainville
Courtesy of the artist and Air de Paris,
Romainville
[pp. 100-101]

Mar y flores
Sea and Flowers
2013
Película Super 8 mm transferida a
archivodigital (color), texto en vinilo
Super 8mm film transferred to digital
file(color), vinyl text
2' 19"
Cortesía del artista, Prats Nogueras Blanchard,
Madrid, y Air de Paris, Romainville
Courtesy of the artist, Prats Nogueras
Blanchard, Madrid, and Air de Paris,
Romainville
[pp. 102-105]

El *Fish & Chips* de Shimabuku
Shimabuku's Fish & Chips
2006
Película de 8 mm y mini DV transferidas a
DVD, texto en vinilo
8mm film and miniDV transferred to DVD,
vinyl text
6' 45"
Cartel de neón / Neon sign
98 × 228 × 7,5 cm
Cortesía del artista y Air de Paris, Romainville
Courtesy of the artist and Air de Paris,
Romainville
[pp. 106-107]

Con Pulpo
With Octopus
1990-
8 pósteres impresos en papel Canson
8 posters printed on Canson paper
110 × 155 cm cada uno / each
Cortesía del artista
Courtesy of the artist
[pp. 108-119]

En la playa de Zúrich
On the Beach in Zurich
1993
Figuras de pulpo y burro
Octopus and donkey figures
Pedestal / Plinth
40 × 40 × 130 cm
Copia de exposición
Exhibition Copy
[pp. 116-117]

Entonces, decidí llevar al pulpo de Akashi
a dar una vuelta por Tokio
Then, I Decided to Give a Tour of Tokyo
to the Octopus from Akashi
2000
Mini DV transferido a HD (color, sonido), texto
en vinilo
Mini DV transferred to HD (color, sound), vinyl
text
6' 50"
Copia de exposición
Exhibition copy
[p. 120]

Atrapando pulpos con vasijas de cerámica
hechas por mí
Catching Octopus With Self-Made Ceramic
Pots
2003
Mini DV transferido a HD (color, sonido), texto
en vinilo
Mini DV transferred to HD (color, sound), vinyl
text
6' 30"
Copia de exposición
Exhibition copy
[p. 121]

Piedra del pulpo
Octopus Stone
2003
4 piedras, 2 conchas, 1 fotografía, texto en
papel
4 stones, 2 shells, photo, text on paper
Vitrina / Vitrine
170 × 110 × 80 cm
Colección del artista
Collection of the artist
[pp. 122-123]

Escultura para pulpos: explorando
sus colores favoritos
Sculpture for Octopuses: Exploring for
Their Favorite Colors
2010
12 esferas de vidrio, dibujo, fotografía,
texto en papel
12 glass balls, drawing, photo, text on paper
Vitrina / Vitrine
124 × 110 × 80 cm
Cortesía del artista y Amanda Wilkinson,
Londres
Courtesy of the artist and Amanda Wilkinson,
London
[pp. 124-125]

Escultura para pulpos: explorando
sus colores favoritos – Acuario en Kobe
Sculpture for Octopuses: Exploring for
Their Favorite Colors – Aquarium in Kobe
2019
Proyección de diapositivas con 22 imágenes
digitales, texto en vinilo
Slide show with 22 digital images, vinyl text
2'35'
Cortesía del artista, Galerie Barbara Wien,
Berlín, y Air de Paris, Romainville
Courtesy of the artist, Galerie Barbara Wien,
Berlin and Air de Paris, Romainville
[pp. 124-125]

Ir a conocer a los pulpos de Santander
Going to Meet the Octopuses in Santander
2024
Vídeo en HD (color, sonido), vasijas, cabo,
texto en vinilo
HD video (color, sound), pots, rope, vinyl text
3' 00"
Pedestal / Plinth
340 × 530 × 40 cm
Cortesía del artista
Courtesy of the artist
[pp. 126-133]

Paz en la cama
Bed Peace
2024
Tierra, piedras, cama, almohadas, texto en
vinilo
Soil, stones, bed, pillows, stones, vinyl text
204 × 203,5 × 21 cm
Cortesía del artista y Amanda Wilkinson,
Londres
Courtesy of the artist and Amanda Wilkinson,
London
[pp. 134-135]

Algo que flota / Algo que se hunde
Something that Floats / Something that Sinks
2024
8 tanques de agua, 8 pedestales de hierro,
8 bombas de agua eléctricas, agua, cítricos,
texto en vinilo
8 water tanks, 8 iron pedestals, 8 electric
water streamers, water, citrics, vinyl text
Medidas variables
Various dimensions
Cortesía del artista, Air de Paris, Romainville,
y Prats Nogueras Blanchard, Madrid
Courtesy of the artist, Air de Paris, Romainville
and Prats Nogueras Blanchard, Madrid
[pp. 136-139]

EXPOSICIÓN EXHIBITION

Shimabuku
Pulpo, cítrico, humano
Octopus, Citrus, Human

Centro Botín, Santander
Del 5 de octubre de 2024 al 9 de marzo de 2025
From October 5th, 2024 to March 9th, 2025

Organiza y produce
Organisation and production
Fundación Botín

Comisarios
Curators
Bárbara Rodríguez Muñoz
Shimabuku

Coordinación
Coordination
Eva Alonso Mínguez
Manuel Diego Sánchez
Begoña Guerrica-Echevarría

Montaje
Installation
Centro Botín

Diseño de textos
Text Designer
Takuma Hayashi

Asistente de Shimabuku
Shimabuku's assistant
Masayo Matsuda

Transporte
Transport
Tti

Seguros
Insurance
AXA XL

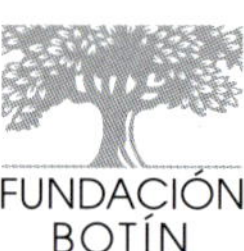

FUNDACIÓN
BOTÍN

Presidente
Chairman
Javier Botín

Director general
General Management
Íñigo Sáenz de Miera

Comisión asesora de arte
Art Advisory Committee
Vicente Todolí (Presidente President)
Paloma Botín
Udo Kittelman
Manuela B. Mena Marqués
María José Salazar
Bárbara Rodríguez Muñoz

Directora ejecutiva del Centro Botín
Executive Director of Centro Botín
Fátima Sánchez Santiago

Directora de exposiciones y de la colección
Director of Exhibitions and the Collection
Bárbara Rodríguez Muñoz

Directora del departamento de arte
Director of Arts Department
Begoña Guerrica-Echevarría

Fundación Botín
Pedrueca, 1
39003 Santander
Tel. +34 942 22 60 72
www.centrobotin.org

LA FABRICA

CATÁLOGO CATALOGUE

Fundador
Founder
Alberto Anaut

Director
Director
Óscar Becerra

Director de
La Fábrica Editorial
Publishing Director
César Martínez-Useros

Directora editorial
Editorial Content Manager
Camino Brasa

Director de distribución
Distribution Manager
Raúl Muñoz

La Fábrica
Verónica, 13
28014 Madrid
Tel. +34 91 360 13 20
edicion@lafabrica.com
www.lafabrica.com

Edición
Publisher
Fundación Botín – La Fábrica

Coordinación
Coordination
Eva Alonso Mínguez
Manuel Diego Sánchez

Textos
Texts
Philippe Parreno
Filipa Ramos
Bárbara Rodríguez Muñoz
Shimabuku

Diseño gráfico
Graphic Design
Lacasta Design

Traducción
Translations
Sam Simon
Patrícia Salvadó Gil

Corrección de textos
Proofreading
Javier Alvaredo
Sam Simon

Producción
Production
Adriana Rodríguez

Preimpresión
Pre-press
La Troupe

Impresión
Printing
Impresos Izquierdo

La tipografía utilizada en este libro es ABC Diatype
y ha sido impreso en papeles Creator Star y Vol.
The typeface used in this book is ABC Diatype and
it has been printed on Creator Star and Vol papers.

Imagen de cubierta y de contracubierta
Cover and backcover image
Gente Volando (Santander)
Flying People (Santander)

© de esta edición / this edition:
Fundación Botín – La Fábrica

© de los textos / texts:
Sus autores their authors

© de las imágenes / images:
Shimabuku
Fundación Botín

ISBN
Fundación Botín: 978-84-126211-8-1
La Fábrica: 978-84-10024-43-4

DL
SA-599-2024

Impreso en España
Printed in Spain

Créditos fotográficos / Photographic credits
pp. 2-31, 34, 65 , 66, 69, 87, 94-99, 106, 108-109, 118-119,
132-133, 135, 137-139, 142, 150-151: Vicente Paredes
pp. 78, 90: Kiho Mikito
p. 84: Noguchi Rika
pp. 143, 147, 152-153: Masayo Matsuda
pp. 148-149: Áureo Gómez

AGRADECIMIENTOS ACKNOWLEDGMENTS

La Fundación Botín quiere agradecer a Shimabuku
y a su estudio por su colaboración y compromiso para
la elaboración de la exposición y el catálogo. Este
agradecimiento se hace extensivo a galerías, instituciones
y autores, y a todos aquellos sin los que no hubiese sido
posible realizar este proyecto

Fundación Botín would like to thank Shimabuku and
his team for their collaboration. We are also grateful to
all galleries, institutions and authors, and to all of whom
without this project would not have been possible

Sergio Abad Villegas
Air de Paris
Ryo Azuma
Bandonthebend
Rebeca Blanchard
Florence Bonnefous
Claude et Monique Chaix
Claudia Ciaccio
Olympia Contopidis
Alfonso Fernández de Casadevante
José Antonio Fernández González
Galería Prats Nogueras Blanchard
Galleria Zero…
Dorith et Serge Galuz
Fran López
Masayo Matsuda
Edouard Merino
Mina K.
Javier Palazuelos Botella (Chote)
Asier Puntiverio
Juan Carlos Rodríguez
SCP AMARANTE / Catherine Hellier du Verneuil
Kike Solano
Cristina Spinelli
Toshiaki Ogasawara Memorial Foundation
Marta Valledor
Barbara Wien
Barbara Wien Gallery
Amanda Wilkinson
Amanda Wilkinson Gallery
Paolo Zani